国 富 论

（上）

［英］亚当·斯密 著

孙善春 译

中国科学技术出版社
·北 京·

图书在版编目（CIP）数据

国富论.上 /（英）亚当·斯密著；孙善春译 . --
北京：中国科学技术出版社，2024.4
ISBN 978-7-5236-0227-0

Ⅰ.①国… Ⅱ.①亚… ②孙… Ⅲ.①古典资产阶级
政治经济学 Ⅳ.① F091.33

中国国家版本馆 CIP 数据核字（2023）第 075377 号

策划编辑	周少敏
责任编辑	赵　耀
封面设计	黄　琳
正文设计	中文天地
责任校对	吕传新
责任印制	马宇晨

出　　版	中国科学技术出版社
发　　行	中国科学技术出版社有限公司发行部
地　　址	北京市海淀区中关村南大街 16 号
邮　　编	100081
发行电话	010-62173865
传　　真	010-62173081
网　　址	http://www.cspbooks.com.cn

开　　本	710mm×1000mm　1/16
字　　数	656 千字
印　　张	53.25
版　　次	2024 年 4 月第 1 版
印　　次	2024 年 4 月第 1 次印刷
印　　刷	北京世纪恒宇印刷有限公司
书　　号	ISBN 978-7-5236-0227-0 / F·1138
定　　价	128.00元（全2册）

译者前言

经济学著作现在作为必读书陈列于大众书架的或许不多，而亚当·斯密的《国富论》（全名《国民财富的性质和原因的研究》）应该是其中之一。首次发表于1776年的这本巨著，现在仍被许多经济学大师推崇为古典资产阶级政治经济学史上伟大的经典。同时，由于其语言通俗、论述明晰、实例生动，它也一直是后人进入经济学世界的启蒙读本。不仅如此，在经济理论的框架下，学识渊博、世事洞明的斯密还在书中写了大量关于社会历史的知识和见解，反映出作者对人性、对社会全面而深刻的观察，可说是一种社会学式的、包罗万象的写作。因此，不同的人读《国富论》会有不同的收获，而且往往会有意外收获。

《国富论》是使经济学成为一门独立学科的奠基之作。可以说，《国富论》为经济学搭建了完整的架构。二百多年以来，经济学家的任务就是在这个架构上做一些修补工作，完善、细化其分析。《国富论》书分五篇，用我们今天划分经济学学科门类的术语，斯密的论述结构如下：

第一篇包括：一、经济增长和发展理论，即著名的分工学说；二、货币理论，他认为货币的主要功能是促进分工，这与今天的货币理论很不相同；三、价值理论，即交易理论，因为分工必然需要交换，要理解分工，就必须理解交换的价值和价格；四、分配理论，即工资、利润和地租的划分，斯密讨论分配问题的目的是弄清资本积累过程，因为资本积累的重要决定因素无疑是收入之大小。

第二篇包括：一、资本理论，引人注目的是，斯密明确将人的才智和知识列为资本，现代经济学之人力资本理论红极一时，斯密是该理论之先声；二、货币、银行及信用理论；三、资本积累（包括储蓄的动机分析）；四、利率理论；五、资本的有效利用（已经阐释了资本不同运用途径之边际取舍原则）。

第三篇阐述的是经济增长和发展的长期趋势，包括农业、工业、商业的渐次演进，世界各国经济制度之演变。斯密著名的分成租佃无效率论断即在这一篇有详细分析。即使对今天的新制度经济学而言，斯密对各国经济制度演进的分析仍具有重大价值。

第四篇详尽讨论了斯密当时的各种经济学说，包括：一、重商主义学说之谬误；二、对各种政府管制措施（各种形式的保护主义，如关税、奖金、贸易同盟等）之详尽分析；三、殖民地理论，包括对各种特权和垄断的精彩分析；四、重农学派之精髓及其与重商主义之比较；五、自由经济学说和自由经济体系理论，斯密在这一篇中提出了"自由放任"的主张，并以此成为自由主义市场经济理论的鼻祖，极大地影响了后来的世界经济格局和政治格局。

第五篇的主题是政府的职能范围，以及政府如何履行其职能，包括：一、财政理论；二、政府职能范围及其履行（关于立法、行政、司法、军队等多方面的详尽讨论）。

可见，斯密的经济学体系几乎包括了今天经济学的全部，是一个逻辑井然、前后一致的体系，其基本主题是国民财富的来源和增长。虽然《国富论》中的许多学说已被后来的经济学家突破，但斯密所确立的研究方向和方法影响深远，他富有预见性的洞察和诸多明确、实用的见解也总能引起后人的思考。

在另一方面，正因为斯密写的是经济学的奠基性著作，而且当时的学术研究又极大地依赖于对历史经验的总结和归纳，所以他不得不尽力分析和交代他所论述的事物的来龙去脉，《国富论》也因此拥有历史著作般的丰富内容。在经济学各主题下，针对当时的社会状况，斯密的论述运用了大量的历史资料，涵盖了劳动史、货币史、银行史、制度史、贸易史、教会史、教育史、哲学史、军队史、殖民地史等诸多内容，这些如今分门别类的领域在斯密那里还是一个整体。而且，对这些复杂的论述对象，斯密往往有透彻的分析。只是通过常识性的判断，有时再加上详尽的统计数据，他就使自己的论点具备了强大的说服力。诺贝尔经济学奖获得者罗纳德·哈里·科斯说："斯密的经济分析有直探事物本质的千钧之力。……他的分析工具或许显得原始粗糙，但他运用分析工具的本领绝对超一流。"其实不仅是经济分析，斯密在许多领域都有出色的知识储备和理解力。因此，《国富论》作为经典文化名著，具有一种"究天人之际，通古今之变，成一家之言"的雄厚魅力。

斯密写作的时代，是英国资本主义兴起的时代，社会和经济秩序在经历一场大变革。斯密的研究热情，在于讨论这种经济秩序的基础。简单地说，他信赖自然。"看不见的手"的理论就是他对经济秩序的深刻观察，也是他自己的信念。萨缪尔森在《经济学》一书中指出："亚当·斯密的伟大贡献在于他在经济学的社会世界中窥测到了牛顿在天空的物质世界中所观察到的东西，即自行调节的自然秩序——市场会解决一切问题。"其实，这不仅是斯密的经济学理论，也是他关于整个社会秩序的基本思想。

在《国富论》首次出版后，亚当·斯密又亲自进行过修订。以修订版作为底本，孙善春老师负责本书第一、二、三篇的翻译；李春长负责翻译第四、五篇，并对全书做了整理。为了保持作品的原貌，我们基本没有删节，而在注释方面则从简。在翻译中，我们追求语句和段落衔接上的通顺晓畅，不留疑义，减少读者阅读的障碍。在亚当·斯密诞辰 300 周年之际，我们希望这部巨著的中文译本使读者再次走进这位现代经济学之父创立的理论体系，回望古典资产阶级政治经济学的奠基之作。

目　录

第二篇　论资财的性质、积累和用途

第三篇　论不同国家财富的不同发展

绪　论

一国国民每年的劳动是最初供应他们每年消费的全部生活必需品和便利品的来源；这一来源总是由这种劳动的直接产品或以这种直接产品从他国换来的产品构成的。

因此，相应地，一国国民需要的全部生活必需品与便利品的供应情况，要依这种直接产品或用它换来的产品与消费者人数的比例而定。

但在所有国家中，这个比例必然受到以下两种情况的调控：第一，国民在一般劳动过程中表现出来的技能、熟练度和判断力；第二，从事有用劳动和并不有用之劳动的人数的比例。在具体情况下，无论一国的土壤、气候或国土面积如何，该国每年物产供应的丰富或欠缺程度都取决于这两种情况。

较之上述两种情况中的第二种情况，物产供应的丰富或欠缺程度更多地取决于第一种情况。在未开化的渔猎国家中，任何一个具备劳动能力的人都多多少少地从事有用劳动，尽可能地努力辛劳，为自己、家庭成员，以及部落中的老人、孩童或因体弱而无法渔猎的人提供生活用品。然而，这些国家往往极其贫穷，以致他们有时不得不直接杀死幼儿、老人或长期病人，或者遗弃他们，任其死于饥饿或野兽之口。相反，在文明和繁荣的国家里，许多人根本不劳动，但他们之中很多人却可以比绝大多数劳动者消费十倍甚至百倍的劳动产品。不过，整个社会产品的品种和数量极其丰富，所有的人都能得到充足的供应。就连最低级的贫困劳动者，只要他勤劳节俭，也能享受到比任何野蛮人可得的更多的生活必需品和便利品。

劳动生产力进步的原因，以及劳动产品在社会不同阶级的人们中间自然分配的顺序，构成了本书第一篇的主题。

不论某国劳动力的技能、熟练度和判断力的实际状况如何，在该国存续期间，其每年物品供应的丰富或欠缺都必然取决于每年从事有用劳动的人数和不从事这种劳动的人数之间的比例。我将会述及，无论在哪里，有用的生产性劳动者的人数都是同用来推动他们工作的资本数量及其运用的具体方式成比例的。因此，第二篇将讨论资本的性质、资本逐渐积累的方式，以及资本运行的不同方式所带动的不同劳动数量。

在劳动的技能、熟练度和判断力方面发展到相当程度的这些国家，对劳动的一般管理和指导中遵循了彼此大不相同的计划；这些计划并不都有利于获得巨大的劳动产品量。有些国家的政策特别鼓励农业，另一些国家则特别支持城镇产业，而很少有一个国家能不偏不倚地对待所有产业。自从罗马帝国灭亡以来，欧洲的政策都比较有利于手工业、制造业和商业等城市产业，而不利于农村产业。提出并确立这种政策的背景将在第三篇中予以说明。

或许这些不同的计划首先是某些阶层的人们出于私人利益和偏见而采用的，丝毫没有考虑或预见到它们在一般社会福利方面造成的影响，然而它们却衍生了各种迥异的政治经济学理论：有一些特别强调城市产业的重要性，另一些则特别强调农村产业的重要性。这些理论产生了相当大的影响，不仅影响了学者的见解，而且也影响了君主与主权国家的政策。我力图在第四篇尽可能地详论这些理论，以及它们在不同的时代与国家里产生的主要影响。

　　总之，本书前四篇的目的，是要说明广大人民收入的组成部分，以及不同时代和不同国家供人民每年消费的财富的性质。第五篇，即最后一篇，则讨论君主或国家的收入；在这一篇我试图说明：第一，君主或国家的必要支出是什么，哪些支出应由全社会的赋税来支付，哪些应由社会某些特殊阶层或成员的赋税来支付；第二，对整个社会课税以供应整个社会支出的各种方法，以及各种方法的主要利弊是什么；第三，促使几乎所有现代政府以岁入的一部分作为担保而发行公债的缘由是什么，这种债券对真实财富，即对社会的土地和劳动年产品有何影响。

第一篇

论劳动生产力进步的原因，兼论劳动产品在不同阶级人民之间自然分配的顺序

第一章　论劳动分工

劳动生产力最大的进步，以及人在运用劳动生产力的过程中体现的大部分技能、熟练度和判断力，似乎都是分工的结果。

通过研究劳动分工在某些具体制造业中所起的作用，我们可以更容易地理解它在社会一般产业中所产生的影响。人们一般认为，在某些小型制造业中劳动分工实施得最细；可是这也许并不是因为小型制造业真的比大型制造业分工更细。在那些供应少数人的少量需求的小型制造业里的工人总数必定很少，不同工作部门的工人通常可以集中到同一个厂房中，使观察者一览无余。相反，大型制造业供应大多数人巨大的需求，每一个工作部门都雇用大量的工人，无法将所有工人集中在同一个工厂之内，我们在同一时间、地点只能看到在一个部门中的工人。因此，比起那些小型制造业，大型制造业实际上分成了更多的部门，而分工却不是十分明显，因此较少被观察者注意。

所以，我们且以小型制造业——制针业为例，因为其劳动分工常常被人注意。即便再努力，一个没有业务经验（由于分工，制针已成为一种专门的行业）且不会熟练使用机器（机器的发明可能也是劳动分工的结果）的工人，可能一天一枚针也造不出来，更不要说20枚了。按照这种制造业的运行方式，不仅全部工作是一个专门的行业，其中又分为若干部门，其中不少部门又变成了专门的行业。第一个人抽丝，第二个人拉直，第三个人切断，第四个人削尖，第五个人磨光顶端以便安装针头；做针头就要求有两三道不同的操作；装针头是一项专门的业务，把针刷白，甚至将针装进纸盒中也是一项专门的工作。这样，针的制造约分为十八道工序。在一些工厂，这十八道工序分由十八个专门工人负责。当然，有时一人也兼管两三道工序。我见过一个这样的小厂，那里只雇用了十个人，有几个人必须负责两三道不同的工序。他们虽然很穷，缺乏必要的机器，但如果他们努力工作，每天就能造针12磅。以每磅有中等大小的针4000枚来计算，这十个人每天能制针48000枚，也就是说，每人每天能制针4800枚。如果他们全都独自工作，没有一个人受过专门训练，那他们每人每天肯定不能制造20枚针，或许连一枚也造不出来；这就是说，肯定不能完成他们在适当分工和各种工序组合下能完成工作量的1/240，甚至连1/4800也不能完成。

尽管其他各种工艺和制造业中的劳动不能如此细分，每道工序也不能简化到如此简单的程度，劳动分工的效果也总是与这种小型制造业一样。但是在每一种工艺中，只要采用了劳动分工，生产力就能得到相应的增长。各种不同行业和职业的分立也是这一好处的结果。产业生产力发达的国家，其各种行业的劳动分工一般也极其细化。在野蛮社会中由一人从事的工作，在进步社会中一般都由数人从事。在所有进步的社会，农民一般只是农民，制造业者也只是制造业者。而为生产任何一种制造品所需要的劳动，却往往分由许多劳动者合作完成。以麻织业和毛织业为例，种麻、牧羊、漂白和烫平麻布、毛织品的染色和整理，这些工序都由不同的人负责。当然，农业的性质与制造业不同，不容许做那么细致的劳动分工，也不容许将一种工作同另一种截然分开。例如，不可能把畜牧和谷物种植的工作彻底分开，像木匠和铁匠可以完全分开那样。纺纱工和织布工几乎总是由不同的人担任，而犁地、耙地、播种和收获则常常由同一个人进行；这些劳动每年随季节交替重复着，一个人不可能只专门从事一种劳动。农业不能采用完全的分工制度，这就是它的生产力提高的速度总比不上制造业的主要原因。最富强的国家在农业和制造业方面都优于邻国，但制造业的优越程度必定远超农业。这些国家的土地一般都管理得较好，在土地上投入的费用也比较多，农业产品的数量也与土地的面积、肥沃程度成正比。尽管生产量较大，但就比例而言，单位土地上所得农业产品的价值也不会大大超过在其上所花的较大劳动量和费用的价值。富国的生产力虽然在农业方面都比贫国高一些，但不像在制造业方面那样相差悬殊。因此，如果品质相同，富国出产的谷物在市场上的售价一般不比贫国的低廉多少。例如，论富裕和进步的程度，波兰远不及法国，但波兰谷物的价格与品质同样优良的法国谷物的一样低廉；法国也许比不上英格兰，但法国谷物在品质和价格上却大致和英格兰相同。然而，英格兰的谷田比法国耕种得好，法国的谷田比波兰耕种得好。尽管贫国的土地耕种能力不及富国，但在品质及售价方面，贫国出产的谷物却能在相当程度上与富国竞争。这在制造业上这是不可能的，特别是在富国的土壤、气候、位置都有利于制造业的情况下，贫国就无法与之竞争。例如，法国绸比英格兰绸又好又便宜，只是因为在目前原丝进口税很高的条件下，英格兰不十分适合织绸业的发展，而法国则更适合；但英格兰的五金和粗纺毛织品却远胜于法国。就相同品质的物品来说，英格兰货在价格上比法国低廉许多；据说，波兰除了少数生产生活上不可或缺的粗糙家庭用品的制造业外，几乎没有什么制造业。

劳动分工使得同样数量的人们所能完成的工作量大大增加，这要归因于三种情况：第一，每一个工人的熟练程度提高；第二，省去了一个人由一种工作转到另一种工作通常消耗的时间；第三，很多的机器的发明便利和简化了劳动，使一个人能干许多人的活。

第一，劳动者熟练程度的提高势必增加他能完成的工作量。分工的结果使每个人的工作简化成某种简单操作，并使这种操作成为劳动者终生从事的唯一职业，也必然大大提高他的熟练程度。一个普通铁匠习惯使用锤子，但对于制造钉子很陌生，如果非要让他试着去做，我相信他一天做不出二三百枚钉子来，而且做出来的也是劣质品。即使惯于制钉的铁匠，如果不以制钉为主业，哪怕竭力工作，每人每天也制造不出800枚或1000枚钉子。我曾见过几个不满二十岁的专业制钉工人，努力工作时每人每天能制造2300多枚钉子。然而，制钉绝不是最简单的工作。如果只有一个人来完成整个过程，他必须鼓炉、调火、烧铁、挥锤、打制，在打制钉头时还得调换工具。相比较而言，制针和制金属纽扣所需的操作要简单一些，而终生以此为职业的人的熟练程度通常也高得多。在这样的制造业中，有些操作迅速得简直难以置信，若不曾亲眼见过，谁也不会相信人的手可以干得如此快速。

第二，省去了一个人由一种工作转到另一种工作通常消耗的时间，由此得来的好处，比我们乍看之下所能想象的要多得多。一个人不可能从一种工作很快地转到另一种在不同地点、使用不同工具的工作。一个农村织布者如果还要同时耕种一小块土地，那么他必须从织布机走到田野，又从田野走到织布机，这必然要浪费大量的时间。如果两种工作能在同一地点进行，损失的时间无疑要少得多。即便如此，工作效果也是很差的。一个人从一种工作转向另一种工作时一般都要闲上片刻，在他刚开始新的工作时很少能很快地全神贯注；犹如人们所说的，他心不在焉，注意力并不集中在工作上，情愿干些无用之事，也不去干正经工作。如果一个人每隔半个小时就得转换手头的工作，每天几乎要干二十种活计，那么他必然会养成闲荡和漫不经心的习惯，几乎懒懒散散，就算最紧迫的情况也不会让他全神贯注。因此，即使一个人有相当的熟练程度，单是这种习惯也必然大大减少他所能完成的工作量。

第三，即最后一点，就是机器的发明。我们肯定都知道应用适当的机器能在多大程度上简化和方便劳动，这就不必举例了。我想指出的是，使劳动得以如此便利和简化的机器发明最初似乎都是随着劳动分工应运而生的。当一个人的注意力全部集中在单一目标、而不是分散在许多事物上时，他们就有可能更容易、更迅捷地达到目标。由于劳动分工，每个人的全部注意力自然而然地集中在某道非常简单的工序上。因此，我们自然可以预期，在从事每一个具体劳动的工人中，总会有一些人会很快找出比较容易和迅速的方法去完成工作，只要这种具体劳动存在被改进的空间。在劳动分工最细的制造业，现在使用的大部分机器最初都是普通工人发明的。他们每个人都负责着某道非常简单的工序，自然要用心去找到完成工作最迅捷的方法。参观这些制造业工厂的人常常会看到一些非常精巧的机器，它们是工人们发明出来便利和简化工作的。最初使用蒸汽机时，工厂常常雇用一个男孩，他负责在活塞上升或下降时打开或关闭汽锅与汽缸之间的通道。一个贪玩的孩子注意到：如果用绳子把开闭通道活门的柄系在机器的另一部分上，活门就能自动开闭而不需要他的看管，他就可以和伙伴自由玩耍。自从蒸汽机发明以来最重要的改良方法之一就这样被一个贪玩的孩子发现了。

然而，机器改良绝不是全由这些有机会使用机器的人发明的。当制造机器成为一个专门行业的时候，许多改进都来自机器制造者的聪明才智；也有些改进是出于所谓哲学家或思想家的智慧，他们的职业不是做某一件事情，而是观察每一件事情——他们常常能把相距极远和极不相同的事物联系在一起，形成新的力量。在社会进步的过程中，哲学家或思想家的工作也像其他每一种职业那样，变成了某一类公民主要的或唯一的职业。同样，哲学也细分成了很多不同的分支，兴趣不同的哲学家可以在其中找到不同的职业。而这种细分也像其他每一种行业的一样，提高了熟练程度，节约了时间。每一个人都变得对他自己那个特殊部分的工作更加在行；从整体而言也就完成了更多的工作，科学产出的数量也由此大大增加。

在治理良好的社会，分工使得各种行业的产量倍增，普遍的富裕可以惠及最底层的劳苦大众。除满足自身需要以外，一种产品的制造者还有大量产品可以出卖；另外一种产品的制造者的境况也基本相同。如果需要，每个劳动者都能以自身生产的大量产物换得其他劳动者生产的大量产物，或换得与产品等值的货币。他能充分供给别人所需的物品；他自身所需的，也能得到别人充分的供给。于是，社会各阶级也就普遍富裕起来。

在一个文明发达的国家中，如果你看一下最普通的工人使用的生活用品，那么你会发现，在其中贡献了自己的一部分工作的人多得不可胜数。例如，尽管看起来很粗糙，工人穿的毛织品上衣也是大量不同的工人一起劳动的结果。牧羊人、选毛人、梳毛人、染工、梳理工、纺工、织工、蒸洗工、缝纫工，以及许许多多其他的人，必须结合他们不同的手艺才能完成这件很粗糙的毛织品。此外，把材料运输到远方需要有多少运输从业者，需要多少次商业谈判和海上航行，需要多少造船人、航海人、制帆人、制绳人，才能把染匠需要的不同染料带到一起——这些染料常常来自世界各个遥远的角落！由此可见，生产最普通的工人使用的生活用品需要经过多少种类繁多的劳动！且不谈航海的船舶、蒸洗布匹的机器或织机那些复杂的机器，我们只来看看牧羊人用来剪羊毛的剪刀这一非常简单的工具，它的生产就需要各种人的劳动：采矿工、熔炉制造工、伐木工、烧炭工、造砖人、泥水匠、炉工、铁匠铺的设计与建筑者、锻工、铁匠……这些人的劳动结合起来，才能生产出剪刀。假如，我们用同样的方式来考察剪羊毛工人的衣物和家用器具，包括贴身穿的粗麻衬衫、脚上穿的鞋、睡的床和其他家具、准备膳食的厨房和炉灶、烧饭用的煤炭（这是通过遥远的海路或者陆路运来的）、厨房中所有的器皿、餐桌上所有的用具（比如刀叉、用来盛饭菜的陶瓷和锡盘）、吃的面包与喝的啤酒、既能抵御风雨又能透光而保持屋内温度的玻璃窗户、发明和制作玻璃需要的知识和技艺（没有玻璃，在世界北部地区生活的人们就不舒适了），连同生产这些便利品中所使用的工具，哎呀，假如我们考察一下所有这些物品，看看每一种物品需要多少不同的劳动，我们就会明白，没有成千上万人的互助和合作，连一个文明社会中最卑贱的工人那些简陋的生活用品也无法供应。同富贵人家的极度奢侈相比，一个工人的生活用品无疑极其简陋；然而以下说法也许是真的，即在生活水平上，一个欧洲君主优于一个勤劳节俭的农民的程度并比不上这农民优于一个非洲君主的程度——即便这些非洲君主绝对主宰着数以万计赤裸野蛮人的生命与自由。

第二章　论造成分工的缘由

虽然劳动分工有诸多好处，可是它最初却并不是人类智慧的结果，不是人们凭智慧预见到它可以带来普遍的富裕。它是人类某种倾向缓慢产生的必然结果。这种倾向没有很强的功利性，而只是以某种东西交换另一种东西。

这种倾向是不是人性中一种无法深入解释的本质，或者更有可能是理性和语言出现的必然结果，这都不是我们的研究对象。所有的人都会有这种倾向，而动物就不懂交换或其他任何种类的契约。两条猎犬追逐同一只兔子，有时似乎在互相帮忙，每条猎犬都把兔子赶向它的同伴，或在同伴把兔子赶向它时力图拦截兔子。然而，这并不是任何契约的结果，而只是偶然在某个时候两条猎犬有了同一目标欲望。没有人看到过两条猎犬各自用一根骨头进行有意识的公平交换。没有人看到过一只动物通过姿势或嚎叫向另一只动物表示：这是我的，那是你的，我愿意用这个交换那个。当一只动物想要从人或另一只动物那里得到什么东西时，它除了博得对方的好感之外，没有其他的劝诱手段。例如，为了得到食物，幼犬向母犬摇尾乞怜，一条长毛垂耳犬做出千般姿态来吸引餐桌旁主人的注意以得到食物。人有时也会使用相同的手腕——百般奴颜婢膝、阿谀奉承，企图博得对方欢心，从而获得好处。可是人没有足够的时间每一次都这样做。只要在文明社会生活，人在任何时候都需要广泛的合作和别人的帮助，虽然人在一生中也许交不上几个朋友。在动物世界，每个个体到成年时都是全然独立的，不需要其他动物的帮助。但是人总是需要其他人帮助的，不过只靠别人的善心还不行。如果人能激发别人的自利之心，向别人表明他要求他们所做的事情对他们自己是有好处的，他才更有可能如愿以偿。任何想与他人做买卖的人都是这样行事的：你给我我所需，你也得到你所需，这就是每项交易的意义；我们正是通过这种方式得到自己所需的绝大部分帮助的。我们得到自己的食物并不是由于屠户、酿酒师和面包师的善心，而是由于他们自利的打算。我们不是向他们乞求仁慈，而是激发他们的自利之心；我们从来不谈自己的需要，而只谈对他们的好处。除了乞丐之外，没有人完全依靠别人的善心来生活。即使是乞丐，也不完全依靠他人的善心。虽然乐善好施者的施舍为乞丐提供了全部的生存资源，但是这些人也不可能随时随地满足乞丐的需要。乞丐的日常需要大部分是通过和其他人同样的方式而得到满足的，即通过契约、交换和买卖。乞丐用别人施舍的钱去购买食物；用别人给他的旧衣服去交换其他更合身的旧衣服，或者是落脚处、食物或钱；而用这些钱，他又能换来食物、衣服或落脚处。

所以，我们需要的帮助大部分是通过彼此的契约、交换和买卖而取得的，而最初造成劳动分工的也正是这一彼此交换的倾向。例如，在狩猎或游牧民族中，善于制造弓矢的人常拿自己制成的弓矢交换他人的猎物或家畜。慢慢地，他发现与其亲自到野外狩猎，不如与猎人交换更方便。这样，他便专门制造弓矢。又如，狩猎或游牧民族中有个人能把族人居住的小茅屋或可移动房屋的框架和屋顶建造得又快又好，那么他就往往被人请去建造房屋，从而得到猎物或家畜作为回报。他也渐渐地发现，如果他全心全意地从事这一工作，自己便能从中获利，这样他就成为一个专门建房子的人。同样，有的人成为铁匠或铜匠，有人成为硝皮匠或制革匠，毛皮、皮革是野蛮人的主要衣料。这样，人们都一定能够用自己消费不完的剩余劳动产品，来换取自己需要的别人剩余的劳动产品。这就鼓励每个人投身于专门的职业，并为之锻炼和发挥各自天赋的才能。

实际上，人与人之间关于天赋才能的差异比我们意识到的要小得多。对成年人来说，才能的差异与其说是劳动分工的原因，不如说是劳动分工的结果。例如，哲学家与街头搬运工这两个才能迥异的人之间的差异，似乎并非由于天赋的差异，而是由于习惯、社会风俗和教育的差异造成的。在六岁或八岁之前，他们很可能非常相像，他们的父母或伙伴看不出他们有什么显著的不同。随后不久，他们开始从事非常不同的职业。于是，才能的差异开始被他们自己意识到，并逐渐扩大。直到最后，哲学家的虚荣使他不肯承认他们之间有任何相似之处。但是，如果没有彼此交换的倾向，每一个人就必须为自己做出每一种生活必需品与便利品，所有的人都要履行相同的责任、做相同的工作，这样就不可能有职业上的巨大差异，进而也就不会有任何重大的才能差异出现了。

就像造成了不同职业的人们之间才能的巨大差异一样，交换倾向也使得才能差异变得有用。许多被认为是同种而不同类的动物，其才能的差异比起人们在未受到社会风俗和教育熏陶以前所表现出的差异要显著得多。在天赋方面，哲学家与街头搬运工之间的差异，远远不及马士提夫犬与格力犬，或格力犬与西班牙猎犬，或西班牙猎犬与牧羊犬之间的差异。可是，这些动物虽然属于同一种，却对彼此没有任何用处。马士提夫犬并不能得到动作迅速的格力犬、伶俐的西班牙猎犬或是驯良的牧羊犬的帮助。由于缺乏交换的能力和倾向，这些动物在天赋和才能之间

16

的差异不能整合成一种共同的财富，使同种的动物得到物质上的供应和便利。每一种动物仍然不得不独自求生和自我保护，丝毫得不到同种动物的天赋和才能带来的好处。与之相反，在人类社会，极不同的才能也都可以有益于彼此。基于彼此交换的倾向，人们各自发挥才能创造的不同产品变成了一种共同财富，每个人都可以从其他人创造的产品中购买到自己所需的任何产品。

第三章　论分工受市场范围的限制

正如交换能力引起劳动分工，分工的程度必然受到交换能力大小即市场范围的制约。如果市场太小，就没有谁会完全投身于一种专门的职业。因为没有足够的交换能力，他们不能用自己的剩余劳动产品换得别人的剩余劳动产品。

有些种类的职业，哪怕低级，也只能在大城市而非别处进行。例如，一个搬运工在大城市之外就找不到足以供给自己衣食的事情做：对他来说，村庄过于狭小；即使是市镇，也很少大到让他维持稳定的职业。在那些散布在荒凉的苏格兰高地一带的独栋住宅或小村庄中，每一个农民不得不兼顾自家屠宰牲畜、烤面包和酿酒的事情。在这种情况下，我们很难在 20 英里以内找到一个铁匠、木匠或泥水匠的同行。离他们最近的人家也有 8 英里或 10 英里远，农民们必须亲自学会干各种各样的零活；而这些零活在人口较多的地方都有专门的工匠来做。村里的工匠几乎要做与同一种材料有关的所有工作：木匠要做以木材为原料的每一种工作，铁匠要做以铁为原料的每一种工作。前者不仅是木匠，他还是细木工、家具制造者、雕刻工、车轮制造者、耕犁制造者，以及手推车和四轮马车的制造者；后者的工作更是多种多样。比如，苏格兰高地的偏远地区没有专门制钉的铁匠。专业制钉工人每天能造 1000 枚铁钉，一年工作三百天；按照这种速度，他每年能造 30 万枚铁钉。但在这种地方，他一年连1000枚铁钉——他一天工作的产量——也卖不出去。

水运为每一种行业开辟了单靠陆运无法触及的广阔市场。因此，各种产业自然而然地在海岸和通航河道的两岸进行分工，并不断得到改进。这些分工和改进需要经过很长的一段时间才能推广到内陆地区。一辆需要2个人驾驭、8匹马拉动的宽轮马车，在伦敦和爱丁堡之间来回，每次运送4吨货物大约需要六个星期。大约在同一时间内，一艘由6人或8人驾驶的轮船却可以在伦敦和利斯两个港口间来回，每次可运送200吨货物。由此推算，在同一时间内，6人或8人借助水运在伦敦和爱丁堡之间运送的货物，如果换成陆运，则需要50辆宽轮马车，共需100人驾驭、400匹马拉动。因此，选择最廉价的陆运方式从伦敦运输200吨货物到爱丁堡，需要支付100人三个星期的生活费，以及400匹马和50辆车的损耗费；而水路运输同一数量的货物，却只需支付6人或8人三个星期的生活费、一艘载重200吨的船只的损耗费，以及水运和陆运保险费之间的差额。所以，如果两地间只有陆运没有水运，那么除了那些重量不大而价格很高的货物，其他的货物便不能由一地运至另一地了。受其制约，两地间的商业互通就会大打折扣，而这两地对彼此产业发展所能提供的便利也是如此。同样，如果没有水运，世界各地之间就不可能有多少商业互通，甚至根本没有。什么货物才能负担得起伦敦和加尔各答之间陆地运输的开支呢？即使有，又如何使其安全通过众多野蛮民族的领地呢？可是，依靠水运，这两座城市现在就进行着大规模的贸易，相互提供市场，并大大促进了彼此的产业发展。

所以，由于水运的好处如此巨大，工艺和产业的改良都从水运便利的地方开始就是很自然的事了。这种改良总要隔很久才能普及到内陆地区。由于离河海太远，在很长时间内，内陆地区的产品大部分只能销往邻近地方，而无法将其运到很远的地方。因此，该地的市场范围必定和邻近地方的财富与人口相关，其产业改良也总落后于临河或临海的国家和地区。我们在北美殖民地所开发的大种植园都顺着可通航的河岸延伸，或是沿着海岸，很少扩展到内陆地区。

根据最翔实的记载，最先开化的那些国家位于地中海沿岸。地中海是世界上最大的内陆海，没有潮汐，如果没有风则波澜不兴，再加上岛屿繁多且离岸很近，对世界早期航海事业极为有利。那时，由于还没有罗盘，人们不敢开船驶离海岸太远；由于造船技术尚不发达，人们不敢在海上出现惊涛骇浪的情况下出海。在古代，驶出直布罗陀海峡长期被看作最不可思议的、最危险的航海伟绩。就连当时以造船和航海技术著称的腓尼基人和迦太基人，也是过了许久才敢尝试它。而且此后很长一段时间里，只有他们才敢做此尝试。

在地中海沿岸各国中，埃及似乎是率先在农业和制造业方面得到了开发与改良的国家。上埃及的繁华地带都分布在尼罗河两岸数英里内。尼罗河在下埃及的河段分成了许多大大小小的支流；只要略加整修，这些支流不但可在境内各大城市，而且可在各个重要村落甚至农场之间形成便利的水上交通网。这种情形与今日荷兰境内的莱茵河和麦斯河一样。如此广泛和便利的内陆航运正是埃及发展较早的原因之一。

在东印度的孟加拉和中国东部的某些省份，农业和制造业的改良历史也非常古老，虽然这一点尚未在我们这里得到令人信服的权威印证。在孟加拉，恒河和其他几条大河形成了许多适合航行的河道，就像尼罗河在埃及那样。在中国东部各省也分布着几条大河，它们的各个支流形成交错的河道网，为内陆航行提供了比尼罗河、恒河，甚至比两者加在一起更为广阔的航运系统。可值得注意的是，不论是古埃及人、印度人还是中国人，都不鼓励对外贸易，他们似乎全都是从内陆航运获得的巨大财富。

　　非洲内陆、黑海和里海以北的亚洲地区，即古代的塞西亚、现今的鞑靼和西伯利亚，一直都处于野蛮落后的未开化状态，现在还是这样。鞑靼海是不能通航的冰洋，虽然也有若干条世界著名的大河流过鞑靼，却终因彼此距离太远而大大限制了此地商业和交通的发展。欧洲有波罗的海与亚得里亚海；欧亚之间有地中海与黑海；亚洲有阿拉伯、波斯、印度、孟加拉及暹罗的诸海湾，这些海湾把海运和河运连接起来。非洲没有大内海，也没有大海湾，它的诸条大河又相隔太远，较大规模的内陆航运很难实现。另外，如果一个国家有大河穿过，但其支流很少，下游和出海口又在他国，那么该国的商业也难以大规模地发展；因为上游国家的河运能否到达海洋不是自己能决定的，而要受到下游国家的约束。这就是多瑙河对巴伐利亚公国、奥地利和匈牙利来说作用甚微的原因；如果这三个国家中的任何一国独占该河流入黑海之前的河段，情况就会大不相同。

第四章 论货币的起源和作用

当劳动分工完全确立后，一个人自己的劳动产品就只能满足他很小的一部分需要了。他拿出个人的剩余劳动产品来交换自己需要的他人的剩余劳动产品，以满足自己的绝大部分需要。这样一来，每一个人都靠交换为生，在某种程度上变成了商人，而社会本身也可以说就变成了商业社会。

但在分工伊始，这种交换往往受到种种障碍。例如，有人持有某种自己消费不完的物品，而另一个人所持有的这种物品却不够他自己消费，这样，前者愿意卖出，后者乐于购买。但是，如果后者没有前者想得到的物品，两者间的交换仍然不能实现。例如，屠户把自己消费不完的肉放在店里，酿酒师和面包师都想购买自己所需的那一份；但如果他们除了各自的产品外一无所有，即只有酒和面包，而屠户已有足够的酒和面包，那么交易就无法完成了。屠户不能成为酿酒师和面包师的卖家，酿酒师和面包师也不能成为屠户的顾客，这样就不能互通有无。为了完成每一个交易，除自己的劳动产品外，聪明人还要随时携带一定数量的某种物品，这种物品在和任何人进行产品交换时都不会被拒绝。

为达此目的，人们先后想到并用过许多商品。据说原始社会曾把牲畜作为交换活动的通用媒介。虽然牲畜是非常不便携带的媒介，但我们却发现古代确实可以用牲畜交换各种物品。据荷马记载，狄俄墨得斯的铠甲仅值九头牛，而格劳克斯的铠甲却值一百头牛。还有很多物品被作为媒介，据说阿比西尼亚用盐进行商业交易，印度沿海某些地方用某种贝壳，纽芬兰用鳕鱼干，弗吉尼亚用烟草，英属西印度殖民地用蔗糖，有一些国家则用兽皮或皮革。我还听说，现在在苏格兰的农村，还有工人会带着铁钉去买啤酒和面包。

然而，由于不可抗拒的理由，所有国家的人们最终都决定选用金属来完成这一职能。金属比任何东西更不容易损坏；而且，它还可以不受损失地分割成许多小块，又可以很容易地再把它们熔合起来。这种特性是其他同样耐久的商品所不具备的，因此金属更加适合作为商业流通的媒介。例如，想要买盐而只有牲畜可以用来交换的人，不得不一次买入和一整头牛或一整头羊价值相等的盐。他没办法少买，因为他可以用来交换的牲畜不可能被毫发无损地分割；如果他想多买点盐，同样的道理，他就不得不购入两倍或三倍的数量，即价值相当于两三头牛或两三头羊的盐。反之，如果他用来交换的媒介不是牛羊而是金属，他就可以很容易地按他当时需要的商品的精确数量，支付价值相等的金属。

各国用来作为媒介的金属各不相同：古斯巴达人用铁，古罗马人用铜，而所有商业兴盛的富裕国家都使用金和银。用作交换媒介的金属最初似乎都是粗糙的条块状，未加任何印记，更没有经过铸造。普利尼援引古代历史家蒂米阿斯的话说，直到塞尔维乌斯·图利乌斯时代为止，罗马人还没有铸币，只用铜条来购买他们需要的一切物品。因此，这些粗糙的金属条就是当时的货币。

这样粗糙的金属有两种极大的弊端：第一是称量困难，第二是查验困难。贵金属一旦在分量上有细微差异，在价值上便会产生很大的差距。若要正确称量这类金属，至少需备有极精确的砝码和天平。金子

23

的称量更是一种精细的操作。比较粗糙的金属在分量上有点误差关系不大，不必那么精确地称量。不过，贫民每次买卖仅值1法新的货物都需要称出这个重量，这就麻烦极了。查验金属的过程更是困难和烦琐。如果不把金属的一部分放在坩埚里，用适当的熔剂熔解，就不能得出十分可靠的结论。在铸币制度尚未建立以前，只有通过这种又困难又烦琐的查验，才能避免被欺骗和遭受损失。人们通过售货而得到的可能是混有粗糙且廉价材料的合成物。为方便交易、避免各种弊端、促进工商业发展，发达国家都认为有必要在用来购买货物的特定金属上加刻印章。这就是铸币制度和造币厂这种国家机构的起源。其性质类似于麻布、毛织品检查官。检查官借此认定各种商品的质量。

最早刻在金属上的公印，其作用似乎仅仅是确定金属的品质或纯度。它们很像现在银板和银条上所刻的纯银标记，或者金块上的西班牙式纯金标记，只刻在金属的一面，而非盖住每一面。它只认定金属的纯度而不是重量。据载，亚伯拉罕按其承诺称了400谢克尔的银子交给以埃夫龙，以此支付麦比拉的田款①。银子是当时商人通用的货币，它们用重量而不是按个数计算，就像现今的金块和银条。而古代英格兰撒克逊王朝国王们的收入，不是用货币而是用各种各样的食物来计算的。征服者威廉开了用货币纳税的先例。可是，用货币纳税是按重量而不是按个数计算的。

为了解决准确称量金属这项工作的麻烦和困难，因而产生了铸币制度。铸币的两面完全覆盖上公印，有时边缘也有印记，这样不仅可以确保金属的纯度，也可以确保它的重量。因此，这种铸币像现今那样按个

---

① 参见《旧约全书·创世纪》第二十三章第十六节。——译者

数计算和流通，省去了称量的麻烦。

这些铸币的名称，最初是表示其所含金属的重量。在罗马开始铸币的塞尔维乌斯·图利乌斯时代，罗马币阿斯（As）或庞多（Pondo）包含1罗马磅的纯铜。它像我们的特洛伊磅一样，分为12盎司，每盎司包含足足1盎司纯铜。在爱德华一世时代，每英格兰磅包含1陶尔磅一定纯度的白银。陶尔磅比罗马磅略重，比特洛伊磅轻。直到亨利八世统治的第十八年，英格兰造币厂才采用特洛伊磅。查理曼大帝时代的法国货币里弗（Livre）含一定纯度的白银1特鲁瓦磅。特鲁瓦是法国东北部香槟省的一座城市，那里市场非常有名，欧洲各国的商人时常出入，大家都熟悉并尊重在那里交易时用的度量衡。从亚历山大一世到罗伯特·布鲁斯时代，每苏格兰磅都含有与1英格兰磅同重量、同纯度的银。英格兰、法兰西和苏格兰的1便士货币最初都含有足足1便士的白银，即1盎司的1/20或1磅的1/240。先令最初也是重量名称。亨利三世时的法令规定：当1夸特小麦重达12先令时，1法新的上等小麦面包应重11先令4分。不同的是，先令对便士或先令对磅的比例似乎不像便士对磅的比例那么稳定。法国第一个王朝的苏（Sou）或先令，在不同时期有5便士、12便士、20便士乃至40便士的不等。在古代撒克逊人的某个时期，1先令似乎只含5便士，它含量的变化同邻国的法兰克人的先令的变化大抵类似。法国自查理曼大帝时代后，英格兰自征服者威廉一世时代以后，尽管磅、先令和便士之间的比例关系没有多大变动，但它们各自的价值却变动很大。我相信，世界各国中曾有君主贪婪而不讲道义，背弃臣民的信任，把货币金属的含量逐渐减少。到了罗马共和国后期，罗马阿斯的价值降到了原来的1/24，即含铜量从1磅降为半盎司。现今，英格兰的镑和便士，大约仅相当于原值的1/3；苏格兰的镑和便士，大约仅相当于原值的 1/36；法国的镑和便士，大约仅相当于原值的 1/66。很明显，通过这种操作，君主和主权国家就能以少于原来的银去偿还债务并履行各种契约。

表面上，他们偿还了债务；实质上，国家政府的债权人被剥夺了一部分应得的权利。政府必须允许国内一切其他债务人拥有和君王相等的特权，使得他们同样能以新的贬值币偿还货币改铸前借来的旧币金额。所以，这种方法总是对债务人有利而有损于债权人；就严重性和普遍性而言，这种措施在个人财产上造成的巨大影响比公共大灾祸所能造成的更甚。

正是通过这种方式，货币在所有的文明国家变成了普遍的商业媒介，所有货物都用它来进行买卖或交换。

我们现在要考察的是，人们在以货币交换货物或者货物交换货物时自然遵循哪些法则。这些法则决定了所谓的商品相对价值或交换价值。

应当注意，"价值"一词有两个不同的意思：它一方面表示特定物品的效用，一方面又表示由于占有某物而取得的对其他货物的购买力。前者可称为使用价值，后者可称为交换价值。使用价值很大的东西往往具有极小的交换价值或没有交换价值；相反，交换价值很大的东西往往具有极小的使用价值或没有使用价值。例如，没有什么东西比水更为有用，但它不能购到任何东西，也不会有任何东西和它交换；相反，钻石没有什么使用价值，但常常能购到大量的其他货物。

为了更清楚地探讨决定商品交换价值的原则，我将尽力说明以下三点：

第一，什么是交换价值的真实尺度，也就是说，是什么构成了一切商品的真实价格。

第二，构成真实价格的不同部分是什么。

第三，什么情况会使某一部分或全部的真实价格有时高于其自然或普通水平，有时又低于其自然或普通水平。换句话说，是什么原因阻碍了市场价格，即商品的实际价格，使之不能与其所谓的"自然价格"一致。

我将在以下三章尽可能地详论这三个问题。在这方面，我诚挚地乞求读者的耐心和注意：请耐心地看我考察看似不必要的烦琐细节；请注意我尽力做出的解释，以便理解有些暧昧不明的内容。我常常宁愿喋喋不休，也要确保说得明明白白；但是，由于课题的性质极端抽象，即便我尽力阐明，这些内容可能仍然晦涩难懂。

论商品的真实价格与名义
第五章　价格，即用劳动表示的商品价格与用货币表示的商品价格

　　一个人是富还是穷，依他所能享受的生活必需品、便利品和娱乐品的多少和品质而定。但自从劳动分工完全确立以后，人们所需要的物品只有极小部分来自自己的劳动，绝大部分必须仰仗他人的劳动。所以，他的贫富状况必然依他所能支配的或能负担的他人劳动量而定。因此，对于占有某货物却不想自己使用或消费，而愿意用其交换其他货物的人来说，任何商品的价值就等于该商品能使他购得或支配的劳动量。因此，劳动是衡量一切商品交换价值的真实尺度。

　　每件物品的真实价格，即它对于想要得到它的人的实际成本，就是为获得它所付出的辛苦和麻烦。对已经得到并想处理它或用它来交换别的东西的人来说，每一件东西的真实价值，是它能为自己省去或转于别人的辛苦和麻烦。以货币购买物品或以货物交换物品，实质就是用劳动购买，就如我们用自己的劳动获取物品一样。我们拥有的货币或货物，使我们能够免除生产许多其他物品的辛苦。它们含有一定的劳动量，我们可以用它来交换当时被认为价值同等劳动量的物品。劳动是购买一切货物时付出的最初价格，是原始的购买货币。世间所有财富，最初都是用劳动而不是用金银购买的。因此，对占有财富并愿用它交换新产品的

人来说，财富的价值正等于它使他能够支配或购买的劳动量。

正如霍布斯先生所说，财富即权力[①]。但是，获得或继承了一宗巨大财产的人不一定就能获得或继承任何的政治权力，无论是在民事还是军事上皆然。他的财富或许能使他有获得两种政治权力的手段，但是仅仅占有财富并不一定能使他得到它们。财富给他带来的直接权力是购买力，一种对所有劳动或市场上所有劳动产品的支配能力。他的财富的多少与这种能力的大小完全成正比；就是说，财富的多少和他所能购买或能支配的他人劳动量或他人劳动产品数量的多少成正比。任何物品的交换价值，总是必须完全等于这物品带给其占有者的这种能力。

但是，虽然劳动是所有商品的交换价值的真实尺度，但是商品的价值通常并不是用劳动去衡量的。确定两种不同劳动量之间的比例常常很困难。两种不同工作所费的时间并不能成为决定这一比例的唯一因素，工作时所承受的不同程度的辛苦和所运用的不同程度的智力也必须加以考虑。一个小时的艰难工作比两个小时的容易工作可能包含更多的劳动量；或者说，要花费十年才能学会的工种一个小时的工作，可能比普通工种一个月的工作包含更多的劳动量。承受辛苦或运用智力的程度没有任何精确的方法去衡量。当然，在不同种类的劳动产品互相交换时，通常也会对承受辛苦或运用智力的程度有相当的考虑。但这不是通过任何精确的衡量方法，而是通过市场上买卖双方的讲价进行大体调整的。这虽不很精确，但已经足以使日常生活有序进行。

此外，商品更频繁地同其他商品而不是同劳动相交换，从而与其他

---

① 参见霍布斯的《利维坦》的第一篇第十章。——译者

商品而非劳动比较，因此人们自然就以一种商品所能购得另一种商品的数量，而非劳动量，来衡量其交换价值。相比劳动量，大多数人更容易理解具体商品的数量是什么意思。具体商品的数量看得见、摸得着，而劳动量则是一种抽象的概念；即使它可以充分被人理解，它本身却不够自然和明显。

当物物交换已经停止、货币已成为商业的普遍媒介时，任何具体商品就是以货币而不是与另一种商品交换。屠户需要面包或酒的时候，不是把牛肉或羊肉直接拿到面包店或酒店去交换，而是先把牛肉或羊肉拿到市场去换钱，然后再用钱换取面包或酒。他卖牛羊肉所得的钱数决定他后来所能买到的面包和酒的量。因此，屠户在估计牛羊肉的交换价值时，自然就会以牛羊肉直接换来的钱数，而非面包和酒。我们说一磅肉值三四便士，比说一磅肉值三四磅面包或三四夸特酒更合适。所以，一个商品的交换价值多以金钱数目计算，而很少以劳动量或其他商品的数量来计算了。

然而，像其他每一种商品一样，黄金和白银的价值也时刻处于变动之中，时贱时贵，时易买时难购。特定数量的金银所能购到的劳动量或所能交换到其他商品的数量，总是随交换时矿藏丰饶与否而变化。十六世纪，由于美洲丰富矿藏的发现，欧洲的金银价值下降到原值的 1/3 左右。由于把这些金属从矿区送到市场所花费的劳动比以前少了，所以当它们被送到那里时，所能购买或支配的劳动量也比以前少了；这次金银价值的变动虽然或许是最剧烈的一次，但根据历史记载，绝不是唯一的一次。像一步之长、两臂展开之宽或一手所握之数这种在一定范围内不断变化的量，绝不能作为衡量其他东西数量的精确标准。同理，自身价值不断变化的一种商品也绝不能成为其他商品价值的精确标准。不论在何时何地，同等的劳动量对劳动者来说都具有同等的价值。根据健康、体力和精神状态，以及劳动技能和熟练程度，一般情况下，劳动者同等的劳动量，必然总要牺牲相同的安逸、自由和快乐。不管他得到回报的商品数量如何，他为劳动做出的牺牲始终是相同的。同一劳动量能购到的商品数量时多时少；然而，这是这些商品的价值的劳动造成的，而不是用来购买它的劳动价值的变动造成的。不论在何时何地，凡是不易得到或要花费许多劳动才能得到的东西，价格就贵；凡是容易得到，或只花费很少劳动就能得到的东西，价格就低。因此，只有自身价值绝对不变的劳动才是最终的真实标准，一切商品的价值在任何时候和地方都可以用它来衡量和比较。劳动是商品的真实价格，而货币只是其名义价格。

虽然对劳动者来说，同等的劳动量总是具有同等的价值，但对雇主来说，劳动价值却是时大时小。换言之，雇主购买劳动需要付出的货物是时多时少的。对他来说，劳动的价格同所有商品的价格一样，有时贵一些，有时贱一些。其实，劳动价格的变动只是商品价格时贵时贱造成的结果罢了。

所以，就通常意义而言，劳动也像商品一样，有真实价格和名义价格。真实价格就是付出劳动所获得的生活必需品和便利品的数量；名义价格就是付出劳动换来的金钱数目。劳动者的贫富、劳动报酬的高低都是与他的劳动的真实价格成正比的，而不是与名义价格成正比。

真实价格和名义价格的区分不仅具有理论意义，更具有相当大的实践作用。同一真实价格总是具有同一价值；但同一名义价格的价值，却常常因金银价值的变化而差别极大。所以，当一个人要以永佃的形式售卖地产时，如果想要使地租的价值保持不变，重要的就是不要把地租用一定数目的金钱来规定。两个方面的原因都可能使货币的价值发生变化：第一，同一面值的货币在不同时期所含金银分量不同而产生的变化；第二，同分量金银在不同时期价值不相同而产生的变化。

君主和主权国家常常想到减少货币纯金属含量可以得到的那些眼前利益，但他们几乎没想到，增加货币的纯金属含量也会有好处。我有理由相信，每个国家货币的金属含量几乎都是不断减少而非增加的。因此，这种变化几乎总是在降低货币地租的价值。

美洲矿藏的发现降低了欧洲金银的价值。虽说我没有任何确凿的根据，但一般认为这种降低仍在进行，而且可能还会持续一段很长的时间。所以，在这种情况下，即使地租不是用若干数目的金钱（例如，多少英镑）来支付，而是用若干盎司纯银或某种成色的银来支付，货币地租的价值多半还是会降低，而不是增加。

即使在货币面额未变之时，用谷物作为地租比用货币作为地租更能保持地租的价值。伊丽莎白统治的第十八年的法律规定，国内各学院收地租时，其1/3必须要用谷物收缴，或按照当时最近市场上的谷价折算成货币。由谷物折算成货币的地租，原来只占全部地租的1/3，而据布勒克斯顿博士计算，后来的价值已普遍接近货币地租的两倍了。这样算来，各学院的货币地租的价值必定已经减到原值的1/4；或者说，这些货币现在所值谷物的量已经减到原值的1/4了。但是，自腓力和玛丽统治迄今，英格兰货币面额几乎毫无变化，同一面额的镑、先令或便士的纯银含量几乎保持不变。因此，各学院货币地租价值降低完全是因为银价的下降。

如果银价下降，同一面额货币的纯银含量又减少，价值损失就会更大。苏格兰的货币面额变化比英格兰更大，而法国在这方面的变化又大于苏格兰。这样，它们以前具有很大的价值的古老地租，现在却变得几乎一钱不值。

在不同的时代，较之用等量的金银或其他任何商品，同等的劳动量更可能用等量的谷物（劳动者最基本的生活资料）购得。所以，在不同时代里，等量谷物更可能保持几乎相同的真实价格。也就是说，持有谷物者更可能以等量谷物购买或支配他人同等的劳动量。我只是说，等量谷物比等量其他任何商品更可能购买或支配同等劳动量，因为等量谷物也不可能购买或支配绝对相等的劳动量。我在后面将要说明，在不同时代，劳动者最基本的生活资料或劳动的真实价格是大不相同的。劳动者所享有的生活资料，在进步发展的社会比在停滞不前的社会充足，在停滞不前的社会又比在衰落中的社会充足。在某一时期内，谷物以外其他任何商品所能购得的劳动量必然与它当时所能购得的生活必需品数量成正比。所以，如果用谷物作为地租，那么地租的价值只受一定分量谷物所能购买的劳动量变动的影响。但以其他商品缴纳的地租，不但要受一定分量谷物所能购买的劳动量变动的影响，还要受这物品所能购买的谷物数量变化的影响。

不过应当注意，如果逐个世纪而论，谷物地租真实价值的变化比货币地租小得多；但是如果逐年而论，谷物地租真实价值的变化却比货币地租大得多。我将在下文说明，劳动的货币价格并不逐年随谷物的货币价格升降，它似乎并不和谷物暂时或偶然的价格相适应，而是与谷物的平均或一般价格相适应。我后面也要谈到，谷物的平均或一般价格受银价、银矿出产额，以及送到市场所必须雇用的劳动者数量的支配，也受由此所必须消费的谷物量的支配。但是白银的价值，虽然有时从一个世纪到另一个世纪变动很大，但从一年到另一年却变动不大，甚至常常在半个世纪或一个世纪中也几乎不变。所以，在这么长的时期内，谷物也具有相同或几乎相同的平均或一般货币价格。如果社会的其他方面全无变动或大体不变，劳动也会保持同样的货币价格。可是，谷物的暂时或偶然价格比前一年高上一倍的情况却司空见惯。比如，从前一年的每夸特 25 先令涨至第二年的每夸特 50 先令。也就是说，当谷物涨至每夸特 50 先令时，谷物地租的名义价值和真实价值就比以前高出一倍，即所能支配的劳动量或其他大部分商品的数量多了一倍。因为在这些变化中，劳动和其他大部分商品的货币价格都保持不变。

因此，只有劳动才是价值唯一普遍且准确的衡量标准，只有以劳动为标准，才能随时随地比较各种商品的价值。大家都承认：在一个世纪到另一个世纪的时间里，我们不能用一种商品所能换得的白银数量来估计这物品的真实价值；在一年到另一年的时间里，我们也不能用一种商品所能换得的谷物量来估计其真实价值。然而，我们可以用一种商品所能换得的劳动量十分准确地衡量它从一个世纪到另一个世纪、从一年到另一年的真实价值。如果逐个世纪而论，谷物是比白银更好的衡量标准，因为等量的谷物比等量的白银更能支配同等的劳动量；反之，如果逐年而论，白银就要比谷物更好了，因为等量的白银更能支配同等的劳动量。

真实价格与名义价格的区分，对订立永久地租或长期租地契约是有用的，对于日常生活中比较普通的买卖却没有什么用处。

在同一时间和地点，一切商品的真实价格与名义价格都成正比。例如，在伦敦市场上卖出一种商品所得的钱愈多，那么此时此地这种商品所能购买或支配的劳动量也愈多；所得的钱愈少，那么此时此地这种商品所能购买或支配的劳动量也愈少。因此，在同一时间和地点，货币是衡量所有商品真实交换价值的准确标准；但只限在同一时间和地方才是如此。

在相隔很远的地方，商品的真实价格与名义价格并不保持一定比例，往来两地之间贩货的商人只会考虑商品的货币价格，也就是说，他所考虑的只是购买商品所支付的白银和出卖商品可换得的白银之间的差额。在中国广州，半盎司白银所能支配的劳动量或生活必需品和便利品的数量比 1 盎司白银在伦敦所能支配的还要多。因此，在广州售价半盎司的商品对其拥有者的意义比在伦敦售价 1 盎司的商品对其拥有者的意义更加重大。可是，一个伦敦商人如果能用半盎司白银在广州购入一种商品，随后在伦敦将其以 1 盎司白银售出，那么他通过这笔买卖就可以获利 100%，仿佛 1 盎司白银的价值在广州和伦敦完全一样。尽管广州的半盎司白银比伦敦的 1 盎司白银能支配更多的劳动、生活必需品和便利品，对商人来说也无关紧要；他只关心，伦敦的 1 盎司白银总是比半盎司白银多支配一倍的劳动、生活必需品和便利品。

由于一切买卖行为是否值得进行最终都取决于商品的名义价格，或者叫货币价格，日常生活中几乎每笔交易都受其支配调控，所以人们大都在意名义价格，而不在意真实价格，就不足为奇了。

但在本书中，有时有必要比较特定商品在不同时间和不同地点真实价格的差异；或者说，有必要比较特定商品在不同时期赋予其拥有者支配他人劳动的能力的差异。在这种情况下，我们要比较的，不是出售特定商品可得白银量的多少，而是不同量的白银能换得劳动量的多少。然而，有些年代久远或是空间距离遥远的地方的劳动价格数据，难以准确掌握。谷物时价的正式记载虽然不多，但人们一般却对此甚为了解，历史学家和其他学者也多有提及。因此，一般说来，我们必须满足于使用的谷物时价；这不是因为它总是同劳动价格保持完全相同的比例，而是因为它是我们所能找到的最接近这一比例的。我在下文还会进行若干这样的比较。

随着产业进步，商业化的国家发现同时用几种不同的金属铸币更为方便：大额付款用金币，价值一般的买卖用银币，数额更小的用铜币或其他粗金属。在金、银、铜这三种金属中，国家往往选定某一种作为衡量价值的标准，一般是最先被用作商业媒介的那种金属。一旦开始将其用作本位货币（在没有其他货币时，也只有如此），国家一般会一直使用下去，即使原来的必要条件已经消失。

据说，罗马在第一次布匿战争前五年才开始铸造银币；此前，他们只有铜币。因此，铜似乎一直是罗马共和国的价值标准。在罗马，所有账目以及不动产的计算似乎都是用阿斯或塞斯特梯。阿斯是一种铜币的名称，一塞斯特梯阿斯相当于两个半阿斯。因此，塞斯特梯阿斯最初虽是一种银币，它的价值却是用铜来衡量的。在罗马，一个欠了别人很多钱的人被称作"借了很多别人的铜的人"。

而那些建立在罗马帝国废墟上的北方国家，在开始定居时好像只使用银币，以后很长一段时间里也没用过金币或铜币。在为撒克逊人占领时，英格兰只有银币；直到爱德华三世时代，大不列颠才开始使用金币；詹姆斯一世之前，没有任何铜币。因此，在英格兰以及所有现代化的欧洲国家，我相信是出于相同的原因，所有账目、货物和不动产的计算一般都用白银；要表明一个人的财产数目时，我们不说它值多少基尼，而说有多少英镑①。

---

① 基尼是旧时英国的金币，值21先令；英镑是银币，值20先令。——译者

我认为，在所有的国家，最初只有用被选作价值标准的那种金属铸成的货币，才是用于支付的法定货币。在英格兰，金币在铸造很久之后才被认为是法定货币。金币与银币之间的价值比例是由市场决定的，没有任何法律或命令的规定。如果债务人提出用金币还债，债权人可以拒绝，也可以按他和债务人商定的金价来换算。在今天，除了用来兑换小额银币之外，铜已不是法定货币。在这种情况下，本位金属与非本位金属的区分就不只是名义上的了。

日久天长，人们已经习惯同时使用多种不同的金属铸币，也就非常熟悉各种铸币的价值比例了。我相信，大多数国家此时会认为通过法律将这种比例固定下来是很方便实用的。比如，规定一定纯度和重量的金基尼可以兑换21先令，并规定它可以作为法定货币来偿还同额债务或购买物品。在这种情况下，如果法定比例没有改变，本位金属与非本位金属的区别就只是名义上的。

可是，如果法定比例发生变化，这种区别就似乎变得不只是名义了。例如，当1基尼的法定价值降至20先令或升至22先令；所有用银币表示的账目，以及几乎所有的债务依然可以和从前一样，用同一数量的银币支付；但若以基尼币支付，在价值20先令时需要的数量多一些，在22先令时需要的数量少一些。银价似乎比金价稳定，因此黄金的价值似乎取决于它能换得的白银的数量，但白银的价值似乎并非取决于它能换得的黄金的数量。可是，这种差别完全是由于用银币记账的习惯，以及用银币而不是用金币来表示大小金额的习惯造成的。比如，一张德拉蒙期票，若注明金币25基尼或是50基尼，在法定价值发生变动以后，仍旧可以像之前那样用同额金币付还，即支付25基尼或50基尼。但如果用银币支付，则所需银币数量必然有很大的不同。就这种期票的支付而言，与银价比较，金价又似乎更稳定，这似乎又是以金的价值衡量银的价值了。可见，如果账目、期票或其他债务全都以金币来表示，被认为价值标准的金属就应该是黄金而非白银了。

实际上，只要不同金属铸币价值的不同价值中有个法定比例保持不变，铸币的价值实际上就取决于那种最贵金属的价值。12 枚铜便士包含常衡（16 盎司为 1 磅）半磅的铜，那不是最好的铜，在铸成硬币以前值不了 7 便士。但是，由于法律规定 12 枚铜便士可以兑换 1 先令，它们在市场上就被看作值 1 先令，在任何时候都可以用来兑换 1 先令。在大不列颠最近一次重铸金币以前，金币，至少是在伦敦及其附近流通的那一部分金币，比起大部分的银币来，较少被磨损到它们的标准重量以下。可是，21 枚磨损严重的先令银币仍被等同于 1 枚磨损较轻的基尼金币看待。通过法律规定，最近英政府已让金币相当接近标准重量，甚至已经接近极限。国家机构也有以重量收黄金的命令，在此命令的有效期内，当可使金币的重量与其标准重量非常接近。银币仍像金币重铸以前那样处于磨损状态。可是在市场上，21 枚磨损严重的先令银币仍被等同于 1 枚崭新的基尼金币看待。

金币的重铸显然提高了能和金币兑换的银币的价值。

英格兰造币厂以 1 磅金铸成 44 个半基尼。按 1 基尼为 21 先令计算，就等于 46 镑 14 先令 6 便士。因此，每盎司这样的金币就值银币 3 镑 17 先令 $10\frac{1}{2}$ 便士。在英格兰，铸造货币时不必付铸币税，把重 1 磅或 1 盎司的标准金块送往造币厂，可以分毫不少地换回重 1 磅或 1 盎司的铸币。因此，在英格兰，每盎司 3 镑 17 先令 $10\frac{1}{2}$ 便士被称作黄金的造币厂价格，或造币厂对标准金块付给的金币数量。

在金币重铸前，市场上标准金块的价格，许多年来都在每盎司 3 镑

18 先令以上；有时是 3 镑 19 先令，4 镑最为常见。因为可能是用有磨损的金币支付这个价格的，其含金量很少达到 1 盎司的标准金。金币重铸以后，每盎司标准金块的市价很少超过 3 镑 17 先令 7 便士。金币重铸前，标准金块的市场价格总是或多或少地高于造币厂价格；金币重铸后，市场价格就一直低于造币厂价格。但不论以金币或以银币支付，标准金块的市场价格都一样。所以，最近的金币重铸不仅提高了金币与金块相比的价值，同样也提高了银币与金块相比的价值。尽管大部分其他商品的价格还要受到许多其他因素的影响，但和这些商品相比，金币或银币的价值的涨幅并不是那么显而易见。

在英格兰的造币厂，1 磅重的标准银块可以铸成 62 先令，同样包含 1 磅重的标准银。因此，在英格兰，每盎司 5 先令 2 便士就是白银的造币厂价格，或造币厂对标准银块付给的银币数量。在金币重铸以前，1 盎司标准银块的市场价格，有时是 5 先令 4 便士，有时是 5 先令 5 便士，有时是 5 先令 6 便士，有时是 5 先令 7 便士，有时是 5 先令 8 便士，但 5 先令 7 便士似乎是最普遍的价格。自从金币重铸以来，标准银块的市场价格偶尔落到每盎司 5 先令 3 便士、5 先令 4 便士或 5 先令 5 便士，很少超过 5 先令 5 便士；虽然跌落得如此厉害，但还没有下降到造币厂价格那么低。

就英格兰货币中不同金属之间的价格比例来说，铜的估价远远高于其真实价值，而银则略低于其真实价值。在欧洲市场，就法国和荷兰的铸币来说，1 盎司纯金大约兑换 14 盎司纯银；就英格兰的铸币来说，1 盎司纯金大约兑换 15 盎司纯银。但是即便在英格兰，铜价也不因铸币中铜的估价过高而上升，银价也不因铸币中银的估价略低而下降。在价格上，银块仍保持着它与金块的适当比例；同理，铜条也保持着它与银块的适当比例。

在威廉三世统治时的银币重铸以后，银块的市场价格仍然略高于造币厂价格。洛克先生认为，这是准许银块出口而禁止银币出口。他说，只允许银块出口，市场对银块的需求就会大于对银币的需求。然而，需要用银币在本国进行买卖的人数肯定远多于需要用银币进行出口或有其他用途的人。目前，政府同样准许金块出口、禁止金币出口，而金块的市场价格却落到了造币厂价格以下。当时英格兰的铸币，就与黄金的价格比例而言，白银估值也像现今一样过低；金币（在当时也未被认为有任何重铸的必要）也像在现在一样支配着全部铸币的真实价格。既然当时银币的重铸未曾使银块的市场价格降低到造币厂的价格，现今重铸也不太可能做到。

假如使银币像金币那样接近它的标准重量，那么根据现在的比例，1基尼所能兑换的银币就可能多于所能兑换的银块。这时，把符合标准重量的银币熔化就有利可图：先售出银块以取得金币，再用金币兑换银币，然后将银币熔化做成银块。要防止这种流弊，唯一的办法就是略微调整当前的金银比例。

对铸币中金银的比值来说，如果把现今低于这比值的银价估得高于这比值，而且规定银币除了可以找零外不得充作法定货币，就像规定铜币除了可以找零外不得充作法定货币一样，那么或许会让流弊减少。这样，债权人不会因白银在铸币中的估值高而受到损失，就像他们不会因现时铜在铸币中的估值高而受到损失一样。这一规定只会使得银行家们吃亏。当遭遇挤兑时，他们有时用6便士的银币支付给提领的人以赢得时间；这一规定会阻止他们使用这种不守信用的方法逃避立即支付。这就使得他们不得不经常在金柜中存留大笔现金。这对他们当然很不方便，但对债权人的利益却是很大的保障。

当然，即使在现今状况绝佳的金币中，3 镑 17 先令 10$\frac{1}{2}$ 便士——黄金的造币厂价格——的含金量也不会超过 1 盎司。因此，有人认为不应当购买更多的标准金块。但是，金币比金块更方便。而且，虽然在英格兰铸币是免费的，但在将金块送到造币厂以后，要等几星期才能得到金币；尤其在现今造币厂工作繁忙的情况下甚至要等待几个月。时间的拖延等于产生了小额的铸币税，使得金币的价值略高于等量金块的价值。即使没有银币重铸，而在英格兰的铸币中按照白银同黄金的比例定值，银块的市场价格也可能降到造币厂价格以下。现今，即使是磨损了的银币，其价值依然取决于它所能兑换的金币的价值。

对铸造金银币征收小额铸币税，很可能使铸币金银的价值进一步高出等量金块和银块的价值。这时，铸币金属的价值会随税额比例增加，就像把金银制成器皿会根据制造费用的大小增加器皿的价值一样。铸币价值高于金块和银块不但可以阻止熔解铸币，而且可以阻止铸币的出口。假如因当前某种需要而出口货币，其中的大部分不久也会流回本国。因为铸币在外国只能按照条块的重量出售，而在国内却具有比这高的购买力；也就是说，把出口的货币带回国内来是有利可图的。据说，法国对铸币课以 8% 的铸币税，其出口的货币都会自动回到国内。

金块和银块市场价格的偶然波动，其原因和其他商品一样。海陆运输的各种事故常常损失金银；将金银或镀或镶在各种器皿上并使用，这和钱币的磨损一样，会不断耗费这些金属。为此，所有缺乏矿藏的国家不得不持续不断地进口金银。我们可以相信，金银进口商也像其他商人一样，判断市场当时的需求，从而决定进口的时机与数量。可是，尽管他们十分谨慎，仍然会出现进口量时多时少的情况。当进口的金块和银块多于市场所需时，与其承受重新出口的风险和麻烦，有时他们宁愿按低于普通价格的售价出售一部分；反之，当他们进口的金块和银块少于市场需要时，他们就按高于市场普遍价格的售价出售。但是，尽管有种种偶然的波动，金块和银块的市场价格却在数年之中持续稳定，略高于或略低于造币厂价格。我们可以肯定，这一定是铸币本身的某种情况，使得一定数量铸币的价值在这数年内高于或低于铸币中所含纯金或纯银的价值。这种稳定和持续的状态必然有相应的成因。

在特定的时间和地点，任何一国的货币是否为价值的准确标准，要看流通中的铸币是否符合法定标准，即是否包含它所应包含的纯金或纯银量。例如，在英格兰，如果 44 个半基尼恰好含有 1 磅标准金，即 11 盎司纯金和 1 盎司合金，则此种金币就可作为某一特定时间和地点所有商品真实价值的准确标准。但实际上，44 个半基尼因磨损消耗，其所含标准金的重量必不到 1 磅；加之其中每枚的磨损程度又参差不齐，那么以它作为价值标准，就会像其他各种参差不齐的度量衡一样不大准确。由于完全符合法定标准的度量衡并不多见，商人就尽可能地调整自己商品的价格——不是按照这些度量衡，而是按照自己从经验所知的平均实际情况。由于铸币中出现了这样的混乱，商品价格的调整也就不是根据铸币中所应包含的纯金或纯银量，而是凭经验所知的平均实际金银含量了。

应当指出，我所说的商品的货币价格皆是指它们售得的纯金或纯银的数量，与铸币的名称毫无关系。例如，我把爱德华一世时代 6 先令 8 便士的货币价格等同于现今 1 镑的货币价格，因为根据我的判断，那时的 6 先令 8 便士和现在 1 镑的纯银含量相同。

第六章　论商品价格的组成部分

在资本积累和土地私有还未产生的早期野蛮社会中，获取各种物品所需付出的劳动量之间的比例似乎是各种物品交换的唯一标准。例如，在狩猎民族中，杀死一只海狸的劳动量通常为杀死一头鹿的劳动量的两倍，一只海狸自然应当交换两头鹿，或者说值两头鹿。通常，两天或两小时劳动的产品的价值是一天或一小时劳动的产品的价值两倍，这是很自然的。

如果一种劳动比另一种劳动更为艰苦，自然要对这种艰苦程度的差异加以考虑。一小时较为艰苦的劳动的产品，通常可换得两小时不大艰苦的劳动的产品。

此外，如果某种劳动需要超出一般程度的技巧和智慧，那么出于对这种技能的尊重，自然要给予其劳动产品较高的（即超过这种劳动时间所应得的）价值。因为这种技能需要长期的实践才能够获得，所以给予其产品的较高价值，只不过是获得这种技能所必须花费的时间与劳动的合理报酬。在文明进步的社会中，一般都会通过较高的劳动工资，对特别艰苦和需要特殊技能的劳动加以补偿；这种做法在早期野蛮社会或许就存在了。

在这种情形下，全部劳动产品属于劳动者。每种商品通常可购买、支配或交换的劳动量，只取决于取得或生产这商品普遍所需要的劳动量。

一旦资本在某些人手中积累，他们为了从劳动产品的售卖，或者说劳动在原料上增加的价值中赚取利润，便会雇用勤劳的劳动工人，为他们提供原料与生活资料，让他们工作。在用全部产品交换货币、劳动或其他商品以后，其所得除了要支付原料的价格和工人的工资以外，必然还要另外保留一部分，作为这些人冒险投资而得到的利润。因此，在这种情况下，工人在原料方面增加的价值就分为两部分：一部分支付他们的工资，一部分支付他们雇主的利润，作为他所垫付的包括原料和工资在内的全部资本的回报。除非他预期出售产品的所得多于他投入的资本，否则他就不会有兴趣去雇用工人；除非他的利润与其投入的资本大小相应，否则他就不会进行更大规模的投资。

有一种观点是，资本的利润只是为某种特殊劳动支付的工资的别称，这种特殊劳动是指监督和指挥工人劳动的工作。然而，利润与工资截然不同，它受完全不同的原则支配，与所谓监督和指挥工作付出的劳动量、艰苦和智慧根本不成比例；它完全受所投入的资本的价值支配，其大小与所投入的资本多少成正比。比如，假定某地有两种不同的制造业，都雇用20名工人，工资每人每年15镑，即每厂每年需支付工资300镑，此地制造业资本的普遍年利润率为10%；又假定一个厂每年所加工的粗糙原料的成本是700镑，另一个厂每年所加工的精细原料的成本是7000镑。按此计算，第一个厂每年投入的资本不过1000镑，而第二个厂每年投入的资本却为7300镑；所以，按10%的年利润率计算，第一个厂的经营者每年预期得到100镑的利润，第二个厂的经营者每年则预期得到730镑的利润。他们的利润额虽然差别那么大，但他们在监督和指挥上的付出却没什么差别。在许多大工厂，这种监督和指挥的劳动几乎全部委托给一个重要的雇员。这个雇员的工资适当地表示了这种监督与指挥的劳动价值。虽然在决定他的工资时，一般不仅会考虑他的劳动和技能，而且会考虑他的责任，但他的工资与他所监管的资本是不成任何确定比例的。而这种资本的所有者尽管因此摆脱了几乎所有的劳动，却仍然预期他的利润会同他的资本成一定的比例。因此，在商品价格中，作为一个与工资完全不同的组成部分，利润是受完全不同的原则支配的。

在此种情形下，全部劳动产品并不完全属于劳动者。在大多数情况下，他必须和雇用他的资本所有者分享产品。取得或生产任何商品普遍需要的劳动量，也不再能单独决定这种商品通常可购买、支配或交换的劳动量。显然，任何商品必须换得额外的劳动量来产生利润，作为垫付工资与原料的资本的回报。

任何国家的土地一旦变为私有财产，地主也会像其他人一样喜欢不劳而获，从农民的播种或土地的天然产物中索取地租。在土地公有时，森林中的木头、田野里的庄稼、大地上的各种果实，劳动者只要花时间和力气获取它们就可以了；而在土地私有的情况下，劳动者却要为它们付出额外的固定价格，他必须把所获取或生产之物的一部分交给地主。这一部分东西或其价格构成了地租。这样，在大多数商品的价格中，出现了第三个组成部分。

我们必须注意，价格的三个组成部分的真实价值是由各自所能购买或支配的劳动量来衡量的。劳动不仅衡量商品价格中工人劳动那一部分的价值，即工资，而且衡量商品价格中的地租和利润那两个部分的价值。

在任何社会，每一种商品的价格最后均分解为这三部分的某一部分、某两部分或全部。在发达社会，这三部分都或多或少地成为绝大部分商品价格的组成部分。

以谷物价格为例。一部分支付地主的地租，一部分支付劳动者的工资和耕畜的饲养费，还有一部分支付农夫的利润。谷物的全部价格就直接或间接由这三部分组成。我们或许可以设想，还应该有第四部分，用来偿还农夫的资本，即补偿耕畜或其他农具的损耗。但我们必须看到，任何耕种用具，例如马匹的价格，也是由同样的三部分组成的：用来饲养马匹的土地的地租、照料马匹所需劳动的工资，再加上农夫垫付地租和工资的利润。因此，虽然谷物的价格可以支付耕畜本身的价格及其饲养费，但整个谷物的价格仍然直接或最后分解为同样的三部分，即地租、劳动工资和利润。

面粉价格或其他粗粉的价格，还包括谷物价格、磨坊主的利润，以及他们的雇员的工资；在面包的价格中，还包括面包师的利润和他的雇员的工资；而在这种价格中，还必须算上谷物从农夫的农场运往磨坊、从磨坊运往面包房的劳动，垫付这些劳动的工资的利润也要包含在这两种商品的价格内。

亚麻的价格也像谷物一样分为三部分，即由亚麻的价格，洗理工、纺工、织工、漂白工等的劳动工资和各自雇主的利润组成。

任何物品的制造工序越复杂，其价格中工资和利润的比例就越大。在制造过程中，不仅各种利润的项目越来越多，而且每一种后面的利润都比前面的更大，因为后面的利润需要更多的资本。例如，雇用织工的资本必然比雇用纺工的更大，因为它不仅要支付雇用纺工的资本及其利润，还要支付织工的工资，而利润必然总与资本保持某种比例。

可是，即使在最进步的社会，也总是有少数商品的价格只分成劳动工资和利润两部分；还有更少数商品的价格纯由劳动工资组成。例如，

46

海鱼的价格，一部分支付渔夫劳动的工资，另一部分支付海洋渔业运用的资本的利润。地租几乎不计在内，虽然有时也占一部分，我将在下文说明。而淡水渔业则完全不同，至少欧洲大部分地区是如此。捕捞鲑鱼的行业要支付租金，这种租金虽然不能称为土地的租金，却和工资与利润一样，组成鲑鱼价格的一部分。在苏格兰的一些地方，贫民以在海岸边收集小彩石为职业。这些小彩石通常被称为苏格兰卵石。石匠付给这些人的价格就只是他们劳动的工资，既不包含地租，也不包含利润。

所以，不论什么商品，它的价格最终仍然要分成这三个部分，或是其中的两部分、一部分。在商品价格中，除去土地的地租，以及商品生产、制造乃至搬运等所需要的全部劳动的价格，剩下的部分就是某个人的利润。

单独来看，每一种具体商品的价格都可分解成为三部分中的某一部分、某两部分或全部。同样，总体来看，构成一国每年生产的所有商品的价格也必然分成同样的三部分，作为劳动的工资、资本的利润和土地的地租分配给该国各阶层的居民。每一个社会每年的劳动所获得或生产的全部东西，或者说这些东西的总价格，最初就是这样在该社会各阶层的居民之间进行分配的。工资、利润和地租是所有收入和交换价值的三个基本来源，其他收入最终都是来自这三种收入中的一个。

无论是谁，只要他的收入是从自己那里获得的，那他的收入就一定来自他的劳动、资本或土地。来自劳动的收入称为工资；来自经营或雇用资本的收入称为利润；有资本不自用而转借他人，借以取得的收入称为利息或佣金。出借人既然给了借用人获取利润的机会，那么借用人就支付利息作为给出借人的酬劳。由借用的资本获得的利润，一部分当然属于冒险投资的借用人，另一部分则属于使借用人获得利润机会的出借人。利息总是一种派生收入，只要不是为还债而借债的浪子或不讲还债的恶棍，那么借用人偿还利息所用的钱款不是来自他运用借款而得到的利润，就是来自他其他的收入。完全来自土地的收入称为地租，属于地主。农夫的收入一部分来自他的劳动，另一部分则来自他的资本。对他来说，土地不过是使他能够获得劳动工资和资本利润的工具。所有赋税，以及所有以赋税为来源的收入，如所有薪俸、养老金和各种年金，最后都是从这三种原始收入来源中得来的，是从劳动工资、资本利润和地租中直接或间接获取的。

当这三种不同的收入属于不同的对象时，辨别起来很容易；但当它们属于同一个人时，却常常被混淆，至少在一般叙述中是这样。

一个乡绅耕种他自己地产的一部分，在支付耕种费用以后，他应当得到地主的地租和农夫的利润。可是，他习惯将其全部所得称为利润。这样，他就把地租和利润混在一起了，至少在一般叙述中是这样。英国在北美洲和西印度群岛的种植园主也是这样。他们大多数人耕种的是自己的地产，我们经常听到他们说种植园的利润，却很少听到他们说种植园的地租。

大部分农夫很少雇人监工，他们常常亲自做大量的工作，如犁田、耙地等。因此，收获的谷物在支付了地租以后，剩下的不仅应当用来支付在耕作中使用的资本与普通的利润，还应当用来支付他们作为工人与监工的工资。可是，在支付了地租和维持资本以后，农夫将剩下的统称为利润。这个利润明显的含有工资。他因亲自劳动而没有付给别人的那部分工资，其实就是他自己的工资。因此，在这时候，工资与利润又被农夫混淆了。

假定一个独立的制造业者拥有足够的资本来购买原料和维持自己的

生活和生产并亲自将产品送往市场售出，那么，他所获得的利润应该来自两个方面：一是以工人劳动得到的工资；二是作为老板出售产品而获得的利润。可是，他把全部所得都称作利润。因此，工资和利润又混在一起了。

一个用自己的双手经营自己的花园的花匠，集三种不同身份于一身：地主、农夫和工人。因此，他的产品应当首先支付他作为地主的地租，其次支付他作为农夫的利润，然后支付他作为工人的工资。可是，他习惯把他的全部收入称作劳动工资。这时，地租和利润这两部分又和工资混淆了。

在文明国家，由于交换价值完全由劳动组成的商品极少，大部分商品的交换价值主要来自地租和利润，因此每年全部的劳动产品所能购买或支配的劳动量，总是远远超过它们在饲养、栽种、制造和运送市场时所雇用的劳动量。假设一个国家每年能购买全部劳动，那么由于劳动量每年大幅增加，后一年产品的价值就会远大于前一年。但是，没有一个国家把每年全部的产品用来维持劳动工人的生活。各地不事劳作之人总会消费掉每年全部的劳动产品的一大部分。一个国家每年全部的劳动产品的平均价值是增加、减少还是保持稳定，就完全取决于这个国家每年全部的劳动产品分配给这两个阶级居民的比例。

第七章 论商品的自然价格和市场价格

在每一个社会或地方，所有行业中都存在一个普通或平均的工资率和利润率。我将在下文说明，这种比率，部分受社会的一般情况（即贫富情况和社会衰退、进步或停滞状况）的调节，部分受各行业的具体性质影响。

在每个社会或地方，同样存在一个普通或平均的地租率。我也将在下文说明，这种比率，部分受土地所在的社会或地方的一般情况调节，部分受土地的自然状况或改良的肥沃程度影响。

这种普通或平均的比率，可以称为在当时当地通行的工资率、利润率和地租率。

任何一种商品价格，假如不多不少正好等于生产、制造这商品，乃至运送这商品到市场这一过程的地租、工资和利润，那么就可以说这种商品是按它的自然价格出售的。

此时商品的这种自然价格正好相当于其价值，或者说正好相当于出售这商品的人实际上所花的所有成本。虽然一般情况下，任何商品的所谓原始成本并不包括将其售出后取得的利润，然而，如果商人不能让他的商品在当地以获得普通利润率的价格售出，他在这笔交易中显然会遭受损失；因为他如果用其他方法运用他的资本也许就会获得利润。此外，他的利润就是他的收入，是他的生活资料的正当来源。他在制造商品、把它送往市场去的过程中，不仅要垫付工人的工资或生活资料，也要垫付他自身的生活费用。这种自己的生活费用，大致相当于他希望从出售商品得到的利润。所以，如果他未能从出售商品中得到利润，就等于他的实际成本没有得到足够的偿还。

获得这种利润的价格，虽然并不总是商人通常出售商品的最低价格，但却是他在相当长的时期内愿意接受的最低价格。至少是在有完全自由的地方，或者在他可以经常随意改变行业的地方是这样。

商品一般出售的实际价格称为市场价格，它可能低于或高于商品的自然价格，或恰好与之相等。

所有具体商品的市场价格，都取决于实际送到市场的商品数量与愿意支付商品自然价格的人（即愿意支付将商品送到市场这一过程中所必需的地租、工资和利润的人）所需的商品数量之间的比例。我们把愿意支付商品的自然价格的人称为有效需求者，把他们的需求称为有效需求，因为它可使商品的交换得以实现。它与绝对需求不同。在某种意义上，一个贫民也许可以说有对一辆六匹马拉的大马车的需求，但他这种需求并不是有效需求，因为那马车不可能为满足他的这种需求而被送到市场出售。

当送到市场的商品数量少于有效需求的数量时，并不是所有愿意支付其自然价格的人都能得到他们所需的数量。其中有些人不愿罢休，宁肯出更高的价钱也要买到。因此，购买者中间也就开始了竞争，市场价格从而必将或多或少地高出自然价格，这要依商品短缺的程度与竞争者的富有程度，以及其奢侈作风造成的竞争的激烈程度而定。但在同样富有和同样奢侈的竞争者间，商品短缺的程度所能引起的竞争程度要看这商品对求购者的重要性如何。因此，当城市被封锁或发生灾荒时，生活必需品的价格总是非常昂贵。

当送到市场的商品数量超过有效需求的数量，那么商品就不能全数卖给那些愿意支付其自然价格的人。有一些商品不得不卖给那些出价较低者，这低价必然降低全部商品的价格。市场价格降到自然价格以下，降低的程度取决于超过的有效需求数量的商品数量在多大程度上增加卖主的竞争，或立即将商品脱手对他们的重要性。易腐烂变质的商品上市数量过多比耐久性商品上市数量过多所引起的卖方竞争更激烈。例如，柑橘上市数量过多后的竞争比铁器更为激烈。

当送到市场上的商品数量正好满足有效需求的数量时，市场价格就和自然价格完全相同或几近相同。上市的全部商品可以按这个价格售出，但不能更高。不同商人间的竞争使得他们不得不接受这个价格，但也无法使他们接受更低的价格。

每种商品的上市数量适应有效需求是最理想的情况。上市数量超过有效需求的数量，就对所有使用土地、劳动或资本而以商品供应市场者不利；上市数量少于有效需求的数量就对购买者不利。

一旦商品的上市数量超过有效需求的数量，它的价格的某些组成部分必将降到自然水平以下。如果下降部分为地租，地主会从利益出发。立即撤回一部分土地；如果下降部分为工资或利润，劳动者或其雇主会从利益出发，撤回一部分劳动或资本。这样送到市场的商品数量不久就会变得不多于有效需求的数量，价格中一切组成部分也都回升到它们的自然水平，商品价格又与自然价格相一致。

相反，一旦商品的上市数量少于有效需求的数量，它的价格的某些组成部分必将高于自然水平。如果上升部分为地租，其利益自然会促使其他地主准备更多的土地用来生产这种商品；如果上升部分为工资或利润，其利益自然会促使其他劳动者或商人投入更多的劳动和资本去制造这种商品并将其送入市场。这样，送到市场的商品数量不久就能充分满足有效需求，价格中一切组成部分也都回落到它们的自然水平，商品价格又与自然价格相一致。

因此，自然价格即中心价格，所有商品价格都不断地向它靠拢。各种偶然事件有时使商品价格在自然价格之上，有时又迫使商品价格在自然价格之下。但是，不管有什么障碍阻止商品价格固定在这个中心，商品价格总是会趋向自然价格。

每年将各种商品送到市场所使用的劳动总量，自然也按这种方式自行适应有效需求的数量。其目的当然始终是把准确数量的商品送到市场，使之能够满足有效需求，而又不大于有效需求。

但在某些行业中，相同的劳动量在不同的年份会生产出非常不同的商品数量；而在另一些行业，相同的劳动量生产的商品数量总是一样或者非常近似。在农业中，同样多的劳动者在不同的年份会出产数量非常不同的谷物、葡萄酒、油类和啤酒花等。但是，同样多的纺工和织工每年生产的麻布和毛织品数量却是几乎相同的。在前一种产业，只能以平均产量适应有效需求的数量；但由于有时它的实际产量相比平均产量波动很大，所以送到市场的商品数量相比有效需求的数量，有时超过很多，有时又缺少很多。因此，即使有效需求保持不变，商品的市场价格也会有巨大的波动，有时远高于、有时又远低于其自然价格。但在后一种行业中，由于相同的劳动量生产的商品数量总是几乎相同，所以能更准确地适应其有效需求。在有效需求稳定时，商品市场价格也保持不变，和自然价格完全相同或大致相同。麻布和毛织品的价格不像谷价那样经常变动，即使变动也不像谷物那么大。因为麻布和毛织品的价格只随需求的变化而变化；而谷物的价格不仅随需求变化，还随着市场上供应量的频繁变化而变化。

任何商品的市场价格的偶然和暂时的波动，主要影响价格中的工资和利润两个组成部分，对地租部分则影响较小。用货币规定的地租，不论在价值上还是在自然水平上均不受市场价格波动影响。按天然产物的一定比例或一定数量规定的地租，由于天然产物的市场价格有偶然和暂时的波动，其每年的价值无疑会受到影响；但在每年的自然水平上则无影响。在确定租约条件时，地主和农夫均力图使地租率适合天然产物的平均价格，而不是按它暂时或偶然的价格去确定。

这种波动对工资和利润二者的价值和比率的影响，取决于市场上积存的商品或劳动的多少、工作已经完成还是有待完成。一次国丧会提高黑布的价格（在这种情况下，市场的黑布存量几乎总是不足），增加持有大量黑布的商人的利润，但对织工的工资却没有影响。因为这时市场上存量不足的是商品，而不是生产商品的劳动。换言之，是已经完成的工作的不足，而不是有待完成的工作的不足。这时，裁缝的工资会提高。因为市场上这种劳动积存不足，对更多的劳动、对完成更多的工作产生了有效需求。此外，彩色布料的价格会降低，从而减少了持有大量彩色布料的商人的利润，制造这些商品的劳动者的工资也会因此减少。因为这时候，对于这些商品和生产这些商品的劳动者的需求几乎会停止半年甚或一年。在这种情况下，这种商品与劳动都供过于求。

尽管所有商品的市场价格都不断趋向自然价格，但有时由于特殊的情况，比如天然的原因，或是国家的特殊政策或规定，许多商品可以使市场价格长期维持在远远超出自然价格的水平上。

当某一商品的市场价格因有效需求增加而比自然价格高得多时，得到好处的供给者通常都小心翼翼地隐瞒这种情况。要是大家都知道了，这些供给者丰厚的利润定会诱使许多新竞争者向这方面投资，其结果将是有效需求完全得到供给，那么这商品的市场价格不久就会降低到自然价格，有时甚至降低到自然价格之下。如果供给者离市场很远，他们便能保守这个秘密长达数年。其间，他们就可得到高出一般水平的利润，也不会受到同行业对手的竞争。但是，我们必须承认，这种秘密不可能长期保守，一经泄露，超额利润也就不能保持。

制造业在技术上的秘密能比商业在供需上的秘密保持更久。一个染匠发现用某种染料可以染出一种比用普通染料便宜一半的特殊颜色，只要经营得法，他就可以终生享受这个秘密带来的好处，甚至将其传给子孙。这种额外利益来自他私人秘密劳动的高报酬，或者可以说是他这种劳动的高工资。但由于他的全部资本重复得到这种利益，并且他的报酬总额与其资本数量会保持一定比例，因此我们通常称之为资本的超额利润。

这样高于自然价格的市场价格显然是某种特殊情况带来的结果，但它的作用有时却能持续数年。

有些自然产物对生长环境的要求很严格，要求特殊的土壤和地理位置，即使把适于这些产物生长的土地全用上，仍不足以供应有效需求。因此，送入市场的全部产品就有可能售给那些愿支付更高价格的人。这种商品可能持续几个世纪按这种高价出售，其中支付的土地地租一般高于其自然率。提供这种珍贵产物的土地的地租，如法国某些具有特优土壤和位置的葡萄园的地租，和其邻近同样肥沃和同样精耕细作的土地的地租相比，就会超出正常的行情。不过，其价格中的劳动工资、资本利润却常常和邻近地区的保持正常的比例。

这种增高的市场价格显然是自然原因造成的。有些自然原因可能会一直存在，那么有效需求可能永远得不到充分供给。

给予个人或贸易公司的垄断权利，与商业或制造业中保守秘密的作用是一样的。垄断者经常使市场存量不足，有效需求得到充分供给，从而将其商品以大大超出自然价格的市场价格出售，获得大大超出其自然率的工资或利润。

在任何时期，垄断价格都是可能得到的最高价格。相反，自然价格或自由竞争的价格，虽不是在所有时候，但却是在较长时间内所能接受的最低价格。在任何时期，垄断价格都是能向买方压榨的最高价格，或是买方愿意支付的最高价格；而自然价格或自由竞争的价格，却是卖方普遍能接受、可以继续营业的最低价格。

同业公会的排他特权、学徒法令，以及限制某种特殊行业上竞争人数的各种法律，在意图和实质上都类似于垄断，只是程度较轻而已。它们是一种扩大了的垄断，经常可以在好几个世代里使某些产业的所有商品的市价超过其自然价格，使其中的劳动工资和资本利润维持在比自然率略高的水平。

市价的这种提高显然是各种法规造成的。只要这些法规还有效，这种情形就必然会存在下去。

一种商品的市场价格虽可长期居于自然价格之上，却很少能长期处于自然价格以下。不论价格的哪个组成部分的所得低于自然率，利益受到影响的人立即会感到遭受了损失，因而会将用在商品上面的土地、劳动或资本撤出一部分，使其投入市场的数量很快只足以供给有效需求。因此，商品的市场价格不久就会回升至自然价格。至少在交易完全自由的地方是这样。

同样的学徒法令与其他各种法规，在制造业繁荣时可以使该行业的工人的工资抬高到自然率以上；但一旦制造业衰微，它们却会使该行业的工人的工资大大降低到自然率以下。在前一情况下，这些法规把其他劳动者排除在制造业以外；在后一情况下，这些法规又把制造业工人排除在其他行业之外。可是，这些法规的效果在使工人的工资降到自然率以下方面，却不及将其提高到自然率以上那么持久。这些法规的作用在前一情况下可能维持好几个世代，在后一情况下则难以维持行业繁荣时受到培训的那些工人终其一生的时间。当那些工人去世后，新进入该行业的人数就会自行适应有效需求。如果像印度或古埃及的宗教教义规定那样，每个人都有义务继承父业，变动职业就是犯下了最重的渎神罪，那么无论何种职业都不难使其劳动工资或资本利润连续几代都低于自然率以下。

关于商品的市场价格偏离自然价格，不论是偶然的或持久的，我想我现在要说的就是这些了。

自然价格本身会随着其中工资、利润和地租这些组成部分的自然率而变动。而这些自然率都会随着社会的贫富情况和衰退、进步或停滞状况而变动。在下面四章，我会尽可能地详述这些不同变化的原因。

第一，我将尽力说明，什么情况会自然地决定工资率，这些情况又是怎样受到社会的贫富情况和衰退、进步或停滞状况影响的。

第二，我将尽力说明，什么情况会自然地决定利润率，这些情况又怎样受到社会状况影响的。

虽然劳动和资本的用途不同，但所有行业中的货币工资和货币利润通常存在某种比例。下文将要说明，这个比例关系，部分取决于不同行业的性质，部分取决于社会的法律和政策。即便如此，这个比例关系却很少受到社会状况的影响，它似乎始终保持不变。

第三，我将尽力说明影响这个比例关系的各种情况。

第四，也是最后，我将尽力说明，什么情况影响土地的地租，并使一切土地产品的真实价格上升或下降。

第八章 论劳动工资

劳动产品构成劳动的自然报酬或自然工资。

在土地私有和资本积累以前的原始社会状态下，全部的劳动产品属于劳动者，既无地主也无雇主要求同他分享。

如果这种状态一直持续，那么劳动工资会随着分工引起的劳动生产力的改进而提高。一切东西都会变得更加便宜，因为生产它们所需要的劳动量变少了。在这种状态下，等量劳动生产的商品自然会发生交换，购买各种商品就只需较少量的劳动产品。

尽管一切物品实际上变得廉价了，可是有些物品表面上却比以前昂贵了，可以交换更大数量的其他货物。假定，大多数产业的劳动生产力增加十倍，即现今一天劳动的生产量是以前的十倍，而某一种产业的劳动生产力却只增加一倍，即现今一天劳动的生产量只是以前的两倍；在这种情况下，如果大多数产业一天的劳动产品与某一种产业一天的劳动产品进行交换，那么，前者原来十倍的劳动量就只能交换到后者原来两倍的劳动量而已。因此，后者任何数量的产品，例如一磅重的产品，表面上都比以前贵五倍；尽管实际上它便宜了一半。虽然购买这一磅重的产品所需的其他商品的数量是从前的五倍，但生产或购买这一磅重的产品所需的劳动量却仅仅等于以前的1/2。所以，现今获得这个产品就比以前容易了两倍。

但是，一旦有了土地私有和资本积累，劳动者独享全部的劳动产品的这种原始状态就终止了。也就是说，早在劳动生产力得到更大的改进以前，这种状态便已终止了。它对劳动报酬或工资的影响如何，也就无须再追究了。

　　土地一旦成为私有财产，地主就会要求劳动者从在土地收获的几乎所有产物中分给他一定份额。地主要求的地租成了劳动产品中的第一种扣除。

　　种田的人几乎没有能维持到庄稼收割时这么充足的生活资料。他的生活费用一般由其雇主，即雇用他的农场主垫付。除非能分享其劳动所得，或在收回资本时得到相当的利润，否则农场主不会雇用劳动者。农场主要得到的利润就成了劳动产品中的第二种扣除。

　　其他劳动产品几乎也同样要扣除利润。在所有的手工业和制造业中，大部分的工人都需要有一个雇主为他们提供工作原料，并在完工以前为他们垫付工资和生活费。雇主分享工人劳动的产物，换言之，分享工人在其提供的原材料上劳动而增加的价值。雇主分享的份额便是他的利润。

　　诚然，有时候可能有这样一个独立的工人，他有足够的资本去购买工作所需的原料，并在完工以前维持自己的生活。他既是雇主，又是工人，能享受他自己全部的劳动产品，或在原料上所增加的全部价值。因此，他的收入就包含通常分属两个不同身份的人的两种不同收入，即资本利润与劳动工资。

　　可是，这种情况并不常见。就全欧洲说，每二十个在老板下面工作的工人，对应一个自己独立工作的工人；人们对"劳动工资"的普遍理解是，劳动者和雇用他的资本所有者不是同一个人的情况下的工资。

无论何处，劳动者的工资水平都取决于劳资两方所订的契约，而双方的利益点绝不一致。劳动者盼望多得，雇主盼望少付。劳动者都想为提高工资而联合，雇主却想为减少工资而联合。

然而，在普通情况下，不难预料哪一方会在争执中居于有利地位，可以迫使对方屈服于自己的条件。雇主的人数较少，较易团结。此外，法律并不禁止他们的联合，却禁止工人的联合。我们没有任何法律禁止人们联合起来降低工资，却有许多法律禁止人们联合起来提高工资。在所有这类争执中，雇主们能撑得更久。地主、农场主、制造业主或商人，哪怕不雇用一个劳动者，也往往能靠他们积蓄的资本维持一两年；而劳动者如果失业了，能撑过一个星期的都不多见，能撑过一个月的更少，能支持一年的简直没有。就长时期来说，雇主需要劳动者的程度或许和劳动者需要雇主的程度相同，但雇主的需要却不像劳动者的那样迫切。

我们常常听到工人们的联合，却很少听到雇主们联合。但是如果有人就此认为雇主并不联合，那他就是既不明真相又不通世故。雇主们随时随地都有一种默契的联合状态，不会把劳动工资提高到各种实际比率以上。一个雇主如果打破了这种默契的联合状态，就会在他的邻人和其他雇主的心目中受到谴责。我们是很少听到这种联合，因为这是一种平常的也可以说是自然的状态。为了把劳动工资降到这种比率之下，雇主们有时也参与特别的联合。这些联合总是不声不响地偷偷进行，直到采取行动的那一刻。此时，工人们虽然感到切肤之痛，也只能就范了，别人无从察觉。可是，这些联合也常常激起工人们的联合抵制。当然，有时没有这些联合的刺激，他们也会自动联合起来，以提高自己的工资。他们的理由有时是生活必需品价格上涨，有时是雇主们因他们的工作获得了巨大利润。然而，不管他们的联合是进攻性还是防御性的，他们总是愿意掀起风波，闹得人尽皆知。为了使问题得到迅速解决，他们总是大嚷大叫，有时甚至使用恐怖的暴力。他们像亡命徒那样荒唐行事，要么绝食而死，要么威胁雇主们立即接受他们的要求。在这种情况下，雇主一方也同样大嚷大叫，一刻不停地向政府官员们高声求救，要求严格执行那些已经通过的严厉禁止仆人、工人和工匠联合的法律。因此，工人们很少能从这种喧嚣的联合暴行中得到什么好处。部分由于政府官员们的干预，部分由于雇主异常镇静，部分由于大多数工人为了目前的生存不得不屈服，这种联合暴行只是以工人领袖遭受惩罚或清算而告终。

不过，雇主虽在争执中常居于有利地位，劳动工资却还是有一定的最低标准。即使最低级劳动者，他的普通工资似乎也不能长期在这一标准之下。

需要靠劳动过活的人，其工资须足够维持其生活。在大多数情况下，工资还得超过维持生活所需的程度，否则劳动者就无法养家糊口和传宗接代。因此，坎梯隆推断说，为抚养一双儿女，最低级的劳动者也至少须取得自身所需两倍的工资；而由于需要照料儿女，其妻子的劳动所得只够维持她自己的生活①。然而据一般计算，有半数儿童在成年以前死去。因此，最贫穷的劳动者至少要生四个孩子，以期能有两个孩子活到成年。但坎梯隆认为，四个孩子的抚养费几乎等于一个成年人的生活费。他还说，计算起来，一个强壮奴隶的劳动价值是其生活费的两倍，而一个最低级劳动者的劳动价值也不会低于此奴隶的劳动价值。因此，以下这点看来似乎是肯定的：为抚养儿女，即使最低级的劳动者夫

---

① 参见坎梯隆的《论一般商业的性质》。——译者

62

妇的劳动工资也必须超过维持他们二人生活所需的费用。但是，这种差额是按上述比例还是其他比例而定，我就不想加以确定了。

然而，某些情况也会使劳动者处于有利地位，并使他们得到大大超过上述比例的工资。很明显，上段所说的工资只是维持基本生活的最低工资。

当任何一国对靠工资生活者（即各种工人、工匠、仆人）的需求不断增长时，换言之，如果每年提供的就业机会都比前一年多，劳动者就没有必要为提高工资而联合。雇主们因人手缺乏彼此竞争，愿意出更高的价钱去得到工人，也就自行打破了雇主之间为阻止增加工资的自然联合。

很显然，对靠工资生活者的需求的增长必然同预定用于支付工资的资金的增长成比例。这种资金有两种：一是超过雇主生活费的必要收入；二是超过雇主自己工作所需的资本。

如果地主、年金领受者或其他有钱人认为自己的收入除维持身家外还有剩余，他们一定会把剩余收入的全部或一部分用来雇用一个或更多的仆人。这种剩余收入增加，他们所雇用的仆人数自然也随之增加。

如果所持的资本除了购买供自己使用的原材料并维持他在货品出售以前的生活之外还有剩余，织工、鞋匠这一类独立工作的劳动者自然会用这种剩余去雇用一个或更多的工匠，以便从他们的工作中获利。这种剩余资本增加，他所雇工匠的人数自然也随之增加。

因此，无论在哪个国家，对工薪劳动者的需求必随本国收入和资本的增加而增加。收入和资本没有增加，对工薪劳动者的需求也绝不会增加。而收入和资本的增加就是国民财富的增加。所以，对工薪劳动者的需求自然随着国民财富的增长而增长，而不可能脱离它而增长。

引起劳动工资上升的不是大量的国民财富，而是它的不断增长。因此，最高的劳动工资不是出现在最富的国家，而是出现在财富增长最快的国家。英格兰现今肯定是比北美任何地区更富有；可是，北美的劳动工资比英格兰任何地区的都高。在纽约州，普通工人每天赚 3 先令 6 便士当地币，约合英币 2 先令；造船木工每天赚 10 先令 6 便士当地币，外加价值约英币 6 便士的 1 品脱朗姆酒，共合英币 6 先令 6 便士；建房木工和泥瓦匠每天赚 8 先令当地币，合英币 4 先令 6 便士；裁缝工人每天赚 5 先令，合英币 2 先令 10 便士。这些工资全都高于伦敦同种类的工资。据说，在北美其他殖民地的工资也和纽约州的一样高。在北美各地，生活必需品的价格比英格兰的低得多。在那里，从来没有听说过饥荒。即使在最坏的年景，那里的人也总是有足够的粮食维持自己的生活。因此，如果那里劳动的货币价格比这里各处都高，那么劳动的真实价格，即工资赋予劳动者对生活必需品和便利品的实际支配能力，高出的比例一定更大。

虽然北美还不如英格兰富有，它却以更快的速度走向富裕。衡量一个国家繁荣程度的最具有决定意义的标志是它的人口增长状况。据统计，大不列颠以及其他大多数欧洲国家的人口，近五百年也未能增加一倍；而北美的英属殖民地的人口，在二十或二十五年间已经翻了一番。目前，北美人口的快速增加主要也不是由于移民的不断涌入，而是由于当地人口的大量繁衍。据说，健在的老年人常常亲眼看到自己的子孙后代多达五十至一百个，有时更多。那里的劳动的报酬如此丰厚，以至子女众多对家庭来说不但不是负担，反而是父母富裕和幸运的源泉。根据计算，在离开父母以前，每个儿童的劳动能给他们带来 100 镑的净收入。一个带着四五个子女的中层或下层年轻寡妇，在欧洲再婚的机会很少，而在北美却常常被人求婚。儿童被看作是一笔财产，是对成婚最大的鼓励。因此，北美人普遍早婚的现象就不足为奇了。尽管早婚使人口大量增长，北美却依然有人抱怨人手不足。对劳动者的需求和维持劳动者生活的资金增加的速度，似乎比可雇到的劳工人数的增加快得多。

如果一个国家财富巨大但长久陷于停滞状态，我们就不能指望在那里找到极高的工资。预定用于支付工资的资金、居民的收入和资本，也许达到极大的数额，但这数额如果数世纪不变或几乎不变，那么每年所雇用的劳动者人数就很容易供应下一年所需劳动者人数，甚或还有剩余。这样，劳动者既不短缺，雇主也不用为获得劳动者而相互竞争。在另一方面，随着劳动者的人数增加到超过需要雇用人数的程度，就业机会常常不足，于是劳动者就不得不为获得工作互相竞争。假如该国劳动者的工资本来足够养活他们各自的身家，而且还有剩余，那么劳动者间的竞争和雇主们出于利益的考虑，不久就会使工资减少到仅够维持生存所需的最低工资。长期以来，中国是世界上最富有的国家之一，也是世界上土地最肥沃、耕种最好、人民最勤劳和人口最多的国家之一。可是，它似乎长期处于停滞状态。今日旅行家关于中国土地耕作、行业发展及人口状况的报告内容，与五百年前游历过中国的马可·波罗的记述的内容比较，几乎没有什么区别。中国或许早在马可·波罗到那里以前就达到了它在其法律和制度下所能达到的最富裕的程度……

可是，中国虽然或许处于停滞状态，却似乎并未走向倒退。那里没有被居民遗弃的都市，也没有抛荒的耕地。因此，用来维持劳动的资金并没有明显减少。所以，最底层劳动者的生活资料虽很缺乏，但尚可勉强支撑，使其阶级保持原有的人数。

而在维持劳动的资金明显减少的国家里，情况就大不相同了。每年各种行业所需要的雇工和劳动者都一年比一年少。许多接受过高级行业培训，但在高级行业中找不到工作的人，只好在最底层的行业中找。最底层行业不仅充斥着原有的工人，而且其他阶级的人也流进来，所以就业竞争十分激烈，劳动工资降低到只够让劳动者本人苟延残喘的地步。许多人这样的工作也找不到，他们要么挨饿，要么乞讨，或者去干穷凶极恶的勾当。匮乏、饥荒、死亡会立即在那个阶级中蔓延，并涉及所有的上层阶级。苛政和灾难会减少人口收入和资本，直到该国的居民人数减少到残存的收入和资本轻松养活的程度。这或许就是孟加拉和东印度其他英属殖民地的现状。在一个人口已经大量减少而土地肥沃的国家，获得生活资料并不十分困难，如果每年还有三四十万人饿死，我们可以肯定地说，那里用于维持劳动贫民生活的资金一定在迅速减少。英国用宪法保护和统治北美殖民地，用商业公司压迫和统治东印度的殖民地，这两种不同的情况，也许是说明宪法与商业公司性质不同再好不过的例子。

因此，丰厚的劳动报酬既是国民财富增加的必然结果，又是其自然征兆。反之，贫穷劳动者的生活费不足是国民财富停滞不前的自然征兆，而贫穷劳动者濒临饿死则是社会急速倒退的自然征兆。

在大不列颠，现时的劳动工资显然多于劳动者养家所需的最低收入。为证明这一点，我们无须作烦琐的计算，来推断劳动者至少需多少工资才能养活一家。有很多迹象表明，大不列颠各地劳动工资并不是以维持基本生活的最低工资为标准的。

第一，几乎在大不列颠的每个地方，即使是在最低级的那种劳动中，也有夏季工资与冬季工资之分。夏季工资总是最高工资。然而，由于燃料开支巨大，冬季家庭生活费是一年中最高的。当支出最低时工资却是最高，显然工资不是受这种开支的必要性，而是受工作量和产品价值支配的。的确既然他的全年所得不能超过全年维持家庭所必需的数目，那么一个劳动者应当省下一部分夏季工资以应付冬季。不过，一个奴隶，或是一个绝对依赖我们才能生活的人，无法这样做，因为他的日常生活资料都要和他的日常需要成比例。

第二，大不列颠的劳动工资不随食品价格的变动而变动。每年或每月，食品价格经常变动。但在许多地方，劳动工资半个世纪都保持不变。因此，在这些地方，如果物价昂贵时，劳动贫民尚能养家，那么在食品供应充裕、物价适中的时候，他们一定能过得很舒适，而在物价极其低廉的时候，则过得非常优裕。近十年来食物价格高昂，而劳动的货币价格并未随之明显提高。有些地方的劳动的价格是提高了，但那与其说是由于食物价格的上涨，倒不如说是由于劳动需求的增加。

第三，就不同年份说，食物价格的变动要大于劳动工资。而就不同地区说，劳动工资的变动则比食物价格的变动大。在联合王国的大部分地区，面包和肉类的价格一般相同或大体相同。这两样和其他大部分零售的东西（购买零售商品是劳动贫民购买一切东西的方式），在大城市同在边远地区的价格一样，或者更便宜些，其理由我将在下文说明。但大城市与其附近地带的劳动工资往往比数英里外的劳动工资高 1/5 或 1/4，即高 20% 或 25%。伦敦及其附近的劳动工资普遍是每日 18 便士，而在数英里以外就减少到每日 14 便士或 15 便士。爱丁堡及其附近的劳动工资普遍是每日 10 便士，数英里以外就减少到每日 8 便士。每日 8 便士是苏格兰低地一带大部分地方普遍地劳动工资。在苏格兰，价格的变动比在英格兰小得多。这种价格上的差异似乎并不足以驱使一个人从一个教区移居到另一个教区，却必然会使体积最庞大的商品从一个教区运往另一个教区，甚至从国内或世界的一个角落运往另一个角落，从而使各地的商品价格保持在大体相同的水平。尽管人们常说人性善变、不能如一，但凭经验就可以知道，人们显然是安土重迁的。因此，如果劳动贫民能在劳动价格最低的地区维持家庭，那他们在劳动价格最高的地方就能过上富裕的生活。

第四，无论就时间说或就地方说，劳动价格的变动不但不与食品价格的变动一致，而且往往相反。

谷物是普通人的食品，它在苏格兰比在英格兰贵。前者每年从后者得到大量的供应。苏格兰购入谷物，英格兰供应谷物，谷物在苏格兰的售价一定比在英格兰的贵。可是，同一质量的谷物，进入苏格兰市场参与竞争的英格兰谷物的售价不可能比苏格兰本地产的谷物售价更高。谷物的质量主要取决于它在磨坊磨粉的数量，在这方面，英格兰谷物为优；因此从表面上看，从与同体积或同重量的苏格兰谷物相比较来看，英格兰谷物是贵了一些。可是，劳动的价格在英格兰比在苏格兰贵。因此，劳动贫民如果能在苏格兰养活家庭，那么在英格兰一定可以过上富裕的生活。燕麦片是苏格兰普通人主要的上等食物，但比起英格兰相同阶层的人的食物来，要差得多。可是，两个地区的人在生活上的不同并不是他们工资不同的原因，而是工资不同的结果；虽然出于一种奇怪的误解，许多人常常不可思议地颠倒因果。一个人富而其邻人穷，并不是由于他出门坐车而其邻居步行，而是因为他富才备得起马车，其邻居穷才不能不步行。

英格兰、苏格兰两地谷物的价格在上世纪比在本世纪要高，这是不容置疑的事实。如果有必要加以实证，那么在苏格兰比在英格兰更为明显，因为有政府档案可作证明。苏格兰每年依市场的实际情况来估定各种谷物的价格，并以此为标准。如果这种直接证据还需要间接证据作为旁证，那么我会说，法国甚或欧洲大多数地方的情况也是如此。就法国说，我们有最明确的证据。不过，上世纪英格兰、苏格兰两地谷物价格略高于本世纪，这虽无可置疑，但上世纪两地劳动价格也同样比本世纪低得多。因此，假如贫穷劳动者在上世纪能够养家，那么，他现在必定能过得舒适得多。上世纪，在苏格兰大多数地方，普通劳动最普遍的日工资为夏天 6 便士，冬天 5 便士。在苏格兰高地及西部各岛的一些地方，工资是一星期 3 先令或约 3 先令。现在，在苏格兰低地地区，普通劳动最普遍的日工资则是 8 便士。在爱丁堡附近，在因邻近英格兰而可能受英格兰影响的各州，在劳动需求最近已大大增加的格拉斯哥、卡隆和爱尔郡等地附近，普通劳动日最普遍日工资为 10 便士，有时为 1 先令。英格兰在农业、制造业和商业的改革远早于苏格兰。劳动的需求和劳动的价格，必随此改革而增加。因此，在上世纪和本世纪，英格兰的劳动工资都高于苏格兰的。而且上世纪以来，英格兰的劳动工资大大增加；不过，由于英格兰各地支付的工资在种类上比苏格兰多，所以确定英格兰工资的增加率要比确定苏格兰的困难。1614 年，一名步兵的军饷为一天 8 便士，与现今相同。当初规定这种饷额时，必然是以普通劳动者普遍的工资为标准，因为步兵大都征自这个阶级。查理二世时代写书的最高法院首席法官黑尔斯计算，一个劳工家庭的必要开支，包括一对父母、略能工作的子女二人、还完全不懂事的子女二人，为一星期 10 先令，即一年 26 镑。他认为，如果不能靠劳动来赚得此数，他们就得靠乞讨或盗窃来凑成此数。黑尔斯对于这问题似乎作了一番研究。精于政治经济学、受到戴夫南特博士称赞的格雷戈里·金也曾于 1688 年推算过一般劳动者及佣工的普通收入，认为平均由三个半人员组成的家庭一年需要 15 镑。从表面上看，金的计算似与黑尔斯不同，其实却大体一致。他们都认为，这种家庭每人每周的费用约为 20 便士。那时以来，王国多数地方，这种家庭的货币收入与生活费用都有大幅增加，不过有的地方增加多些，有的地方少些，而且所增加的也没有像最近刊布的关于现今劳动工资增高的那些夸张报告所说之多。必须指出，任何地方的劳动价格都不能得到极为精确的确定。因为，就是同一地方的同种劳动，也往往要依照劳动者能力强弱，以及雇主慷慨与否被支付不同的价格。在工资没有法律规定的地方，我们只能凭经验来确定何为最普遍的工资。而经验似乎表明，法律虽屡次企图调控工资，却从未在实际上做到。

在本世纪，劳动的真实报酬，即劳动者所能购买的生活必需品和便利品的真实数量，或许比它的货币价格增长的比例更大。不仅谷物已经略为便宜，而且许多既受到勤劳贫民的喜爱又卫生的食物也变得颇为廉价。例如，土豆在王国的大部分地区的价格比三四十年前便宜了一半；大头菜、胡萝卜、卷心菜也是一样。这些东西过去都是用锄头小面积种植，现在一般都用犁大面积种植了。各种水果蔬菜也都更加便宜。大不列颠消费的大部分苹果，甚至洋葱，上个世纪都是从佛兰德①进口的。亚麻和毛织品制造业的改进，使劳动者能得到价格较廉和质地较好的衣服；粗金属制造业的改进，使劳动者除了能得到价格较廉且品质较好的劳动工具还能得到许多适宜和便利的家用器具。的确，肥皂、盐、蜡烛、皮革和酵母酒已经变得大为昂贵，这主要是由于对它们征的税捐造成的。可是，劳动贫民对这些东西的消费数量很小，其价格上涨增加的

---

① 佛兰德，包括现今的比利时、法国和荷兰等地。——译者

支出少于其他许多东西价格下降省下的支出。人们有时会抱怨，奢侈之风已经在最底层的社会群体中流行开来，劳动贫民已经不再满足于他们从前的食物、衣服和住所。这就可以使我们深信，不仅是劳动的货币工资，连劳动的真实报酬都已经增加了。

底层阶级生活状况的改善，对社会有利还是不利呢？一看就知道，这问题的答案极为明显。各种佣工、劳动者和工匠在任何大规模的政治社会中都占绝大部分。社会绝大部分成员境遇的改善绝不可能对社会全体不利。绝大部分成员陷于贫困和悲惨的社会绝不能说是繁荣和幸福的。此外，只有那些为整个社会提供食物、衣服和住所的人自己也能分得他们劳动产品的一部分，以便维持生计时，这个社会才算得上有起码的公平。

贫穷无疑不会鼓励人们结婚，但并不能永远阻止，甚至似乎有利于生育后代。苏格兰高地忍饥挨饿的妇女常常生育二十多个子女，而奢侈的上流社会妇女往往不能生育，或者只能生两三个。在上流社会妇女中常见的不孕症，在社会底层的妇女中极为罕见。上流社会女性的奢侈或许能刺激她享乐的欲望，可是也往往削弱甚至摧毁她的生育能力。

贫困不能阻止人们结婚，但极不利于抚养子女。幼苗处在土壤冰冷、气候恶劣的环境中，不久就会死掉。我常听说，苏格兰高地的某个母亲生了二十个孩子，活下来的却只有一个。有几个阅历丰富的军官告诉我，在他们部队出生的士兵子女的人数远远不能补充本部队的士兵人数，甚至凑不够吹鼓手所需的人数。可是，在军营附近能见到许多别处少见的健康儿童。他们似乎很少能活到十三四岁。在有些地方，出生的小孩有一半活不到四岁；在许多地方，有一半活不到七岁；在几乎所有的地方，都活不到九岁或十岁。可是，这样高的死亡率主要存在于普通人的孩子中，因为普通人没有能力像上流人士那样精细地抚养孩子。虽然普通人结婚后一般能比上流社会人士生育更多子女，但其子女能活到成年的占比却较低。与普通人子女的死亡率相比，育婴堂及教区慈善会内收养的儿童的死亡率更高。

各种动物的繁衍情况自然与其获得的生存资源成比例，没有一种动物可以超过这个比例。然而，在文明社会中，只有在底层人民中，才有因生活资料的贫乏而限制了人类繁衍的情况。其途径就是摧毁他们在婚姻中所生的大多数子女。

丰厚的劳动报酬使劳动者能够改善他们抚养子女的条件，从而养大较多的子女。这样势必会放宽上述限制。应该指出，上述限制放宽的程度必然会尽可能和劳动需求所需要的程度相称。如果劳动需求继续增加，劳动报酬必然鼓励劳动者结婚生育，使他们能够不断增加人口，供给不断增加的劳动需求。如果劳动报酬在任何时候低于所需，劳动的缺乏不久就会使劳动报酬提高；如劳动报酬在任何时候多于所需，劳动过剩就会使劳动报酬降到所需的水平。在前一种情况下，市场的劳动存量不足；在后一种情况下，则过多。这两种情况不久均会迫使劳动价格回到社会情况所要求的水平。因此，和对商品的需求必然支配商品的生产一样，对人口的需求也必然支配其增长速度。增长速度过于迟缓时加以促进，增长速度过于迅速加以抑制。世界各地，不论在北美、欧洲或是中国，支配和决定人口繁衍情况的正是人口需求。在北美，人口需求是人口迅速增长的原因；在欧洲，人口需求则是人口缓慢、稳定增长的原因；在中国，人口需求是人口停止增长的原因。

有人说，一个奴隶的消费要由其主人承担，但是一个自由佣工的消费则是由他本人承担。但实际上，后者也像前者一样，由其雇主承担。

支付给工匠和各种佣工的工资，必须使他们能接连不断地按照社会对他们这类人需求的增加、减少或停滞而维持其相应人数。虽然自由佣工的消费同样也由雇主承担，但一般比奴隶的少。或许可以说，用作补偿奴隶消费的资金通常都由粗心的雇主或疏忽的监工管理，但补偿自由佣工消费的资金却由自由佣工自己管理。资金由生活散漫的富人管理，必然没有条理；由处处节省的贫民自己管理，必定是精打细算。这两种不同的管理下，目的相同，费用却大不相同。因此，从不同时代和国家的经验来看，我相信相同的工作由自由人来完成，终归要比由奴隶来完成便宜，即使在普遍劳动工资很高的波士顿、纽约和费城，也是如此。

因此，劳动的丰厚报酬既是财富增长的结果，又是人口增长的原因。对充足的劳动报酬发出的怨言，就是对最大的公共繁荣的必然因果的抱怨。

值得指出的是，正是在社会不断进步的状态中，即不是在社会已经取得所有财富时，而是在社会不断变得更加富裕的时候，劳动贫民，即社会绝大多数人的生活状况是最幸福、最舒适的。而在社会处于停滞状态时，他们生活艰苦；在社会处于衰落状态时，他们生活悲惨。社会处在不断进步的状态时，社会各阶级都感到快乐和满足。停滞状态的社会枯燥乏味，衰落状态的社会则令人感伤。

丰厚的劳动报酬鼓励人们繁衍和勤奋工作。劳动工资是对勤奋工作的鼓励，鼓励越多，人们就越勤奋。丰富的生活资料会使劳动者充满干劲；改善生活状况的美好希望、在丰衣足食中终其一生的愿望促使劳动者最大限度地发挥自己的能力。因此，工人在工资高的地方，比在工资低的地方更加积极、勤劳和敏捷。例如，在英格兰就和在苏格兰不同，大城市周围就不同于穷乡僻壤。有些工人如果能在四天之内赚到一星期的生活费，剩下三天的确不会再工作。然而，这绝不是大多数人的情况。而当工人通过计件工资得到丰厚报酬时，却通常是操劳过度的，在几年之内损伤了自己的健康。在伦敦和其他一些地方，据说一个精力充沛的木匠无法连续从事该行业八年以上。在其他许多按件计酬的行业也与此类似，比如制造业，甚至计件工资较高的农村劳动者也是一样。几乎每一类工匠都由于在自己的特殊工作中操劳过度，患上了某种职业病。著名的意大利医生拉穆志尼曾经写了一部有关职业病的专著。我们一般不认为士兵是我们中间最勤勉的人，但是当士兵们从事某种具体工作，并且通过计件得到丰厚报酬时，他们的军官常常不得不和雇主约定士兵每天赚的钱不得超过一定的数目。因为在订立这样的约定以前，竞争和赚钱的欲望常常使士兵们工作过度，以致积劳成疾，损害了自己的健康。常常有人高声抱怨一个星期中有三天无所事事，其实前四天的紧张工作才是形成如此局面的真正原因。大多数人在连续数天紧张的脑力或体力劳动之后，自然会强烈地想要休息。除非受到暴力或某种强烈需要的抑制，这欲望几乎难以遏制。在紧张劳动之后，人的天性要求某种程度的放纵，有时是悠闲自在，有时是娱乐消遣。如果得不到满足，结果常常很危险，有时甚至是致命的，并且迟早会引发职业病。如果听从理性及人道主义的指示，雇主就不应常常鼓励劳动者勤奋工作，而应当要他们适度工作。我相信，人们可以发现，在各个行业中，一个能适度工作的人才能够持续不断工作，他不仅能长期保持健康，而且也可以在一年中完成比其他人更多的工作。

有人认为，在物价低廉的年份，工人们一般比平时懒惰；而在物价贵的年份，则更勤勉。因此，他们得出结论说，生活资料丰富会使工人

74

松懈，而生活资料贫乏则会使工人加倍努力。生活资料丰富一些会使某些工人偷懒，这点无可怀疑；但若说大多数劳动者都会因此怠于劳作，或者一般人吃得不好时比吃得好时工作得更好，在意志消沉时比兴致勃勃时工作得更好，在疾病时比健康时工作得更好，就不大可靠了。应该指出，一般而言，饥馑之年里的普通人常常患病和死亡，而这必然减少他们的劳动产量。

在物资丰裕的年份，佣工往往离开主人，靠自己劳动生活。但是同样的食物价格低廉也增加了预定用于佣工维持费的资金，因而鼓励雇主们，特别是农场主，去雇用更多的佣工。在这种情况下，农场主期望用自己的谷物多维持几个劳动佣工，这会比将其在市场低价出售获得更多的利润。对佣工的需求增加，供应这需求的人数却在减少，所以劳动价格往往在物价低廉时上升。

在物资缺乏的年份，佣工生计困难，朝不保夕，都急于回到雇主身边。但是食物价格昂贵，预定用于维持佣工的资金减少了，这促使雇主们减少而不是增加现有佣工的人数。在物价昂贵的年份，贫穷的独立工人也常常消耗了用于备办工作原料的资本，变成谋取衣食的佣工。工作岗位少而想要得到工作的人多，许多人宁愿按低于普通标准的报酬去得到它。因此，在物价昂贵的年份，佣工和工匠的工资常常降低。

物价贵的年份常常能比物价贱的年份让雇主在与佣工订立的合约中得到更大的好处，佣工也更加温顺、更加乐于服从。因此，雇主自然称赞物价贵的年份更有利于生产。此外，地主和农场主这两大雇主阶级，还有另外的理由乐于看到物价贵的年份，因为地主的地租和农场主的利润在很大程度上受食物价格的影响。可是，如果认为人们为自己工作时不如为他人工作时卖力，那就是再荒谬不过了。一般来说，一个贫穷的独立工人甚至比一个按件计酬的工匠还要勤奋。前者享受他自己勤奋劳动的全部产品，而后者则要和雇主分享。前者处于独立状态，较少受不良同伴的引诱——这种同伴在大工厂中常常败坏他人的道德。比起那些按月或按年雇用，不论做多做少，工资都一样的佣工来，独立工人的优越性可能更大一些。物价贱的年份会提高独立工人相对于各种工匠和佣工的比例，而物价贵的年份则会使之降低。

麦桑斯先生是法国博学多才的学者，在圣艾蒂安选举中担任计票工作。他曾通过比较三种不同的制造业所生产商品的数量和价值，来证明贫民在物价贱的年份比在物价贵的年份能做更多的工作——一种是在埃尔伯夫的粗毛织业，一种是麻织业，一种是丝织业，后两者均在整个里昂地区。根据他从官署登记簿抄来的报告，在物价低廉的年份，这三种制造业所生产商品的数量和价值，一般要大于物价昂贵的年份；在物价最低的年份，商品的数量和价值最大；在物价最高的年份，商品的数量和价值最小。这三种制造业似乎都处于停滞状态；或者说，虽然它们每年的产量略有不同，但总的说来却是既未退步也未进步的。

苏格兰的麻织业和约克郡西区的粗毛织业，都是正在发展的制造业。它们的产量和产值虽然每年有增有减，但大体上却在增长。可是，通过考察它们已经公布的年度生产报告，我没有发现它们的产量和产值与各时期的物价高低有明显关系。在物资非常不足的 1740 年，它们的产量看起来确实下降很多。但在物资更加不足的 1756 年，苏格兰的麻织业却比往年更多。约克郡的粗毛织业的产量确实下降了许多，直到 1766 年北美印花税法案废除以后，它的产量才上升到 1755 年的水平。而在 1766 年及次年，其产量大大超过往年，并从此不断增加。

所有向远地出售产品的大型制造业的产量，与其说受到原产国各年物价的贵贱的影响，倒不如说取决于消费国中影响商品需求的那些情况：和平或战争；其他竞争者的盛衰；主要顾客乐于购买与否。此外，在物价低廉时期制造的额外产品从来不被记入制造业的生产记录。离开雇主的男性变成了独立劳动者，女性回到父母身边纺织，为自己和家人添置衣服。连独立劳动者也未必都制造公开销售的商品，而是受邻居委托，生产一些供小家庭消费的物品。因此，这类劳动产品的数量往往不被登记在正式的公开记录上。这些记录有时被商人和制造业者拿来大肆宣扬并以此妄自评判这个最大帝国的盛衰。

虽然劳动价格的变动不仅并不总与食物价格的变动一致，而且常常完全相反，我们却不能因此认为，食物的价格对劳动价格没有影响。劳动的价格必然受到两种情况的支配：一是对劳动的需求，二是生活必需品和便利品的价格。劳动的需求，按照它是在增加、减少或不增不减，换言之，按照它所需要的是增加、减少或是不增不减的人口，而决定必须给予劳动者的生活必需品和便利品的数量；而劳动的货币价格则取决于购买这数量的物品所需要的资金。尽管有时在食物价格低廉的情况下，劳动的货币价格很高，但是如果食物价格高而劳动需求保持不变，这价格还会更高。

在丰年，劳动的价格会突然上升；而在大荒之年，则会突然下降。这是因为在前一情况下，劳动的需求增加，而在后一情况下，则减少。在丰年，许多雇主手中的资金足够雇用比前一年更多的劳动者，而这些超过通常需要数量的劳动者未必能雇到。于是，要雇用更多劳动者的雇主就会相互竞争，抬高劳动的货币价格及真实价格。

在大荒之年，情形正好相反。预定用于雇用工人的资金比上一年少。许多人失业，为获得职业而相互竞争，这时常使劳动的真实价格与货币价格都下降。1740年是食物特别匮乏的一年，许多人只要能生存便肯工作；此后几年则是食物丰裕的年份，雇主比较难于雇到佣工。

食物涨价倾向于提高劳动的价格，而物价昂贵的荒年减少了劳动需求，倾向于降低劳动的价格。反之，物价低廉的丰年使劳动需求增加，倾向于提高劳动的价格，而食物降价倾向于降低劳动的价格。在食物价格只在一般范围变动的情况下，这两种对立的倾向似乎会互相抵消。这或许就是比起食物价格来，劳动工资在哪里都是更稳定的部分原因。

劳动工资的增加，必然会按照商品价格中工资那一部分增高的比例抬高许多商品的价格，从而趋向于减少国内外这些商品的消费。但是提高劳动工资的同一原因，即资本的增加，倾向于提高劳动生产力，使较少量的劳动能生产较大量的产品。为了自己的利益，雇用大量劳工的资本所有者必然要极力将工作做适当的划分和分配，使之能生产出最大数量的产品。出于同样的原因，他力图向工人提供他自己或工人们所能想到的最好的机器。同理，在某一个工厂内劳动者间发生的事情也在整个社会的劳动者之间发生。劳动者的人数愈多，他们的职业和工种划分当然就愈加细密。更多人专门负责发明各种适用于不同工作的机械，机械就更容易发明出来。由于有了这些机械的改良，许多物品就能用比以前少得多的劳动量生产出来。如此一来，劳动价格的提高就会被劳动数量的减少抵消，而且后者还有剩余。

第九章　论资本利润

资本利润的增减和劳动工资的增减取决于同一原因，即社会财富的增减；但社会财富状态对两者的影响却全然不同。

资本增加，一方面提高了工资，一方面也倾向于减少利润。如果在同一行业中，有许多富商投入了资本，他们的相互竞争自然会减少该行业的利润；而如果同一社会各种行业的资本全都增加，那么同样的竞争必然也对所有行业产生同样的结果。

前已述及，即使要确定某一特定地方和某一特定时间的平均劳动工资，也很困难。而且，我们所能确定的也只不过是最普遍的工资。但就资本利润说，就连最普遍的利润我们也很少能够确定。利润变动不定，经营某特定行业的人也未必都能够说出他平均每年的利润是多少。其利润不但要受他所经营的那些商品价格变动的影响，而且要受他的竞争者和顾客的财务状况好坏，以及商品在海陆运输上，甚或在仓库可能遭遇的许许多多的意外事故的影响。所以，利润率不仅年年变动、日日变动，甚至时时刻刻都在变动。要确定一个大国各行业的平均利润，也就必然更加困难。要相当准确地断定以前某一时期的利润则是完全不可能。

不过，我们虽然不可能相当准确地断定往昔或现今的资本平均利润，但可以从货币的利息上得到一些相关信息。可以提出这样一个原则：在使用货币获利较多的地方，货币的使用通常需要支付的报酬较多；在使用货币获利较少的地方，货币的使用通常需要支付的报酬较少。我们由此确信，任何一国内资本的一般利润必随其市场的一般利息率的变动而变动。利息率下落，利润必随之下落；利息率上升，利润也必随之上升。所以，利息的变动情况可使我们对利润的变动情况略有了解。

亨利八世统治的第三十七年，一切超过 10% 的利息率都被宣布为非法。可见，以前的利息率时常在 10% 以上。其后，受自己狂热的宗教信仰的影响，爱德华六世禁止一切利息率。但和其他类似的禁令一样，据说这种禁令没产生效果；高利贷的弊害非但没有减少，反而增加了。于是，伊丽莎白统治的第十三年颁布的第 8 号法令使亨利八世的法令恢复了效力。此后，10% 通常为法定的最高利息率，直到詹姆斯一世统治的第二十一年，才限定为 8%。查理二世复辟后不久，利息率减为 6%。安妮女王统治的第十二年，利率再减至 5%。这一切法颁布的时机似乎极其适当。它们都是跟随市场利息率的走势，或者说，有良好信用的人通常的借款利息率的变动而颁布的。自安妮女王时代以来，市场利息率似乎都高于 5%。在最近一次战争以前，政府曾以 3% 的利息率借款。而在王国首都及其他许多地方，资金信用良好者则以 3.5%、4% 或 4.5% 等利息率借款。

自亨利八世以来，英国的财富与收入都在不断增加，而且在这一过程中，增加的速度似乎是逐渐提高，而非降低。财富与收入不仅在进步，而且进步得越来越快。这期间，劳动工资不断增加，而各行各业的资本利润却在不断减少。

在大城市经营一种行业，往往比在农村需要更多的资本。各种行业使用的庞大资本和众多的竞争者，是都市资本利润率一般低于农村资本利润率的原因。但是，都市的劳动工资一般要高于农村的。在繁荣的都市，拥有大量生产资本的人往往不能雇到所需数量的劳动者，所以他们要互相竞争，抬高劳动工资而减少资本利润。在没有充足资本雇用所有劳动者的偏僻地方，劳动者会为获得职业而相互竞争，于是劳动工资降低而资本利润增高。

苏格兰的法定利息率与英格兰的相同，市场利率却更高。该地信用良好的人通常无法以低于5%利息率借款。就连爱丁堡的私立银行，对于随时兑现全部或一部分的期票，也给予4%的利率。伦敦的私立银行对于存入的资金不支付利息。在苏格兰，几乎所有行业所需的经营资本都少于英格兰的，所以苏格兰的利润率普遍要高于英格兰的。如上所述，苏格兰的劳动工资要低于英格兰的。此外，苏格兰不仅比英格兰穷得多，其发展的速度也慢得多，尽管它也明显在前进。

法国本世纪的法定利息率并不总是由市场利息率来调节的。1720年，法定利息率由1/20下降到1/50，即由5%下降到2%；1724年，提高到1/30，即提到约3.33%；1725年，再提到1/20，即提到5%；1766年，拉弗迪先生执政时，又减到1/25，即4%；其后，神父特雷执政时，又恢复到原来的5%。一般认为，这样强行抑制法定利息率的目的是为降低公债利息率做准备，而这种目的有时确曾达到。就现在而论，法国也许没有英格兰那么富裕。法国的法定利息率一般比英格兰低，而市场利息率却一般要比英格兰的高。这是因为像其他国家一样，法国也有很安全简易的回避法律的方法。据在英法两国经商的英格兰商人说，法国的商业利润比英格兰的高。正因如此，许多英格兰人才不想把资本投在重商的本国，而愿意投在轻商的法国。法国的劳动工资比英格兰的低。你如果从苏格兰到英格兰去，你所看到的这两地普通人服装和脸色的差异，就能够充分表明这两地社会状况的差异。然而，假如你从法国回到苏格兰来，这种对照就更为鲜明。法国无疑比苏格兰富裕，但其发展速度却并非那么迅速。在法国，人们甚至普遍认为国家正在退步。我认为，这种看法尚无充分的根据。但是，一个二三十年前曾到过苏格兰，而现在再次到那里的人，绝不会认为它在倒退。

另一方面，就领土面积与人口的比例说，荷兰比英格兰富裕。荷兰政府以2%的利息率借款，而有良好信用的人以3%的利息率借款。据说，荷兰的劳动工资比英格兰的高。大家知道，荷兰人经营生意所获得的利润要低于在欧洲的任何人。有些人说，现今荷兰的商业正在衰退。就商业的某些部门来说，也许确是如此。但上述表征或许可以表明，该国商业并未普遍衰退。当利润减少时，商人们往往都埋怨说商业衰退了；可是利润减少乃是商业繁盛的自然结果，或是所投资本比以前更多的自然结果。在最近一次的战争中，荷兰人乘机获得了法国的全部运输业务，而且直到现今还操控着一部分。英法的国债成为荷兰人的一宗巨额财产，据说英格兰的金额就有大约4000万镑（但我怀疑是过分夸大了）。此外，荷兰人还把巨额资金拿到利息率高于本国的外国借给私人。这些事实都无疑表示他们资本的过剩；或者说，他们的资本已增加到投在本国产业上不能得到适当利润的程度。但是，这并不能表示荷兰的商业衰退了。这就好比由经营特定行业而获得的私人资本，已经增加到不能全部投在这一行业上的程度，但这一行业仍在继续发展。一个大国的资本也可能是这样。

英国在北美及西印度群岛的殖民地，劳动工资、货币利息和资本利润都高于英格兰。各殖民地的法定利息率和市场利息率都是6%～8%。

不过，劳动的高工资和资本的高利润同时存在，是新殖民地所特有的现象，这在其他地方颇为少见。在新殖民地中，资本与领土面积的比例，以及人口对资本的比例，在一定期间内必然低于大多数国家。他们所拥有的土地多于其资本所能耕作之数。所以，他们只把资本投在土质最肥沃和位置最适合的土地上，即投在海滨和通航河道沿岸各地。此外，购买这等土地的价格往往低于其自然产物的价值。为购买并改良这等土地而投下的资本必然产生极大的利润，因而能够支付非常高的利息。投在这种有利用途上的资本的迅速积累，使种植园所有者能雇用的工人数很快增加到新殖民地不能提供的程度。这样，他们能在新殖民地雇用到的劳动者的报酬也就极其优厚。但是，随着殖民地的扩张，资本利润就逐渐减少。土质最肥沃和位置最好的土地已经全被占有，耕作土壤和位置较差的土地所能取得的利润就比较少，用在土地上的资本，也只能负担较低的借款利息。在本世纪，英国大部分殖民地的法定利息率和市场利息率都因此大大减少。随着财富增长、改良工作的推进及人口的增加，利息降低了，而劳动工资却不与资本利润共同降低。不论资本利润如何，对劳动的需求都随资本增加而增加。利润减少，而资本不但可能继续增加，而且可能比以前增加得更为迅速。就这一点来说，勤劳的国家和勤劳的个人都一样。大量资本虽然利润低，一般来说却又比高利润的小量资本发展得更为迅速。俗话说，钱生钱。已经取得了少许资金，你就不愁取得更多。最困难的是如何取得这最初的金钱。以上我已就资本的增加和劳动的增加，即资本的增加和有用劳动需求的增加之间的关系做了部分的说明，在下文论述资本积累时，还当详加说明。

获得新领土或开展新行业也会提高资本利润，因而也会增加货币利息，即使在财富正在迅速增加的国家也是如此。由于这国家的资本不够应付新领土或新行业带来的投资机会，所以只得把它投在能提供最大利润的行业上。以前投在其他行业上的资本必有一部分被撤回，并投入到更有利的新行业中。所以，那些旧行业的竞争便没有以前那么激烈，而市场上各种货物的供给也随之减少。货物减少，价格势必或多或少地上升，这就给经营者提供了更大的利润，而他们也能以高于从前的利息率借款。在最近一次战争结束以后不久，有良好信用的个人，乃至一些伦敦的大公司，一般都是以5%的利息率借款，而在战前，他们通常未曾支付过超过4%或4.5%的利息。英国在北美和西印度群岛获得的殖民地带来的新领土和新行业就足以说明这一点，而不必设想英国资本存量的减少。旧资本经营的业务增加得那么多，必然会使很多行业的资本量减少；这些行业内的竞争减弱，利润也就必然增加。在下文我将论及，最近这次战争尽管开支甚巨，却并没使大不列颠的资本量减少。

　　但是，社会资本量，即维持产业的资金的减少会使劳动工资降低，因而也会使资本利润和货币利息增高。由于劳动工资降低，社会上剩余的资本的所有者将货物提供给市场所需的费用就少于以前；又由于用来供应市场的资本比以前少，这些所有者能够以高于先前的价格出售货物。他们货物的成本比以前低，而所得却比以前高，他们的利润从两方面增加，因此也就能够支付更高的利息。在孟加拉及东印度其他英属殖民地，可以很迅速、轻易地获得巨大资产，这一事实足以证明这些贫苦地方的劳动工资非常之低，而资本利润却非常之大，相应地，其货币利息也非常之高。孟加拉农民往往要以40%、50%或60%的利息借入资金，并必须以下一季的收获物作为抵押。要担负这种高利息的利润，必然要占据地主的几乎所有地租；而这样高的利息也必然要占据利润的大部分。罗马共和国灭亡以前，各地在其暴虐的总督管理之下，似乎都存在同样高的利息。从西塞罗的书简可知，道德高尚的布鲁图也在塞浦路斯岛以 48% 的利息放款。

一国所获的财富，如已达到它的土壤、气候和相对于他国的位置所允许的最大限度，再无进步可能，但尚未退步，那么在这种状态下，它的劳动工资及资本利润可能都非常之低。一国的人口，如已达到其领土所能维持或其资本可雇用的最大限度，那么在这种状态下，职业上的竞争必然非常激烈，致使劳动工资降低到仅可以维持现有劳动者人数的程度；而由于人口已经到达极限，劳动者人数也不可能再有增加。一国的资本，相对于国内各种必须经营的行业所需要的资本而言，如果已达到最大限度，各种行业所使用的资本就达到各行业的性质和范围所能使用的程度。这样，各地方的竞争就会非常激烈，普通利润也会降到最低程度。

然而，也许没有哪个国家的财富曾经达到这种程度。中国似乎长期处于停滞状态，其财富也许在很久以前就已完全达到该国法律和制度所允许的最大限度。但如果在另一套法律和制度之下，中国的土壤、气候和地理位置可允许的最大限度很有可能会远大于上述限度。一个忽视或鄙视对外贸易、只允许外国船舶驶入一两处港口的国家，无法经营在另一套法律和制度下能够经营的那么多贸易。此外，在这样一个国家，富人或大资本家享有安全保障，而贫民或小资本家不但不能享有安全，而且随时都可能被下级官吏以执法的借口强加掠夺。正因如此，该国国内经营各种行业所投入的资本就绝不可能达到这些行业的性质和范围所能容纳的最大限度。在各种行业中，压迫贫者必然使富者建立垄断。富者将全部贸易据为己有，从而获取极大利润。所以，中国的普遍利息率据说是 12%，而资本的普通利润必然更高，以担负这样高的利息。

一国法律上的缺陷，有时会使其利息率增高到大大超过其财富或贫富状况所要求的程度。如果它的法律不强制人们履行契约，那么一切借款人所处的地位，近乎法制健全国家中的破产者或信用不佳者。债权人收回借款的不确定性使他向借款人索取极高的利息，这种利息一般只用在破产者身上。许多世代以来，在蹂躏罗马帝国西部各地的蛮族中，履行契约全凭当事者的信用；他们的君主管辖的法院很少干预此事。当时利息率达到那么高的程度，恐怕这也是部分原因。

即使法律完全禁止收取利息，也不能收到效果。许多人必须借入资金；而债权人不仅会对这笔资金的使用要求相当的报酬，而且还会对回避法律的困难和风险要求相当的补偿。孟德斯鸠说，一切伊斯兰国家利息率高并不是因为他们贫穷，而是部分因为法律禁止收取利息，部分因为贷款难以收回 ①。

最低的普通利润率，也要保证在补偿了投资遇到的意外损失以后，还有剩余。只有这种剩余才是纯利润或净利润。一般所谓的毛利润，除了包含这种剩余以外，还包含为补偿意外损失而保留的部分。借款人所能支付的利息只与纯利润成比例。

即使相当谨慎，出借资金也有意外损失的可能。和最低的普通利润率一样，最低的普遍利息率也要保证在补偿了借贷遇到的意外损失以后，还有剩余。如果没有这一剩余，出借资金的动机就只能是善心或友情了。

在财富已达到顶点，而且用在各种行业上的资本都已达到最大限度的国家，普遍纯利润率就会很低，这种利润所能负担的普遍市场利息

---

① 参见孟德斯鸠的《法的精神》的第十九章。——译者

率也就很低。这样一来，除了最富有的人，任何人都不能靠货币利息生活。中小资本所有者都不得不亲自监督资本的运用。这样一来，几乎一切人都得成为商人，或有必要从事某种产业。荷兰的现状似与此相近：在那里，如果不是商人，就不能算是时髦人物。这种必要性使得那里几乎每一个人都习以为常地去经营某种行业。正如不穿衣服便会成为笑柄一样，不像别人那样从事经营工作也是可笑的；正如一个文官厕身行伍一样，一个无所事事的人在商人之中自会感到很尴尬，甚至遭到鄙视。

最高的普通利润率，在大部分商品价格中会完全占去应当归作地租的那一部分，仅剩足够支付商品生产及送往市场所需的劳动工资，即在任何地方能支付劳动的最低工资，这只够维持劳动者的生存而已。劳动者在从事劳动之时，总得被喂饱；但地主却不一定随时都要得到报酬。东印度公司职员在孟加拉经营商业所赚取的利润，恐怕与这最高利润率相差不远。

通常来说，市场利息率与普通纯利润率之间所应有的比例，必随利润升降而变动。在大不列颠，商人把两倍利息的利润看作良好、适中的或合理的利润。我认为，这只是所谓的普通利润。在普通纯利润率为8%或10%的国家，借用资金来经营业务的人以所得利润的一半作为利息也许是合理的。资本由借款人担负风险，这好像是给债权人的资本保险。在大部分行业中，4%或5%的报酬既足以作为所担风险的补偿，也足以作为费尽心思运用这笔资本的报酬。然而，在普通利润率比8%或10%低得多或高得多的国家里，就不可能有像上述那样的利息和纯利润的比例。利润率低得多时，也许不能以一半作为利息；而利润率高得多时，或许可以用一半以上。

在财富迅速增长的国家，许多商品的价格中的低利润率可以弥补劳动的高工资。这样，它们的商品就能以同样低廉的价格出售，并与财富积累较慢、劳动工资较低的邻国的商品竞争。

实际上，高利润比高工资更加容易提高产品价格。例如，麻布制造厂的各种劳动者，如梳麻工、纺工、织工等的工资，如果每天各提高2便士，一匹麻布所必须提高的价格，只等于生产它所雇的工人数乘以他们的工作日数，再乘以2便士。在各个制造阶段，商品价格中归于工资的那一部分只按算术级数依次增加。但如果雇用这些工人的所有雇主都把利润率抬高5%，那么在各个制造阶段，商品价格中归于利润的那一部分则按几何级数递增。梳麻工的雇主在卖麻时，要求额外加收他所付给的材料价格和梳麻工工资的全部价值的5%。同样，纺工的雇主也要求额外加收他所付给的梳麻价格和纺工工资的全部价值的5%。以此类推，织工的雇主也同样要求额外加收麻纱价格和织工工资的全部价值的5%。因此，工资增高对抬高商品价格的作用，正如单利对债务累积的作用一样，而利润增高的作用却像复利的作用一样。英国商人和制造者对于高工资提高物价、减少国内外销路的恶果大加抱怨；对于高利润带来的恶果，却只字不提。他们对自己得利产生的恶果保持沉默，却对他人得利产生的恶果满腹牢骚。

第十章　论工资与利润随劳动与资本用途的不同而不同

劳动与资本，在同一地方、不同行业中，有的有利，有的不利；然而总的说来，利弊必然完全相等或不断趋于相等。假若在某一行业应用劳动与资本明显比在其他行业中更有利或更不利，就会有许多人挤进有利的行业，跳出不利的行业。这样，这种行业有利的地方不久便会和其他行业不利的地方相抵。至少，在各事物都听任其自然发展的社会，即在完全自由，并且人人都能自由选择自己认为适当的职业，还能随时自由改行的社会，情况确是如此。每个人的利益必然会促使他避开不利的行业，进入有利的行业去寻找工作。

欧洲各地的货币工资及货币利润，都随劳动和资本所处行业的不同而大不相同。但这种不相同，一部分是由于所处行业本身的某些情况，这些情况，在实际上，或至少在一般人的想象中，对某些行业微薄的货币报酬有所补偿，或对另一些行业优厚的货币报酬有所抵消；另一部分是由于欧洲各国的政策不能让事物完全自由地发展。

为了分别讨论这些情况和政策，我把本章分作两节。

第一节　源于行业本身性质而产生的差异

就我所能观察到的来说，主要有以下五种情况，对某些行业微薄的货币报酬有所补偿，或对另一些行业优厚的货币报酬有所抵消：第一，职业本身令人愉快或不快；第二，职业学习的难易，学费的多少；第三，职业稳定或不稳定；第四，职业必须担负责任的大小；第五，行业经营或职业生涯获得成功的可能性的大小。

第一，劳动工资因工作有难有易、有脏有净、体面与否而不相同。

例如，就整年计算，大多数地方的缝工比织工挣得少，这是因为缝工的工作较为容易；织工挣得又比铁匠少，这是因为织工的工作更加清洁；铁匠虽是一种技工，但工作十二小时的收入却往往不及一个普通煤矿工工作八小时的收入，这是因为铁匠的工作不像后者那么肮脏和危险，而且他还是在青天白日下工作，不像后者那样在昏暗的地下工作。对于一切体面的职业，荣誉可以说占报酬的大部分。考虑到各方面因素，就货币利益来说，从事这类职业的报酬一般都很有限；我将在下文说明这一点。反之，不体面的职业情形正相反。屠户的工作粗蛮可厌，但在许多地方，他们的收入却高于大部分普通职业。刽子手的工作最让人厌恶，可是就其工作量而言，他的收入却高于任何普通职业的。

渔猎在未开化的社会被视为最重要的职业，在发达社会却成为最令人愉快的娱乐方式。古代的人们为了生存不得不进行渔猎，今日的人们却是为了消遣而渔猎。所以，在发达社会，把别人的消遣当作职业的人都非常贫困。自忒俄克里托斯的时代以来，渔夫都极其贫困。私猎者在英格兰各地都是赤贫者；而在严禁私猎的国家中，特许狩猎者的生活也好不了多少。许多人做这职业是由于他们的自然兴趣，而不是由于这职业能给他们提供优裕的生活。而与其劳动量相比，他们劳动产品的售价总是过于低廉；从事这样职业的人，只能维持最贫困的生活。

不愉快和不体面对资本利润的影响，和它们对劳动工资的影响相同。小旅馆或小酒店的老板在自己的店铺也无法做主。他们不得不忍受各种醉汉的蛮横无理。他们的职业既不体面，也不令人愉悦。但在普通行业中，却又很少像这样以小额资本得到大额利润的。

第二，劳动工资因职业学习的难易、学费的多少而不相同。

人们以高价购置机器，必然期望这机器在报废以前所创造的工作价值，可以收回投在它身上的资本，并至少获得普通的资本利润。如果一种工作需要特殊和熟练的技巧，要费许多工夫和时间才能学会，那么承担这种工作的人就好像一台高价机器。学会做这种工作的人必然期望自己除了获得普通劳动工资外，还能收回全部学费，并至少取得普通利润。考虑到每个人的寿命长短极不确定，所以还必须在合理的时间满足这种期望。这正如考虑到机器的寿命那样，只是机器的寿命更容易确定。

技术劳动和普通劳动之间的工资差异，就基于这个原则。

欧洲各国的政策，把机械师、技工和制造业工人的劳动看作技术劳动，而把一切农村劳动者的劳动看作普通劳动。该政策似乎认为，前者的劳动比后者的更为精细。（在若干情况下或许如此，可是在大多数情况下却不然；这一点我会在下文加以说明。）所以，如果某人想取得从事前一种劳动的资格，按照欧洲各国的法律和习俗，他都要先做学徒；但严格程度却因地区而有异。对于后一种劳动，没有任何规定，人们可以自由从事。而在学徒期内，学徒的全部劳动都归师傅所有。学徒的生活费多数还是依靠父母或亲戚供应，衣服也几乎都是由父母或亲戚购置。依照惯例，学徒还要付给师傅一些学费，无力支付金钱的就要付出时间。换言之，要做比规定年限更长时间的学徒。不过这对师傅未必有利，因为学徒往往怠惰；而这对学徒自己更为不利。而就农村劳动说，被雇佣的劳动者往往在从事简单工作的时候，就学会了比较繁难的工作。无论在什么阶段，他都能以自己的劳动维持生活。因此，欧洲各国的机械师、技工和制造业工人的工资，论理来说，应稍稍高于普通劳动者的工资；而实际上也是如此。这就使他们成为地位较高的人。但是一般地说，他们这种优越也很有限。制造单色的亚麻布和毛织品这类普通制造业的工人，平均一日或一星期的收入，计算起来也不过略多于普通劳动者的。由于他们的工作比较稳定，全年的总收入也许较多；但是，这显然只够补偿他们的学费开支而已。

艺术和自由职业的学习需要更长时间和更大费用。所以，画家、雕刻家、律师和医生的货币报酬理应更加丰厚，实际上也是如此。

但资本利润却不大受使用资本的那一行业学习难易的影响。就学习的难易程度说，大城市常见的各种投资方法似乎完全相等。在国内贸易或对外贸易中，一个部门的业务大抵不会比另一部门的繁难多少。

第三，各种职业的劳动工资因业务稳定与否而不相同。

有些职业比其他职业稳定得多。只要能够劳作，大部分制造业工人一年中几乎每日都有工作。反之，泥水匠或砖匠在严寒或天气险恶时便完全没有工作。而且，即使在天气好的时候，他们有无工作仍须取决于顾客是否临时有要求。因此，他们可能常常没有工作。他们在被雇时的收入不仅要足够维持他们无工作时期的生计，还要对他在不稳定状况中遭受的焦虑和沮丧给予若干补偿。所以，推算起来，大部分制造业工人的日工资和普通劳动者的日工资几乎相等，但泥水匠或砖匠的所得却大约是这些人的一倍半乃至两倍。普通劳动者一星期如可获得4～5先令，泥水匠或砖匠就往往可得7～8先令；前者如为6先令，后者常为9～10先令；像在伦敦那样，前者如为9～10先令，后者就常为15～18先令。但在各种技术劳动中，泥水匠或砖匠那样的劳动似乎最容易学。据说在夏天，伦敦的脚夫有时就被雇为砖匠。所以，这类劳动者的高工资与其说是技术的报酬，倒不如说是对工作不稳定的补偿。

造房子的木匠的工作比泥水匠的工作似乎更为精细。但在许多地方而非一切地方，造房子的木匠的日薪却比泥水匠的略低。这是因为他工作的有无虽然也在很大程度上取决于顾客有无临时要求，但却不像泥水匠那样完全取决于此；而且，木匠的工作也不像泥水匠的那么容易受恶劣天气的影响。

如果一般有稳定工作机会的行业在某一特定地方不再如此，那么这个地方工人的工资就总会上升，并大大超过该行业从业者工资和普通劳动工资的通常比例。像其他各地的日佣工那样，伦敦一切底层技工每日每周都可能被雇主雇用或解雇。因此，伦敦的最底层技工，比如裁缝工，一天也能挣得半克朗[①]，尽管普通劳动日工资是18便士。在小城镇和农村，裁缝工的工资往往只是勉强等于普通劳动者的工资；但在伦敦，裁缝工却动辄数周无事可干，夏天尤其如此。

如果工作不稳定，又艰苦、令人不愉快和肮脏，那么，即使这种工作是最普通的劳动，其劳动者的工资也会超过最熟练技工的工资。在纽卡斯尔，按件计酬的煤矿工一般可得到约两倍于普通劳动的工资；在苏

---

① 克朗是英国的旧时银币，1克朗值5先令或60便士。——译者

格兰的许多地方，是三倍左右。他们得到高工资全是由于他们工作的艰苦、令人不愉快和肮脏。他们大都可以愿意工作多久就工作多久。就艰苦、令人不愉快和肮脏的程度说，伦敦的运煤工人几乎和煤矿工相同，但由于运煤船靠岸的时间难以确定，大部分运煤工人的工作很不稳定。所以，如果煤矿工得到两倍、三倍于普通劳动的工资，那么运煤工人得到四倍、五倍于普通劳动的工资似乎不应该说不合理。依据数年前的调查结果，按照当时工资率，运煤工人每日能得到 6 ～ 10 先令。6 先令大约是伦敦普通劳动工资的四倍，而不论何种职业，最低的普通报酬往往就是绝大多数从业者的报酬。不管他们的所得看起来有多高，只要除补偿职业上一切不如意情况之外还有剩余，那么在一个没有垄断权的行业里，不久就必然有许许多多竞争者出现，其工资率也会很快被降低。

任何行业的资本的普通利润都不可能受资本固定使用与否的影响。资本固定使用与否不取决于行业本身，而取决于这行业的经营者。

第四，劳动工资因劳动者必须负担之责任的大小而不相同。

无论何地，金匠和珠宝匠的工资不仅比其他拥有同样技巧的工人高，而且比其他拥有更高超技巧的工人还高。这是因为他们处理的是贵重的材料。

我们把身体的健康托付于医生，把财产，有时甚至把生命和名誉托付于律师或辩护人。像这样重大的责任，绝不能随便委托给平庸低微的人，所以接受我们托付的人得到的报酬，必须使他们能够享有与这重大托付相匹配的社会地位。此外，他们此前接受教育所花费的漫长时间与巨额费用，势必使他们的劳动价格更高。

如果一个人仅仅使用自己的资本经营生意，他就没有这些信任问题。而他能否由他人处取得贷款，并不取决于他所经营的行业的性质，而取决于他人对他的财产、正直和稳重等方面有着怎样的看法。因此，不同行业中的不同利润率不可能源于经营者所负责任的不同。

第五，劳动工资因其行业经营或职业生涯获得成功的可能性的大小而有不同。

每个行业的学习者能够学以致用，而且获得任职资格，其可能性的大小因职业不同而大不相同。就大部分机械性工作说，成功几乎都是有把握的；但自由职业却不然。例如，学习当鞋匠的孩子无疑能学会制鞋，但是送去学法律的孩子就不一定学有所成，精通法律并能靠法律吃饭的可能性至多是1/20。就完全公平的彩票说，中彩者应得到所有未中者的损失。如果某个职业里，每有一人成功，就有二十人失败，那么这成功的一人就理应享有失败的二十人求而不得的全部。如果律师大概要到将近四十岁时才能从职业中取得一些收益，其报酬就应不仅足以补偿他自己为受教育所花的大量时间和费用，还足以补偿那些全无所得的二十多人所花的时间与费用。律师的收费有时显得过高，但他的真正报酬其实远达不到这一水平。计算一下某地鞋匠或织工这类普通工人的年收入和年支出，你就会知道，他们的收入一般多于支出。如果你用同样的方法，计算各律师及各法学协会见习律师的支出与收入，你就会知道，他们的年收入只等于年支出的极小部分，即使你在估算时尽量抬高他们的年收入、减少他们的年支出，也是如此。所以，律师这个"彩票"绝不是完全公平的；与其他许多自由职业和体面职业一样，律师所得的货币报酬显然也很不充分。

不过，这类职业的利弊仍能与其他职业保持相同水平。尽管上述之事令人沮丧，但所有豁达之士还是争先恐后地向这些行业挤来。这是由于有两个鼓舞他们的原因：第一是名誉心，希望成为行业的翘楚；第二，所有人生来都或多或少地对自己的才能甚至运气有信心。

如果一个人能在其他人都做得很平庸的职业里崭露头角，那么这个人就显然具有卓越的才能；而由此博得的赞赏永远是他所得报酬的一部分。这部分报酬是大还是小，要看其他人对他赞赏的程度而定。对医生来说，它占到全部报酬的大部分；对律师来说，更大；而对诗人或哲学家来说，则几乎占到全部。

世上有几种非常悦人的优美才能，其拥有者定能博得某种赞赏；然而，如果用它牟利，世人就会以私心或偏见视之为出卖色相。因此，为牟利而运用这种才能的人，所得的金钱不但要补偿他学习这种技能所花的时间、辛苦和金钱，还要能补偿他因此招致的声名损失。演奏家、歌剧演唱家、歌剧舞者等报酬极高，这是基于两个原则：一是才能罕有而美好；二是运用这才能而蒙受了声名的损失。我们鄙视其人格，却又对其才能给予非常优厚的报酬。这乍看起来似乎很不合理，可实际却是：正因为鄙视他们的人格，我们才要重酬他们的才能。一旦世人对这类职业的意见或偏见改变，他们的货币报酬很快就会减少。因为那时会有更多的人从事这些职业，而竞争势必使他们劳动的价格很快降低。这类才能尽管不是一般才能，但也绝不像世人所想象的那么罕见。完全具有这类才能，而不屑于用以图利谋生的人其实不在少数。此外，如果运用这类才能来谋生不致损害名誉，便会有更多人能学得这种才能。

大多数人对自己的才能总是过于自负，这是历代哲学家和道德家所说的一种古老通病。但是，世人对于自己的运气的荒谬猜测却不大为识者注意。对自己的运气妄加猜测，要比对自己的才能过于自负这个毛病还要普遍。任何一个活人，只要身心健康，他对自己的运气总不免抱有几分自信。每一个人都或多或少地高估了得利的可能性，而大多数人却低估了损失的可能性。身体健康、精神十足的人，都会高估自己得利的可能性。

从彩票经营者普遍获得了成功这一事实可以看出，人们会很自然地把得利的机会估得过高。完全公平的彩票，换言之，以全部利得抵偿全部损失的彩票从来没有过，以后也永远不会有。因为要是有，经营者便会一无所获。就国营彩票说，彩票实际上并不具有等于购买者所支付的价格的价值，但市场通常按超过其真实价值20%、30%乃至40%的价格售卖。彩票这种需求所以产生的唯一原因，不外是人们想中大奖的妄想。虽然明知用以购买彩票的小额资金的真实价值可能比彩票的真实价值高出20%或30%，一个很稳重的人也不认为以小额资金获取1万镑乃至2万镑的中彩机会是愚蠢的。奖金不超过20镑的彩票，纵使在其他方面比普通国营彩票更接近于完全公平，也不会有多少人想买。有的人为了增加中大奖的机会，同时购买数张彩票；有的人则合伙购买更多的彩票。但是，你冒险购买越多的彩票，你就越可能是损失者，这是再确定不过的数学法则。假若你冒险购买了全部彩票，你肯定会亏钱。你购买彩票的张数越多，你的损失就越接近这一绝对的损失。

从保险业的微利可以看出，损失的概率往往被人们估计得过低，很少有人将其估得高于保险的价值。把火灾保险或海上保险当作一种事业经营，所收的普通保险费必须足以补偿普通的损失，支付经营的费用，并保证资本取得在一般业务所能取得的利润。只支付这么多保险费的被保险人显然只支付了危险的真实价值；换言之，只支付了危险获得保障的最低保险价格。许多人从经营保险生意取得微利，但很少人因此发大财。由此可见，一般得利与损失相抵的结果对保险业来说不像对那些使许多人发财的行业那么有利。然而，尽管保险费一般都很低廉，许多人还是非常轻视危险，不愿意购买保险。就整个王国的房屋来说，平均20户中就有19户，甚或100户中有99户，未曾投保火险。在许多人看来，海上风险比火灾更为可怕，保险船只与未保险船只的比例比保险房屋与未保险房屋的比例要大得多。但是无论在什么时候，甚至在战争期间，都有许多未保险船只往来航行。这样的行为有时也不是由于轻率。一家大公司或一个富商若有船二三十只同时航海，它们就可以说是相互保障，由此节约下来的保险费，也许足够补偿在一般情况下可能遭受的损失，而且有余。可是，在大多数情况下，船只不保海险、房屋不保火险都不是做了这种精密评估后的结果，而是因为它们的主人轻率无知、轻视危险。

在人的一生中，轻视危险和奢望成功的心理在选择职业的青年时期最为活跃。在这时期，对不幸的恐惧抵不过对幸运的希望。较之上流社会青年热衷于从事所谓自由职业，这一点从普通青年欢欢喜喜地参军或出海可以看得更加明显。

普通士兵可能蒙受的损失是很明显的。然而，青年不顾危险，在每次战争开始时特别踊跃地志愿从军。尽管几乎没有升迁的机会，但青年仍然不切实际地幻想着获得荣誉与立下战功的机会。这些空虚的希望就成为他们流血的全部代价。他们的报酬比普通劳动者低，而在实际工作上，他们付出的劳苦却又大得多。

总的说来，海军士兵生涯这个"彩票"并不像陆军的那么不利。一个有声誉的工匠的儿子往往可以得到父亲的允许去参加海洋；可是，如果他要参加陆军，就总要瞒着父亲。就前一职业说，人们也看到几分成功的机会；而就后一职业说，除了他自己，谁都不会认为有成功的机会。伟大的海军上将，不像伟大的陆军上将那样，能够博得广大民众的崇拜。海军生涯的最高成就带来的名利也不像陆军的那么显赫。海陆军的低级军官，都有这样的差别。依据等级的规定，海军上校与陆军上校属于同一阶层；但在一般的评价上，陆军上校更令人尊敬。由于海军生涯这个"彩票"里的大彩比较少，小彩就比较多。因此，比起普通陆军士兵，普通海军士兵更经常地得到一定的利益与升迁。而获得中小彩的希望，正是一般人愿充当海军士兵的主要原因。普通海军士兵比几乎所有技工有更精湛、更娴熟的技巧，他们一生中不断地和困难与危险搏斗。可是，尽管有如此技巧，经历如此的困难与危险，在继续担任普通海军士兵的时候，他们除了在运用技巧、克服困难与危险时有点快感外，几乎得不到其他报酬。他们的工资并不高于港口普通劳动者的工资，且受后者的调节。由于他们不断往返于各港口间，所以，往来于大不列颠各港口的所有海军士兵的工资，相比各港口任何其他劳动者的工资，更趋于一致；而由于进出伦敦港的海军士兵最多，所以他们的工资率便决定着其他各港口海军士兵的工资率。伦敦各级工人的工资大多约为爱丁堡同级工人工资的两倍。但由伦敦港出航的海军士兵每月所得工资，却很少比由利斯港出航的海军士兵的工资高出三四先令，而且差别常常还没有这么大。在和平时期的商业航行中，这种劳动在伦敦的价格是每月 21 ~ 27 先令。然而，按伦敦普通劳动者每星期的工资为 9 先令或 10 先令计算，每月可得到 40 ~ 45 先令。虽然海军士兵除工资外，还有粮食，但其价值未必会超过他所得工资与普通劳动者所得工资的差额。即使有时超过了这差额，这超过的部分也不能算是海军士兵的纯利，因为海军士兵不能在家与他的家人分享粮食，而必须用他的工资来养家。

九死一生的冒险生活有时不仅不会挫伤青年人的勇气，反而更加鼓励他们去选择这类职业。在底层阶级中间，慈母往往不愿把儿子送入海港城市的学校读书，因为害怕儿子看到壮观的船舶，受到水手粗犷的言谈和冒险事迹的引诱，去过航海生活。在遥远的将来可能发生的危险并不会使我们有所畏惧，因为我们可以凭借自己的勇敢与机智来摆脱它。因此，这种危险不会提高任何行业的劳动工资。如果职业中存在用勇敢与机智不能避免的危险，情况就两样了。非常不卫生的职业的劳动工资总是特别丰厚。不卫生的职业让人不愉快，它对劳动工资产生的影响应归入职业令人不愉快那个题目下探讨。

各行各业的普通利润率，因收益不确定性的大小而或多或少地有所不同。一般地说，国内商业收益的不确定性小于对外贸易的，而对外贸易的不同种类之间的不确定性也彼此不同。例如，北美贸易的收益比牙买加贸易的收益的不确定性小。普通利润率随风险程度的增高而略有增高，但增高的程度和风险的程度似乎不成比例。换句话说，增高的利润不一定能完全抵偿风险增高的程度。破产在投资风险最高的职业上最常见。风险最高的行当要算走私了。在冒险成功的情况下得利丰厚，但这种冒险更会不可避免地导致破产。对成功的奢望在这情况所起的作用，正如在其他情况一样，诱使那么多冒险家去做这种高风险生意，以致他们的竞争使利润减少到不够补偿风险增高的程度。要使风险完全得到补偿，普通收益除了应该高于资本普通利润外，还要弥补一切不时发生的损失，以及给冒险家提供一种与保险人的利润同性质的利润。但是，如果普通收益足够满足这些要求，那么这些高风险行业的破产的情况就不会比其他行业更常见了。

因此，使劳动工资各不相同的五种情况之中，只有两种影响到资本利润：职业令人愉快与否，投资成功获得的风险大小或安全程度。就职业令人愉快与否，大多数都相差不远或者全无差别，但各种劳动职业却存在着很大的差异。而资本的普通利润虽然随风险程度的增高而增高，其增高程度却未必和风险程度成比例。由此可见，在同一社会或地方，各种行业的平均或普通利润率，比各种劳动的货币工资更接近一致。事实上也正如此。普通劳动者和生意好的律师或医生收入的差异，明显地比任何两种行业普通利润的差异大得多。况且，各种行业利润表面上的差异往往是靠不住的，这是因为我们未必都把应该算作工资的收入和应该算作利润的收入区别开了。

"药剂师的利润"一语已成为超常规利润的代名词。但是这种表面上很高的利润往往只是合理的劳动工资。药剂师的技能比其他技工的更加精细微妙，他所受付托的责任也重得多。他是贫民的医生，而也是富人在病痛程度较轻的情况下的医生。所以，他的报酬应当和他的技能与他所受的付托相称，而且一般是包含在出售药品的价格中。在大城市中，生意最兴隆的药剂师，每年出售的全部药品的成本也不过花他三四十镑。药品出售的价格虽然是三四百镑，即虽然以十倍的利润出售，但一般地说，这利润也许只是药剂师的合理工资；而这些工资除了被加在药品价格上，它简直没有第二种方法被取得。也就是说，药剂师表面利润的大部分只是披上利润外衣的真实工资。

在一个海港小镇上，小杂货商投入100镑的资本，能获得40%或50%的利润；而当地大批发商投入1万镑的资本，却很少能够获得8%或10%的利润。小杂货商对该地居民便利的生活也许是必要的，而狭小的市场不允许更多资本投在这种营业上。可是，那小杂货商必须靠此过活，并过着和经营这业务相称的生活。除拥有小额资本外，他不仅须能写会算，还要能相当准确地了解五六十种商品的价格与品质，以及能以最低廉价格进货的市场。简言之，他必须具备大商人须具备的一切知识。他不能成为大商人，只因为他没有充足的资本。有如此才干之人，每年取得三四十镑作为劳动的报酬，绝不能说是过分。若从他看起来很高的资本利润中除去上述报酬，剩余的部分恐怕不会多于普通资本利润。所以，大部分表面利润其实是真实工资。

零售商表面上的利润与批发商表面上的利润之间的差异，在大城市比在小镇及农村小得多。在零售业能投资 1 万镑的零售商人的劳动工资，相比这么大资本的真实利润而言，只不过是很小的一部分。所以，在大城市，富裕的零售商表面上的利润与批发商表面上的利润趋于一致。正由于这个原因，大城市里商品的零售价格一般和小镇及农村里的一样低廉，甚或低廉得多。例如，大城市里的杂货价格一般比较低廉；面包与肉类的价格和小镇及农村的一样低廉。把杂货运往大城市的费用并不比运往小镇及农村的费用多，而把谷物和牲畜运往大城市的费用却比运往小镇及农村的费用高得多，因为这些东西大部分要从远得多的地方运来。城市和农村的杂货的进货成本一样，所以在货物价格中附加利润最少的地方的杂货售价便最低廉。面包和肉类的进货成本在大城市比在农村高，所以这些东西在大城市虽然利润较低，售价却未必较低，但也往往和在农村同样低廉。就面包及肉类这类商品说，其表面利润减少的原因，就是进货成本增加的原因。市场的扩大，一方面由于资本的竞争而减少了表面利润，另一方面，又由于供货地较远而增加了进货成本。这表面利润的减少与进货成本的增加，在许多情况下几乎可以互相抵消。谷物及牲畜的价格在王国各地很不相同，但一般地说，面包及肉类的价格在王国的大多数地方却几乎相同，其原因也许就在于此。

虽然在大城市的零售商及批发商的资本利润一般要低于小镇和农村

的，但在大城市常可看到以小资本开始经营而后发大财的人，这样的人在小镇和农村却寥寥无几。在小镇和农村，由于市场狭小，营业未必都随资本的增加而扩大。所以，在这些地方，个别商人的利润率虽很高，利润的总额却不可能很高，而他们每年积累的资本也就有限。反之，大城市的经营能随资本的增加而扩大，而勤俭商人的信用度增加得比其资本快得多。这样，他的经营随他的信用及资本这两者的增加而扩大；他的利润总额随他的经营的扩大而增加；他每年所积累的资本也随他利润总额的增加而增加。但是，即使在大城市，在一种正规的、稳定的、众所周知的行业里发大财的也很少见，除非长期保持勤勉、节俭而苦心经营。大城市中往往有从事所谓投机生意而突然致富的，但投机商人并不是在这样的行业里经营的。他今年是谷商，明年是酒商，后年又是砂糖商、烟草商或茶商。不论何种行业，只要预见到这行业有超过普通利润的希望，他便马上加入；一旦预见到这行业的利润将要降落到和其他行业相等的水平，他就会马上离开。因此，他的利润和损失也就不能和其他任何正规的、稳定的、众所周知的行业相提并论。大胆的冒险者，有时也许由于两三次投机的成功而获得很多财产，有时也许由于两三次投机的失败而损失很多财产。除大城市外，这种生意在其他任何地方都无法进行。因为经营这种生意所需要的信息只存在于商务最繁荣和交易最频繁的地方。

上述五种情况，虽然使劳动工资与资本利润在很大程度上不相等，却并未使劳动或资本在不同行业之间有所差别，不管是实际上还是想象上。这些情况的作用是补偿一些行业中很低的收入，抵消另一些行业中很高的收入。

但是，要使劳动与资本在不同行业的总体利害能有这样的平等，即使在最自由的地方，也须具备三个条件：第一，这些行业必须众所周知，而且长期保持稳定；第二，这些行业必须处在普通状态，即所谓自然状态之中；第三，这些行业必须是其从业者服务的唯一或主要的行业。

第一，这些行业在地方上众所周知，而且长期保持稳定。

在其他情况都相同的地方，新行业的工资大都高于旧行业。当计划者想要建立新的制造业时，最初他必须提供高于本行业或其他行业的工资，以便把工人从其他行业吸引过来；他也要经过很长时间才敢把工资降到一般水平。有些制造业的产品完全顺应时尚和爱好产生，总会不断变动，很少能保持原有的样子，因而这些行业很少被看作旧行业。反之，另一些制造业的产品是为了满足生活必需而立足于实际效用产生的，它们不像上述制造业的产品那么容易变动，其形式和构造可以历时数世纪还为人所需。所以，与后一类制造业比较，前一类制造业的工资可能较高。伯明翰的制造业多半属于前一类，谢菲尔德的制造业多半属于后一类。据说，这两个地方劳动工资的不同恰如其分地体现了它们的制造业在性质上的不同。

建立新的制造业、商业或农业经营总是一种投机，而计划者期望由此获得非常大的利润。这种利润有时是很大的，但有时也很小。不过一般说来，这种新行业的利润和当地其他旧行业的利润却没有正常的比例关系。如果计划成功了，利润在最初通常是很高的。但当这新行业或新行业一经稳定而众所周知的时候，竞争就会使其利润降到和其他行业相同的水平了。

第二，这些行业必须普通状态，即所谓自然状态之中。

和平常水平相比，各种劳动的需求都是时大时小。劳动的收益，在前一情况会增高到普通水平以上，在后一情况则会减少到普通水平以下。在农村的锄草期和收获期，劳动的需求比一年中大部分时期都大，其工资也随着需求的增加而增高。在战争中，四五万原为商船服务的海员被征调为国王服务，这样，商船对海员的需求必然由于缺额而增加。而这时海员的工资，常由每月 21 ～ 27 先令上升到 40 ～ 60 先令。然而，日趋凋敝的制造业却正相反。因为许多劳动者不愿舍去原有职业，所以，即便他们所得的工资比应得的低，也只好自认满足。

资本利润随使用资本所生产商品的价格的变动而变动。当任何一个商品的价格上升到普通或平均价格之上的时候，为出售这商品而使用的资本就至少有一部分，其利润上升到原有水平之上；当价格下降时，利润也降到原有水平之下。一切商品的价格都或多或少地变动，但有的商品价格变动得比其他商品价格更频繁，幅度也更大。就人类劳动产品来说，每年所用的劳动量必然受每年需求的支配，以使每年平均产量都尽可能接近于每年平均消费量。前已述及，有些行业的同量劳动总会生产同量或几乎同量的商品。例如，在麻布或毛织品制造业，同一数量的劳动者，年年几乎制造同一数量的麻布或毛织品。所以，这类商品的市场价格变动只能是缘于人们对其需求上的偶然变动。国丧使黑布的价格增高，但人们对白色麻布及毛织品的需求几乎没有变动，所以其价格也几乎没有变动。但有些行业，使用同量劳动却未必都生产同量商品。例如，谷物、葡萄酒、啤酒花、砂糖、烟草的生产工作就是如此，同量劳动在各年中生产的数量大不相同。所以，这类商品的价格，不仅随需求的变动而变动，而且随数量方面更大和更频繁的变动而变动，因而变动也就非常大。而经营这类商品的一些商人的利润，必然随这类商品价格的变动而变动。一般投机商人大都做这类商品的生意。他们看到这种商品的价格将要上升就立即买入，看到它将要下落就立即卖出。

第三，这些行业必须是其从业者服务的唯一或主要的行业。

当一个人靠某一种职业谋生，而那职业并不占有他大部分的时间时，他往往就愿意在闲暇期间从事另一种职业。就算他由此所得的工资低于按照那工作的性质所应得，他也愿意接受。

在苏格兰许多地方，迄今还有称为农场雇工的那一种人存在，只是现在比数年前减少了。他们是地主和农场主的外佣工，通常从雇主那里取得的报酬是一间住宅、一片小菜园、一块足够饲养一头母牛的草地与一两英亩贫地。当雇主需要他们劳动时，他也许还每星期给他们约值16便士的2配克燕麦片。在一年中大部分时间，雇主或者需要他们干点小活，或是全不需要；而他们自己在小耕地上的劳动，也不会占去能由他自己随意支配的全部时间。所以，据说当这些雇工比现今多的时候，他们都愿意在闲暇时间以极少的报酬为任何人工作；也就是说，他们愿意以低于其他劳动者的工资劳作。在古代，这种雇工遍布欧洲。在土地荒凉而人口稀少的国家，要不是使用这办法，大部分的地主和农场主在需要特别多劳动者的农忙季节就不能获利。这类劳动者偶然得到的每天或每周的报酬，显然不是他们劳动的全部价格。他们的小块租用地在他们劳动的全部价格中占一个很可观的一部分。可是，那些收集古代关于劳动价格及食品价格的信息，并喜欢把这两者说得非常低的许多学者，似乎把这种劳动者偶然得到的每天或每周的报酬当作其劳动的全部价格了。

所以，这类劳动的生产物在市场出售的价格往往低于同类商品的普遍价格。苏格兰的许多地方，手织袜子的价格比任何地方机织袜子的价格都要低廉得多。那是因为手织袜子的劳动者都已从其他职业获得了主要的生活资料。谢德兰每年都有一千双以上的袜子销往利斯，其价格为每双 5～7 便士。我听说，在谢德兰群岛的小小首府利尔维克，普通劳动的工资通常是每天 10 便士。在那里，他们编织的精纺袜价值为每双 1 基尼以上。

在苏格兰，像织袜子一样，亚麻线纺织也是由主要做其他工作的雇工来进行的。这些人企图从两种工作中取得他们的全部生活费用，因为靠一种工作只能得到极微薄的生活费。在苏格兰，女纺工一星期能赚得 20 便士就算很不错了。

在富裕的国家，市场一般十分广阔，足以让任何行业的人运用他的全部劳动和资本。靠一种工作谋生，同时又从另一种工作获得微利的例子，主要发生在贫国。可是，下面多少与之相似的例子却是在一个非常富有的国家的首都发生的。我相信，在欧洲，没有一个城市的房租比伦敦更贵，但我也知道，要租用一套家具齐全的公寓，没有一个首都比伦敦更便宜。伦敦的公寓不仅比巴黎便宜得多，而且就同等质量的公寓而言，也比爱丁堡便宜得多。表面上似乎很怪的是，伦敦的房租贵正是它相对便宜的原因。伦敦房租昂贵，不仅是由于大国首都房租昂贵共同的原因，即劳动价格贵、建筑材料贵（一般需从遥远的地方运来），尤其是地租贵（每一个地主都是垄断者，对城市中 1 英亩品质不佳的土地索取的地租往往比乡下 100 英亩质量上乘的土地的租金更高），也是由于人们的特殊风俗和习惯，它迫使每一个租户必须租用自上到下的整栋房屋。一所住宅，在英格兰意味着在同一个屋顶之下的所有楼层，而在法国、苏格兰，以及欧洲其他许多地区，它常常只意味着单独一层楼房。一个商人在伦敦不得不租用他的顾源所在地段的一整栋房屋——店铺设在底层，他和家人则睡在阁楼上，他要出租中间两层给房客以负担部分房租。他期望靠生意而不是出租房间的租金来维持他的家庭生活。而在巴黎和爱丁堡，出租房屋给房客的人一般来说并无其他的生存手段；房客们的租金不仅须支付房租，而且须支付房东全家的生活费用。

第二节　源于欧洲各国政策而产生的差异

由此可见，即使在有完全自由的地方，如果缺少上述三项条件的任何一项，劳动和资本在不同行业的总体利害就必然有上述的那些不相等。但是，因为欧洲各国政策不让事物有完全自由的发展，所以有了比其他地方更多的差异。

欧洲各国政策主要是通过以下三种方式形成这样的差异的：第一，限制某些行业中参与竞争的人数，使之少于在自由状态下愿意进入这些行业的人数；第二，增加某些行业中参与竞争的人数，并使之超过在自由状态下愿意进入这些行业的人数；第三，限制劳动和资本自由流通，使之不能由一种行业转移到另一种行业，或由一个地方转移到另一个地方。

第一，欧洲各国政策限制某些行业中参与竞争的人数，使之少于在自由状态下愿意进入这些行业的人数。这使劳动和资本在不同行业的总体利害情况有了非常大的差异。

同业公会的排他特权是欧洲政策限制行业竞争人数的主要手段。

有同业公会的行业的排他特权，必然在特权设立的城市中只许那些有经营此业自由的人相互竞争。得到这种自由的必要条件，通常是在当地有一定资格的师傅门下做学徒。同业公会的规则偶尔会规定各师傅所收学徒的人数，但一般来说都会规定最短学徒年限。这两种规则的目的，在于限制该行业上的竞争，使从业人数少于不加限制时准备加入这行业的人数。规定学徒人数是直接限制竞争；而规定最短学徒年限增加了学习费用，也会间接限制竞争，取得同样的效果。

依同业公会规则，谢菲尔德的刀匠师傅，不得同时带一个以上的徒弟。在诺福克和诺里奇，一个织匠师傅只能同时带两个学徒，违者每月向国王缴纳 5 镑罚款。在英格兰任何地方，或在英属殖民地，一个帽匠师傅只能同时带两个学徒，违者每月罚款 5 镑，一半交国王，一半给在任何一个记录法庭检举的人。这两项规定虽然是由王国的一项公法加以确认的，但显然是受谢菲尔德制定规则的同业公会的排他精神的驱使。伦敦的丝织匠组织同业公会不到一年，就制定规则，限制该行业的师傅只能同时带两个学徒。后来，议会通过一项特别法律才废除了这一规则。

往昔，全欧洲大部分有组织的行业，似乎都把学徒期规定为七年。所有这样的组织，往昔都被称为"大学"（university），这也是任何组织的拉丁文原名，如铁匠大学，缝工大学，等等，在古代同业公会成立的特许状中常可看见。现今专称为"大学"的特殊团体在设立之初规定获得文学硕士学位所必需的学习年限，明显地是在模仿以往同业公会对学徒年限的规定。一个人如果想在普通行业中获得称师受徒的资格，就得在具有适当资格的师傅门下做七年学徒。同样，一个人想在文科成为硕士、教师或学者（这三者在从前是同义词），取得收受学生或学徒（这两者原来也是同义语）的资格，也同样得在具有适当资格的师傅门下学习七年。

伊丽莎白统治的第五年所颁布的通常所说的"学徒年限法令"规定：此后无论何人，至少须做七年学徒，否则就不许从事当时英格兰的任何行业。以前许多同业公会自己的规则，由此变成了英格兰所有城市行业中普遍的、公共的法律。虽然法律的文字很笼统，似乎是包括整个王国在内，但根据解释，它的效力只限于城市。因为，在农村，一个人可以从事几种不同的行业，尽管他在哪一种行业中都没有当过七年学徒，但为了居民的方便必须有这样的人；而且农村人口不多，不足以为每种行业提供足够的人手。

而按照这法令的严格解释，则其适用范围又只限于伊丽莎白统治的第五年之前在英格兰境内建立的行业，而没有扩大到以后建立的新行业。作为政策的规定，这种限制导致了几个愚蠢而可笑的差别。例如，马车制造者不得自行制造车轮，也不得雇人制造，他必须向车轮匠购买，因为车轮制造业是伊丽莎白统治的第五年之前在英格兰已有的行业。但即使没有在马车制造者门下做过学徒，车轮匠也可以自己制造马车或雇人制造，因为马车制造业在学徒年限法令颁布以后才在英格兰出现，所以不受该法令的限制。根据这种理由，在曼彻斯特、伯明翰和伍尔弗汉普顿等地的许多制造业就不受学徒年限法令的约束，因为它们是伊丽莎白统治的第五年以后在英格兰建立的。

就法兰西说，各个城市和行业的学徒年限有长有短。在巴黎，大多数行业以五年为期，但要想取得某种行业上成为师傅的资格，他就至少要再做五年帮工。在以后这五年间，他被称为师傅的伙伴，而这五年时间则称为伙伴期。

就苏格兰说，没有普遍规定学徒年限的法令。在不同的同业公会，年限并不相同。有的公会年限定得长，一般可通过支付小额款项来缩短期限。此外，在大多数城市中，只要支付极少款项便可买得任何同业公会的会员资格。而苏格兰的主要制造业劳动者，如亚麻布和大麻布的织工，以及附属于这类制造业的各种技工，如车轮制造者、纺车制造者等，无须支付款项即可在自治城市营业。在自治城市，在每周的法定日内，市民们都可自由贩卖牲畜肉。在苏格兰，学徒年限普遍为三年，即使在一些需要非常精细的技艺的行业也是如此。据我所知，欧洲各国的同业公会法律一般都不像苏格兰那么宽松。

劳动所有权是一切其他所有权的主要基础，因此这种所有权是最神圣不可侵犯的。一个贫民所有的世袭财产就是他的体力与技巧；而阻止他以合适而又不伤他人的方式去运用他的力量和技巧，就显然是对他最神圣的财产权的侵犯。这明显是对工人和可能有意雇用他的人的正当自由的侵犯。因为，这样一方面妨碍了工人按他认为合适的方式去工作，另一方面妨碍了其他的人按自己认为合适的方式去雇用他。对于雇用他是否合适的判断，肯定应由有重大利害关系的雇主去裁夺；而法律制定者假装担心他们雇用了不合适的人，显然是既无礼又苛刻的。

规定很长的学徒年限并不能保证不合格的制造品不会在市场出售。当出现这种产品时，一般是由于欺诈，而不是由于能力不足。最长的学徒年限也不能保证不出现欺诈事件。因此，必须有非常不同的法规来防止这种流弊。器皿上的纯度标志、麻布和毛织品的检验印记比任何的学徒法律更能使购买者放心。购买者一般只看这些标记，而从来不想去过问究竟制造工人有没有当过七年学徒。

长期学徒制并不一定使青年人养成勤劳的习惯。一个按件计酬的帮工可能是很勤勉的，因为他以自己的勤勉获得了全部好处。一个学徒可能是偷懒的，而且几乎总是在偷懒，因为他的勤勉与他没有直接的利害关系。在低级的职业中，劳动的快乐全在于获得劳动报酬。凡是能最早地享受到劳动快乐的人，也会最快地怀有对劳动的兴趣，从而早日养成勤劳的习惯。如果在长时期内不能从劳动得到好处，青年人自然会厌恶劳动。由公共慈善团体送去当学徒的儿童，其年限通常比一般人更长，结果是他们大多都变得非常懒惰无用。

古代没有学徒制度存在。在一切近代法典中，师傅和学徒间的各种相互义务都成为很重要的部分；但罗马法对这样的义务却只字不提。我们现在归诸"学徒"一词的概念，即在特定行业中，在师傅将传授这一行业的技艺给他的佣工的条件下，佣工必须在一定年限内为师傅的利益而工作，我无法从希腊文或拉丁文作品中找出相应字眼来加以表述。我敢断定，这两种文字的作品中没有这种概念存在。

漫长的学徒年限全无必要。比一般手艺高超得多的技艺，如挂钟和手表的制造，也并不含有需要长期教授的神秘技术。尽管这些精巧机器最初的发明工作，甚至用以制造这些机器的一些器具，无疑是经过长期与深刻思索之后才做出的作品，并且可以公正地称为人类发明才能最可喜的成果之一，但是，这些机器和器具一经发明，其中的原理一经理解，要详细地给青年人讲解怎样使用器具制造机器，大概就不需要几星期以上的时间，也许只要几天就已足够。就一般机械工艺说，几天一定就够了。虽然，要把一般机械工艺变成手上熟练的技巧，非有大量实践和体验不可，但是，一个青年如果一开头就作为一个帮工来工作，按他所完成的少量工作给予相应的报酬，让他对有时由于笨拙和缺乏经验而损坏的原料进行赔偿，那他就会更加勤勉，更加用心。这种方式对他的教育一般会更加有效，并且也不那么令人生厌和费钱。师傅会遭受损失，损失一个学徒七年的学徒工资；或许到头来，学徒自己也会遭受损失。在一个那么容易学的行业中，他会有更多的竞争者；当他成为一个完全的工人时，他的工资也会比现在少得多。竞争加剧既会减少雇主的利润，也会减少工人的工资；各行各业都会遭受损失。但是，公众将是获益者，因为这样一来，市场上所有工人的制造品全都要便宜得多。

同业公会及其大部分组织规则的设立，在于通过限制自由竞争来阻止价格的下降，进而阻止工资及利润的下降；因为自由竞争势必引起价格下降。以前，在欧洲多数地方设立同业公会，只需取得当地自治市政府的许可；而在英格兰，还需另外取得国王的特许状。不过，国王这种特权似乎不是为了防止这些垄断事业侵犯一般自由，而是为了要榨取臣民的钱财。一般地说，只要向国王缴纳若干数额的款项就很容易取得特许状。即使有技工或商人认为，不经国王特许而像同业公会那样团结行动对他们是有利的，这些当时所谓不正当的同业公会也未必会因此遭到取缔，只要每年向国王缴纳若干罚金，就会得到允许来行使夺取来的特权。一切公会及其自我管理规则都归当地的自治市政府直接监督。所以，对公会的管制通常不是来自国王，而是来自当地市政府这个更大的团体。

自治城市的管理权完全掌握在商人和工匠手中。像他们自己所说的，他们要防止市场上他们自己的产品供过于求，实质上就是要使市场总是供不应求。每一个阶级都渴望订立合适的规章去达到这个目的；只要一个阶级被允许，其他阶级也乐意这样做。由于有了这种规章，每一个阶级都不得不以比没有这种规章时略贵的价格向市内其他阶级购买自己需要的货物；但作为补偿，他们自己的货物也能同样卖得贵些。所以，他们认为有没有这种管制终归都是一样的。在市内各个阶级之间的交易中，没有一个行业因为这些规章而遭受损失。但在同农村的交易中，这种规章让他们都获利颇丰；而正是这种交易，构成了使每一个城市得到赖以生存和致富的全部贸易。

一切城市的生活资料与工业原料都依赖于农村。城市支付这些资料与原料的主要方法有二：第一是把那些原料中一部分加工制成成品送还农村；这样，那些物品的价格就因劳动工资、老板或直接雇主的利润而提高。第二，把由外国输入或由国内遥远地方输入城市的粗制品或精制品的一部分送往农村；这样，那些物品的价格就因水陆运输的劳动者工资及雇用这些劳动者的商人的利润而提高。由制造品获得的利益是城市的第一种商业得利，由对内及对外贸易获得的利益是城市的第二种商业得利。劳动者的工资及各种雇主的利润，构成了这两种商业得利的全部。所以，不论何种规则，只要会使这些工资和利润比之前有所增加，就会使城市能以较少的城市劳动量购买较多的农村劳动量。这样的规则，使城市商人和工匠享有比农村的地主、农场主及农业劳动者更大的利益，因而破坏了城市与农村在商业上应有的自然平等。因为社会劳动的全部年产品，每年都是在城市居民和农村居民中间分配的。由于有了这样的规则，都市居民就享有比之前更大的份额，而农民却只享有较小的份额。

城市对每年输入的食物和原料所支付的真实代价，就是每年输出的制造品和其他货物的数量。输出品越贵，则输入品越便宜。于是，城市的产业变得更有优势，而这对农村的产业则更不利。

我们不必对此进行精细的计算，一种非常简单和明显的现象就可以使我们信服——欧洲的城市产业处于比农村产业更有利的地位。在欧洲的每一个国家，我们都可以看到，由小本经营商业和制造业这种城市产业起家而最终发大财的人数，与由改良和耕作土地以生产天然产物这种农村产业起家而最终发大财的人数，两者的比例仅为100∶1。城市产业的报酬要比农村产业的优厚些，因此其劳动工资和资本利润也明显要高些。而资本和劳动自然会寻求最有利的机会。因此，它们自然会尽可能地离开农村、流入城市。

城市居民群集一地，能够很容易地团结在一起。结果，在某些地方，都市中最小型的手工业也有同业公会；即便在完全没有公会的地方，他们也都有这种公会精神，即有排他心理，不愿意收学徒和把工艺上的秘密传授别人。这种精神往往能使他们通过自愿结合而订立协约的方式，来阻止不能用规章来禁止的自由竞争。劳动者人数有限的行业最容易形成这类结合。比如，供应上千名纺工和织工所需原料的梳毛工，也许不过六个人；通过联合起来不收学徒的做法，这些梳毛工不仅能够垄断整个梳毛业，使之成为他们的奴隶，而且还能抬高他们的劳动价格，使之大大超过其工作应得的工资。

农村居民分散在相隔很远的地方，不容易联合起来。他们从来没有组织过同业公会，而且也从没有受过同业公会精神的影响。尽管农业是农村最庞大的行业，但从来没有人认为要先当学徒，然后才有资格从事农业。可是，除了所谓艺术和自由职业以外，或许没有一个行业像农业这样，要求有这么种类繁多的知识和经验。各种文字写出的有关农业的书籍，可以使我们相信，在最聪明、最有学问的国民中，从来没有人把农业看作很容易懂的事情。然而，从这些书籍中，我们很难找到普通农民都能掌握的各种复杂的农业操作知识；其中，一些十分可鄙的作者谈到普通农民时是何等轻蔑啊！反之，在普通的机械行业中，很少有全部操作技巧不能用几页的小册子清楚说明的，因为这些内容用文字再附上图表就可以表明。当今法国科学院出版的工艺史书籍中，有几种实际上就是以这样的方式说明的。此外，在农业中必须随天气变化和各种意外事件而调整的操作方法所需的深思熟虑，要远远多于永远相同或几乎永远相同的操作方法。

不仅农夫的手艺，即一般的农事操作方法，甚至农村的许多低级劳动部门，也要求有比大多数机械行业更多的技能和经验。用铜和铁作为工作对象的人，他们使用的工具和原料的性能总是一样，或者几乎是一样的。但是，用一组马或牛去犁地的人，马或牛的健康、力气和脾性在不同的情况下会非常不同，他使用的原料的状况也一样变化多端；二者均要求用更多的判断和思考去处理。普通的犁地的人一般被认为是愚钝无知的人；但在这种对耕作的判断方面，他们却很少是不合格的。诚然，他不像住在城市的机械工那样，习惯于社会交际。他的声音和语言比较粗鲁，没有听惯的人比较难于理解。然而他的理解力，由于习惯于考虑事物的多变，一般比工人要高明得多，工人的注意力从早到晚一般都集中在从事一两种非常简单的操作上。凡是由于业务或好奇心而曾经和这两种人深谈的人，个个都十分清楚农村的下层人民比城里的人要高明多少。所以，在中国和印度，农村劳动者的地位和工资，据说比大多数工匠和制造业者的地位和工资都高。如果不是由于同业公会法律和同业精神的阻止，他们的地位和工资在其他各国也都会是那样。

不过，欧洲的城市产业比农村产业更有优势这一点，并不完全是由于同业公会及其法规的存在，其他许许多多的规定也跟着助长了这种优势。对外国制造品和外国商人输入的一切货物收取的高额关税，都在助长这种优势。同业公会法规使城市居民能够抬高他们的制造品的价格，又不必忧虑农村居民通过自由竞争降低其价格同样，其他的规定也使城市居民不怕外国人的竞争。不论何处，由这两种法规而产生的高价格都由农村的地主、农场主和劳动者负担。他们几乎未曾反抗这种有垄断权的组织。他们通常不想相互联合，也不适合相互联合；商人和制造业者的宣传和诡辩很容易说服他们，使之相信社会中一部分私人利益就是全社会的利益。

以前在大不列颠，城市产业相对于农村产业的优越地位似乎比在现在更高。据说，比起上个世纪或本世纪初的情况来，现在农村劳动的工资更接近于制造业劳动的工资，在农业中运用的资本的利润更接近于贸易和制造业资本的利润。这种变化可以看作特别鼓励城市产业的必然（虽然是迟到的）结果。在城市产业中积累的资本到头来是如此巨大，以致不能再在城市特有的各种产业中获得往昔的利润。像其他产业一样，城市产业也有自己的限度；增加资本就会增加竞争，必然会减少利润。城市利润的降低迫使资本流入农村，通过创造对农村劳动的新需求，抬高它的工资。于是，资本自行扩散到乡间，在农业中运用，因而部分地回到了农村，而它大部分原先就是靠牺牲农村，在城市积累起来的。我将在下文说明，欧洲各处农村最大的改良，就是由于最初在城市积累的资本这样的流入；同时说明，虽然有些国家通过这种过程获得了更多的财富，但是这种过程本身却是缓慢的、不确定的，很容易受到无数意外事故的干扰和阻挠，在每一方面均与自然和理性的秩序相反。在本书第三篇和第四篇，我将尽可能详尽而明白地说明造成这种情况的利益、偏见、法律和风俗习惯。

即使为了娱乐或消遣，同业者们也很少聚集在一起，而他们谈话的结果，往往不是阴谋对付公众，便是筹划抬高价格。通过可行的或不违反自由和正义的法律来阻止同业者这样的集会是办不到的，但法律不应该纵容这种集会，更不应该使这种集会非举行不可。

要求城市中从事同种行业的人都把姓名和住址信息登记在公共登记簿的规则，就使这种同业集会易于举行。因为这把本来也许无法彼此结识的个人联系起来，并使同种行业的每一个人都能借此获知其他同行的住址。要求同种行业的人有权组织起来向自己征税，以救济同行中的贫者、病者，以及孤儿、寡妇的规则，使他们要处理一个共同的利益问题，就使这样的集会非举行不可。

同业公会不但使这种集会成为必要，而且使多数人通过的决议案对全体同业者都具有约束力。就自由行业说，除非同业者全体同意，否则不可能结成有效的组织。一旦这组织中有人意见不同，那么组织就不能继续存在。同业公会能依多数人通过的决议制定规则，并附有适当的惩罚条款，因此它限制竞争的作用比任何自由结合都更为有效持久。

有人说为了更好地管理行业，就必须有同业公会。这种说法毫无根据。对工人实行的真实而有效的监督不是来自他的同业公会，而是来自他的顾客。正是由于对丧失顾客的恐惧，他才不敢造假和疏忽，而一个排他的同业公会必然会削弱这种监督的力量。因为这种同业公会必须使用某些特定的工人，不管他们是好是坏。正是由于这个缘故，在许多大城市中找不到像样的工人，即使在某些最必要的行业中也是如此。如果你想买到尚可接受的物品，就要去郊区，那里的工人没有特权，只能依赖自己产品的质量，然后再把产品尽可能地偷运进城市。

正是通过这种方式，欧洲各国的政策限制某些行业中参与竞争的人数，使之少于在自由状态下有意进入这个行业的人数，在不同行业的劳动和资本的总体利害形成了一种非常重大的差异。

第二，欧洲各国的政策增加了某些行业中参与竞争的人数，使之超过了在自由状态下愿意进入这些行业的人数，因而使劳动和资本在不同行业的总体利害有了与上述内容不同的差异。

人们认为，给某些行业培养适当数目的人才是非常重要的。所以，公共团体或热诚的私人基金捐助者设置了许多助学金、奖学金、贫困学生津贴，等等。结果，这些职业的从业人数大大超过了自然的限度。我相信，一切基督教国家，大部分牧师的教育费都是以这种方式支付的。完全自费受教育的人并不多见。而那些自费受教育的人，所花的长久时间和巨大费用，以及所下的苦功，最终未必都能获得相应的报酬，因为教会中挤满了愿意接受比他们应得报酬低得多的报酬的人。这样，富者应得的报酬就因贫者的竞争而被剥夺。虽然，我们把教区牧师助理或教堂牧师同一般行业的帮工比较未免有失体统，但教区牧师助理或教堂牧师的薪水与帮工的工资，却可正当地视为具有同一性质。这三种人，都按他们和其上司所订的契约获取工作报酬。按照几次全国宗教会议所公布的规定，英格兰教区牧师助理的薪水直到十四世纪中叶还是 5 马克，所含白银和现今 10 镑货币所含的大约相同。在同一时期，泥水匠师傅的工资是一日 4 便士，泥水匠帮工的工资是一日 3 便士；前者所含白银和现今 1 先令所含的相同，后者相当于现今 9 便士。所以，这两种劳动者，假如能持续被雇用，其工资就比教区牧师助理的优越得多。假若泥水匠师傅每年有 2/3 的时间劳动，其所得工资就和教区牧师助理的薪水相等。安妮女王统治的第十二年颁布的第 12 号法令宣称："由于牧师助理没有得到足够的生活费和奖励，有些地方出现了牧师助理人数不足的情况，故特授权各地主教签字盖章，发放足够维持这些人生活的薪水或津贴，每年不得超过 50 镑，不得少于 20 镑。"从现在来看，教区牧师助理年收入 40 镑的就算非常优裕。尽管上述法令限定年薪不得少于 20 镑，许多教区牧师助理每年的薪水仍少于 20 镑。伦敦制鞋的帮工，有的每年可得 40 镑；整个城市中，任何种类的勤勉劳动者，每年所得几乎都在 20 镑以上。当然，许多教区普通劳动者所得的数额通常超过 20

镑。无论什么时候，要是法律企图规定工资，其结果总是使工资减少，而不是使它增高。可是，法律曾经好多次企图抬高教区牧师助理的工资，并为保持教会的尊严，命令教区的执事牧师要给教区牧师助理以超过他们甘愿接受的极微薄生活费的报酬。在这两种情况下，法律似乎都不发生效力，既没有能提高牧师助理的工资，也没有能将劳动者的工资降低到意想的程度。法律不能阻止牧师助理愿意接受比法定薪水更低的待遇，这是由于他们处境贫困和竞争者人数众多。同样，法律也不能阻止工人接受比法定薪水更高的待遇，这是由于那些希望通过雇用他们得到利润或快乐的人之间也存在着竞争。

教会低级神职人员非常穷困，但高级神职人员优异的圣俸和其他教会中的尊严却能保持教会的崇高地位。而且，这种职业所受到的尊敬正好补偿低级神职人员货币报酬的低微。在英格兰及一切罗马天主教国家，在教会这一"彩票"上所得到的好处要比所需要的多得多。苏格兰、日内瓦，以及其他一些新教教会的实例使我们确信，就一个有那么高声誉而受教育机会又是那么容易取得的职业来说，能获得一般圣俸的希望吸引了相当多有学问和品行端庄之士进入这个行业。

如果没有固定收入的律师和医师也像神职人员一样，有那么多的人由公费教育，那么这些职业上的竞争不久就会变得非常激烈，大大削减他们金钱上的报酬。这样一来，以自费的方式让子女接受从事这些职业的教育就变得不值当。这些职业，将完全由公共慈善团体所培养的人士担任。他们人数众多而且贫穷，一般都满足于极微薄的报酬。结果，律师和医师这些职业就不能像现在这样受尊重。

通常被称作"文人"（men of letters）的那种不得意的人，正处于在上述假设下律师和医生或许将要落到的境地。在欧洲，他们中间大多数人接受教育都是为了进入教会，但由于各种原因未能获得圣职。他们一般都是公费教育，而他们这种人又到处都是，所以他们劳动的价格通常也就极其低廉。

印刷术发明以前，文人可以靠其才能获取报酬的唯一职业就是担任公职或私人教师。换言之，把自己学得的奇妙而有用的知识传授他人。比起印刷术发明以后为书商写文章的职业，这种职业的确是更光荣、更有用，而且一般地说，更有利可图。但成为一个出色的教师所需要的研究时间、天资、知识和勤勉，至少与著名律师和医师相同。然而，出色的教师得到的报酬通常比不上普通的律师和医师所得的报酬。因为前者的职业挤满了靠公费受教育的穷苦的人，而后者的职业，则由自费受教育的少数人担任。不过，虽然现今公职或私人教师通常的报酬很少，但如果那些为面包而卖文章的更贫苦的文人加入竞争，这些教师的报酬无疑会变得更少。在印刷术发明以前，学生和乞丐几乎是同义词。当时各大学的校长似乎常常允许他们的学生到校外乞讨。

在从前还没设置奖学津贴以使贫困子弟接受这些行业的教育时，优秀教师的报酬似乎比上述更多。在所谓反诡辩学派的演说中，苏格拉底曾谴责当时的教师言行不一。他说："他们对学生夸口许诺，说要把学生训练成为有智慧、幸福和公正的人，但对这样重大的功劳，他们只要求四五迈纳那么点儿报酬。"他继续说："教授别人智慧的人，自己无疑地应当是有智慧的。但是，一个人以这样低的价格出卖如此高等的商品，肯定会被当成大笨蛋。"在这里，苏格拉底对当时教师的报酬的确没有夸张的意思。我们可相信，当时教师的报酬，正是他所说的那么多。4迈纳等于13镑6先令8便士；5迈纳等于16镑13先令4便士。可见，当时在雅典，通常付给大多数优秀教师的报酬一定不少于这两个数目中最大的一个。苏格拉底本人要求每个学生付给他 10 迈纳，即 33 镑 6 先令 8 便士。当他在雅典讲学时，据说有 100 个学生。我认为这是他在一轮讲学时的学生数目，即我们所称的包括多次授课的一期课程的人数。在雅典这样一个大城市，这样一位有名的教师，而他所讲授的又是当时所有科学中最时髦的科学，即修辞学，有这么多学生并不奇怪。因此，他每讲授一期课程，一定赚到了 1000 迈纳，即 3333 镑 6 先令 8 便士。因此，普卢塔克在别处说，1000 迈纳是苏格拉底的讲课费，或通常的讲授价格。在那个时代，其他许多优秀的教师似乎都获得了大笔财产。高尔吉亚曾用纯金铸成自己的人像赠送德尔菲神庙。当然，我想我们不应认为，这个人像和他本人一样大。柏拉图说，高尔吉亚和当时另外两个优秀的教师希庇亚斯和普罗塔哥拉的生活相当奢华。据说，柏拉图自己也过着极为奢华的生活。一般认为，亚里士多德在担任亚历山大的导师以后，接受了亚历山大和他父亲腓力给予的优厚报酬，但他仍然回到雅典，恢复在学园讲课。在那个时候科学教师的人数或许比一两个世代之后少。后来，竞争或许使他们劳动的价格和人们对他们的景仰略微减少。可是，其中最优秀的人似乎总是享有一定程度的尊敬，远远超过现今同一职业中的任何一个人。雅典人将学园派的卡涅阿德斯和斯多葛学派的第欧根尼作为庄严的使者送往罗马，虽然他们的城市已经从昔日的辉煌中衰落，却仍然是一个独立而重要的共和国。卡涅阿德斯还是一个出生在巴比伦的人，鉴于没有一个民族比雅典人更加忌讳外国人担任公职，这足以说明他们对他的景仰程度甚高。

从整体看来，上述那样的不平等对社会大众也许是利多害少。虽然公职教师的地位不免因此稍稍降低，但是文科教育费用低廉肯定是一种好处，大大抵消了这种微不足道的不方便。如果在欧洲的大部分地区，负责教育工作的学校和学院的体制比现今更为合理，那么公众获得的好处就可能更大。

第三，欧洲各国的政策限制劳动和资本自由流通，使之不能由一种行业转移到另一种行业，或由一个地方移转到另一个地方，从而使劳动和资本在不同行业的总体利害有时候出现非常不便的差异。

学徒法令限制劳动的自由流通，使劳动在同一地方不能由一种行业转到另一种行业；同业公会的排他特权限制劳动的自由流通，使劳动在同一行业不能由一个地方转到另一个地方。

常常发生这样的事情：当一种制造业给予工人高工资时，其他制造业的工人仍然不得不甘心接受最低的生活费。前者处于进步的状态，因而不断要求增加新手；而后者则处于衰落状态，人手过多的情况仍在不断加剧。有时这两种制造业可能在同一城市或相邻的两个地区，却不能彼此帮助。在这些情况下，学徒法令和同业公会特权均起阻碍作用。然而，由于许多不同的制造业的操作步骤十分相似，如果没有这些荒谬的法令，工人们是很容易相互换行业的。例如，织素麻布和织素丝绸的技术几乎完全相同，织素毛织品的技术有不同，但差别不大；因此，一个麻织工或丝织工可以在几天之内勉强学会织毛织品的技术。因此，如果这三种城市制造业中有任何一种正在衰落，工人们就可以在其他两种比较兴旺的制造业中找到工作；工人的工资在兴旺的制造业中不会升得太高，在衰落的制造业中也不会降得太低。由于一项特殊的法律，麻织业在英格兰是对任何人都可以就业机会的；但是，由于麻织业在全国大部分地区没有得到发展，它对其他处于衰落状态的制造业的工人也不能提供就业机会。这些工人在学徒法令生效的地方，除了请求教区救济或充当普通劳工以外，别无选择。不过，按照他们的习惯，他们更适合于在与自己原属行业类似的任何一种制造业中工作，而非当普通劳工。因此，他们一般选择向教区请求救济。

限制劳动自由流通的东西也同样限制资本的自由流通。因为，一种行业上所能使用的资本量，在很大程度上取决于这行业所能使用的劳动量。不过，同业公会法规限制资本由一地移到另一地自由流通的程度，小于它限制劳动自由流通的程度。不论何处，富裕的商人在自治城市中获得经商的特权，比贫穷的技工在自治城市中获得劳作的特权容易得多。

我相信，用同业公会法规限制劳动的自由流通是欧洲各地共有的现象；而据我所知，用济贫法限制劳动的自由流通却是英格兰特有的现象。自济贫法实施以来，贫民不得在所属教区以外取得居住权或工作的机会。同业公会法规限制的只是技工和制造工人劳动的自由流通，而济贫法限制的却是一般劳动的自由流通。该法导致英格兰社会混乱，恐怕是错误最严重的政策，值得我对它的产生、发展和现状略加叙述。

英格兰贫民一向是靠修道院施舍，修道院被破坏的结果就是贫民得不到这种施舍。后来，虽然几经设法救济，也均无效果。伊丽莎白女王统治的第三十四年颁布第2号法令规定，各教区有救济其贫民的义务，每年应选定贫民救济委员，他应会同教会执事征收足以供应此种用途的教区捐税。

按照该法令的规定，各教区都不得不扶养教区内的贫民。但一个人怎样才算是教区的贫民呢？这就成为一个相当重要的问题。在一定时间内，这个问题各有不同答案，最终由查理二世统治的第十三年和第十四年颁布的法令予以确定：任何人在任何教区连续居住了40天时，即应获得户籍；但在此期间，两个治安官根据教会执事或贫民救济委员的申诉，有权勒令任何新居民回到他最后合法定居的教区；除非，他租用了每年租金 10 镑及以上的住房，或是能提供治安官们认为足够的保证金，担保他放弃原居住教区的户籍。

据说，这项法令导致了一些弄虚作假的行为。有些教区官员有时会买通自己教区的贫民，使之秘密去另一教区潜居 40 天，以取得该教区户籍，从而放弃他本来所属教区的户籍。于是，詹姆斯二世统治的第一年的法律规定，任何人连续居住 40 天即应获得户籍的规定，只应从他将载有家庭住址和家属人数的书面声明送交教会执事或贫民救济委员的时候算起。

然而，教区官员在自己教区的行为，未必总是比他们对其他教区的行为更诚实。对于潜入教区的人，他们有时只是默许，接受书面声明，而不是进行相应的核实流程。由于教区居民为了自身利益，都想尽可能地阻止这样潜入的人，所以在威廉三世统治的第三年，又有以下的规定：那 40 天居住期，只从书面声明于星期日在教堂做礼拜并公示之日算起。

伯恩博士说："通过公示书面声明再继续居住 40 天而获得户籍的人寥寥无几。这种法令的目的不是使迁居获得户籍，而是使人不能潜入教区，因为递交书面声明只是给了教区迫使他迁回原教区的力量。如果一个人的情况使他的去留悬而未决时，他提交的书面声明就可迫使教区要么让他继续居住 40 天，毫无疑问地给予他户籍；要么就冒险违法，让他离开。"

因此，这种法令，使贫民几乎不可能按连续居住 40 天的老办法获得新户籍。为使一个教区的普通人不致因这法令而不能在另一个教区安家立业，又规定了无须递交或公示书面声明也能取得户籍的四种办法：

一、在教区按税率缴税；二、被推选为一年任期的教区官员，并供职一年；三、在教区当学徒；四、被教区雇用，为期一年，而且在这一年内连续做同一工作。

除了由教区采取公共行动，任何人均不能用头两种办法取得户籍。而教区的人都深知，通过课征教区税捐或选任教区公职去接纳一个除劳力以外一无所有的新来者，其后果如何。

凡是结过婚的人都不能通过后两种办法取得户籍。学徒很少是结过婚的；法律特别规定，凡是结过婚的佣工不能因雇用一年而获得户籍。采用因雇用而给予户籍这个办法的主要后果，就是在很大程度上减少了古老的一年期的雇用方式。这以前在英格兰是一种习惯，甚至今天还是如此。如果没有商定具体期限，法律默认每个佣工的受雇期限是一年。但雇主们常常不愿意因这种雇用方式而给予其佣工户籍，而佣工们也不愿意以这种方式被雇用。由于每一个后来取得的户籍会注销以前所有的户籍，佣工们可能因此丧失在他们老家（即他们的父母和亲戚居住地）的原有户籍和相应的居住权利。

显然，没有一个独立的工人——不论他是普通劳工还是工匠——能通过做学徒或被雇用而获得新户籍。因此，当这样一个人带着他的技能来到一个新教区时，不论他是多么健康，多么勤勉，他都会被任何一个教会执事或贫民救济委员勒令离去。除非，他租用了每年租金10镑的房屋，这对一个只能靠劳动为生的人来说是不可能的，或是能提供治安官认为足够的保证金，担保他放弃原教区的户籍。治安官要求多少保证金完全凭他们说了算，但不会少于30镑。因为法律规定，购置不到30镑自由持有的不动产不能使一个人获得户籍；因为这个金额不足担保他不会成为教区救济的对象，也就是负担。然而，几乎没有靠劳动为生的人有能力支付这个数额的保证金，何况他们还常常被要求支付数额更高的保证金。

为了在一定程度上恢复那几乎完全被上述法令所剥夺的劳动的自由流通，当局想出了发证书的办法。威廉三世统治的第八年及第九年的法令规定，不论是谁，只要持有他最后合法居住的教区发给的证书，由该区执事及贫民救济委员签名、两名治安官认可，那么任何教区都有收留他的义务，也不得以他可能成为教区的负担为由勒令他离开；而在他被勒令离开的这种情况下，发给证书的教区要负担其迁移费和其间的生活费。为使持证者要居住的教区更有保障，这一法令又规定：移居者须租有一年 10 镑租金的土地，或自行给教区服务满一年，才能取得户籍。这样，他就不能通过递交书面声明、被雇工作、做学徒或在教区缴税而取得户籍。安妮女王统治的第十二年的法令进一步规定，持有这种证书在某教区居住的人的佣工或学徒，都不能在该教区取得户籍。

这种方法在多大程度上恢复了几乎完全被迁居法令剥夺的劳动的自由流通，我们可以从伯恩博士明智的判断中得知一二。他说："教区当然有种种理由责令新来者携带证明书。持有证明书而来居住的人，不能通过做学徒、被雇用、递交书面声明或在教区缴税而取得户籍。他们的学徒和佣工也不能取得户籍。如果他们变成了教区的负担，教区当然知道要把他们迁到什么地方去，而且要担负他们的迁移费及其间的生活费。如果他们病了，不能迁移，发证的教区须照料他们。以上这些都非有证书不可。然而，领证书的人大有迁回的可能，而他们迁回时的境况会比从前还要差。所以，教区核发证书时会更加谨慎。"伯恩博士这段话的意思似乎是，贫民要迁入的教区应当要求他们交证书，而贫民要迁出的教区却不应当轻易核发证书。这位极有才智的学者在他所著的《济贫法史》中又说:"核发证书这件事会造成许多残酷的事实。它使教区职员有权力把贫民终身幽禁;即便贫民在不幸获得户籍的地方继续居住是那么不利,而他自己所要迁往的地方是那么有利;如果无法获得证书,他也寸步难行。"

虽然证书只能证明领证者所属的教区,并不能证明领证者的行为良好,但这证书核发与否完全是由教区职员自行裁决的。据伯恩博士说,有一次,有人向高等法院建议,颁发强制令以迫使教区执事及贫民救济委员签发证书,但被高等法院视为非常怪异的建议而遭到拒绝。

在英格兰,我们常常发现相距不远的地方劳动价格有很大差异,这或许是由于上述法令阻止有手艺而没有证书的贫民从一个教区迁往另一教区造成的。诚然,一个又健康又勤勉的单身汉有时受到宽容,没有证书也能住下来。但是,如果一个带着妻子儿女的人想要这样做,在大多数教区肯定会被遣走;当单身汉结婚以后也是一样。因此,在英格兰,一个人手缺乏的教区,不能总是从另一个人手过剩的教区得到支持;可是,在苏格兰,以及所有没有定居困难的国家,情形通常不是那样。在这样的国家,虽然,大城市的邻近地区或对劳动有特别需求的地方,工资可能有时略有上升,而随着距离增加,又逐渐下降,直至落到一般农村地区的水平。但是,邻近地区的工资从未有像英格兰那种突然的、难以理解的差别。在英格兰,一个贫民要跨过教区的人为边界,有时比跨过大海或高山的天然边界更加困难(大海或高山有时分隔两个国家,使之形成非常不同的工资率)。

强迫一个没有犯过任何罪的人迁出他所居的教区,显然是侵害天赋自由与正义。英格兰人即使那么看重自己的自由,也像其他大多数国家的人一样,从来不知自由究竟是何物,而在一百多年间一直甘受这种压迫而不加补救。尽管有思想的人有时也抱怨户籍法给公众带来苦难，但它从来没有成为公众高声反对的对象，像反对通用搜查证那样；后者虽然无疑是一项过分的做法，但不可能形成普遍的压迫。我敢说，英格兰年届 40 岁的贫民，很少没有在一生中感受过这种拙劣的户籍法的残酷压迫的。

我将以下面的话结束这漫长的一章。虽然，以往常常规定工资的，首先是推及全国的一般法律，然后是每一个郡的治安官的特别命令，但这两种办法现在已经完全废止了。伯恩博士说："四百余年来的经验告诉我们，把性质上不允许严格限制的东西硬加厘定的做法，现在应该废止了。如果所有同业工人都拿同额工资，一切竞争都会停止，而勤劳或才智也将失去施展余地。"

然而，时至今日，个别法案有时还企图规定个别行业和个别地方的工资。乔治三世统治的第八年的法令规定，除国丧情况之外，伦敦及其附近 5 英里以内的裁缝雇主每日不得支付 2 先令 7 便士以上的工资，而其雇工也不得接受超过此金额的工资，违者予以重罚。每当立法机关试图管控雇主与工人之间的工资差异的时候，总是以雇主为顾问。因此，当规定于工人有利时，它总是正当而公平的；当其于雇主有利时，则不是这样。例如，规定不同行业中的雇主用货币而非货物支付他们工人的工资的法律是十分正当和公平的。它没有给雇主们造成真正的困难，只是规定他们用货币支付他们试图用货物支付的价值。这项法律是有利于工人的。但乔治三世统治的第八年的法律则有利于雇主。当雇主们联合起来以减少其工人的工资时，他们通常订立私下的同盟或合同，不给予某数目以上的工资，违者予以处罚。而如果工人进入一种相反的联合，规定不准接受某种工资，否则予以处罚，法律却会极其严厉地惩罚他们。如果法律公平对待雇主与工人，那它也应如此惩罚雇主。但乔治三世统治的第八年的法律强制推行雇主们有时通过联合试图建立的那种规定。劳动者常常抱怨这法律，说它把最有能力和最勤勉的劳动者和普通劳动者同样看待，这种抱怨完全有根有据。

此外，以前常常通过规定食品及其他物品的价格来限制商人的利润。就我所知，面包的法定价格是这种古老习惯的唯一遗迹。在存在具有排他特权的同业公会的地方，规定首要的生活必需品的价格或许是正当的。但在没有这种组织的地方，竞争会比任何法定价格调节得更好。乔治二世统治的第三十一年的法令建立的规定面包价格的方法，由于法律上的瑕疵，在苏格兰就不能实行；它的执行依靠市场管理员的工作，而苏格兰没有这种职员，直到乔治三世统治的第三年才弥补了这种瑕疵。没有法定价格的时候并没有明显的不便，如今实行法定价格的少数地方也没有明显的好处。不过，在苏格兰的大多数城市都有面包师的同业公会，他们要求享有排他特权，只是这些特权没有受到法律十分严格的保护。

我在上文已经指出，劳动工资与资本利润在不同行业之间的比例，似乎没有受到社会贫富和社会的进步、停滞或衰落状态的很大影响。这种公共福利方面的重大变化，虽然影响了一般工资率和一般利润率，但最终必然在所有不同行业中产生同等的影响。因此，不同行业劳动工资与资本利润的差异比例，至少在相当长的时期不会因上述变化而变动。

第十一章　论地租

作为使用土地所支付的价格，地租自然是承租人基于土地的实际情况所能支付的最高价格。在确定租约条件时，地主力图争取土地产物，留给承租人的份额，仅是足以维持其用来提供种子、支付劳动、购买和维持牲畜及其他农具的资本，连同本地区农业资本的普通利润。这显然是承租人所能满意而又不受损失的最小份额，地主无意留给他更多的东西。超过这个份额的那部分产物或其价格，地主自然想要留给自己。因此，地租显然是承租人基于土地实际情况所能支付的最高价格。尽管，有时由于存心宽大，更经常是由于无知，地主会接受比这一数额略低的地租；同样，有时也由于无知，承租人会支付比这一数额略高的地租，即甘愿承受比当地农业资本普通利润略低的利润。但这一数额仍可视为土地的自然地租，而所谓自然地租，当然是大部分出租土地应得的地租。

也许有人认为，土地的地租只不过是地主用来改良土地的资本的合理利润或利息。无疑，有些时候可说是这样，但更多时候却不是如此。地主对于未经改良的土地也会要求地租，而所谓改良费用的利息或利润，一般只是这原有地租的附加额。而且改良土地，未必都由地主出资，有时是由承租人出资。然而，即使如此，在续订租约时，地主通常仍要求增加地租，好像改良是由他出资进行的一样。

地主有时也会对完全无法进行人工改良的土地要求地租。大型褐藻是一种海草，在烧过以后，能提供一种碱盐，可以用于制造玻璃、肥皂及其他东西。它生长在大不列颠的几个地区，特别是苏格兰沿海处于潮位标志以下的那些岩石上。这些岩石每天两次受海水浸泡，从来不能用人工去增加产量。可是，地主对他在海岸附近长有大型褐藻这种天然利益的土地，也像对其谷地一样，要求地租。

　　谢德兰群岛附近，极为丰富的海产成为当地居民食粮的大部分来源。但是，居民要从海产获利，就不能不住在近海地带。因此，该地地主所收的地租，就不只和农民由土地所能获得的利益成比例，而是和他由土地和邻近海域这两方面所能获得的利益成比例。这种地租有一部分是以鱼交纳的。商品的价格中含有地租是很少见的，而我们在这个地方就可以看见。

　　因此，地租作为使用土地而支付的价格是一种垄断价格。它根本不同地主为改良土地可能使用的资本成比例；或者说，它不同地主所能收取的成比例，而是同农场主所能支付的成比例。

　　通常能送往市场的那部分土地产物，其普通价格必须足以偿还将其送往市场所运用的资本及其普通利润。如果普通价格超过此数，其剩余部分自然就是地租；如果不足此数，商品虽然仍可送入市场，却不能为地主提供地租，而价格高低取决于市场需求。

　　有些土地产物的市场需求，总是使它们的售价超过将它送往市场的原价，另一些土地产物则未必总卖得这种较高的价钱。前者总是能为地主提供地租，后者则时能时不能。这要依不同的情况而定。

　　所以，我们应当注意，地租成为商品价格构成部分的方式和工资与利润是不同的。工资和利润的高低是价格高低的原因，而地租的高低却是价格高低的结果。商品价格有高有低是因为在商品送往市场的过程中所必须支付的工资与利润有高有低。但商品能提供高地租还是能提供低地租，或者不能提供地租，却是因为商品价格有高有低；而正是由于价格有高有低，可能比足以支付这些工资和利润的数目高出许多、高出一点点或不高不低，才使支付的地租或高或低，或根本没有。

本章分为三部分，特别要探讨三点：第一，总能提供地租的土地产物；第二，有时能提供有时不能提供地租的土地产物；第三，这两种不同的天然产物在相互比较和同制造品比较时，在不同的改良时期自然产生的相对价值的变化。

第一节　论总能提供地租的土地产物

像其他动物一样，人类自然而然地与生活资料的多少成比例地繁衍，所以总是需要一定数量的食物。食物总能购得或支配或多或少的劳动，也总能找到愿意为获得食物而做些事情的人。当然，食物所购得的劳动量，并不总是等于按照最节约的方式进行管理时所能维持的劳动量，这是由于有时给予劳动的工资过高，但它总是能购得按照当地一般维持劳动的比率所能维持的劳动数量。

就几乎任何位置的土地说，它产出的食物除足够维持使它进入市场所需的劳动（按最慷慨的方式算）外，还有剩余。而这剩余又不只足够补偿雇佣劳动的资本及其利润，还留有作为地主地租的余额。

挪威和苏格兰的最荒凉的旷野中有一种适合放牧的草地。牛奶和繁殖幼畜所得的利益，除了足以维持饲养所需要的全部劳动，以及支付农场主或畜群所有者的普通利润以外，还可为地主提供少量地租。地租随草地质量的提高而增加。同一面积中的优质土地不但能维持数量较多的牲畜，而且由于它们集中在较小的范围内，饲养和收集其产品所需的劳动也较少。产品增加了，必须用产品去维持的劳动减少了，地主在这两个方面都能得到利益。

不问土地产物如何，其地租随土地肥沃程度而有所不同；不问其肥沃程度如何，其地租又随土地位置而有所不同。城市附近的土地，比偏远地带同样肥沃的土地，能提供更多的地租。虽然耕作偏远地区的土地所费劳动量与耕作城市附近的土地所费劳动量相同，但偏远地区产物运到市场需要较大劳动量。因此，偏远地区必须维持较大数量的劳动，而作为农场主利润及地主地租的剩余部分势必减少。但是，我在前文说过，偏远地区的利润率一般高于城市，所以在这减少的剩余部分中属于地主的部分必定更小。

良好的道路、运河和适航的天然河道减少了运输费用，使一国的偏远地区的土地和城市附近的土地更接近于相同的水平。因此，在一切改良中，交通是最重要的改良。偏远地区必是一国中范围最为广大的地方，交通便利就能促进这广大地区的开发，同时也打破了城市附近的农村的垄断地位，因而对城市有利，即使对其附近的农村也是有利的。虽然它们将一些竞争性的商品引进了旧市场，但是它们也为旧市场的产品开辟了许多新市场。此外，垄断是良好经营的大敌，除非通过自由和普遍的竞争使每一个人为了自卫而不得不进行良好经营，否则这种良好经营绝对无法建立起来。约五十年前，伦敦附近的一些郡曾向议会提议，反对征收通行税的道路扩展到偏远的郡。他们的理由是：由于劳动低廉，那些偏远的郡的牧草和谷物将以更低的价格在伦敦市场售卖，而伦敦附近的郡的地租将下降，他们的耕作事业也将衰退。然而，从那时起，他们的地租却提高了，其耕作事业也改善了。

中等肥沃程度的庄稼地为人类生产的食物，比同面积最上等的牧场所生产的多得多。耕作庄稼地需要更多的劳动量，但在抵偿了种子和扣除一切劳动维持费用以后，所剩余的食物量也大得多。因此，如果假定一磅鲜肉从未比一磅面包所值更多，那这种较多的剩余在各处都具有较大的价值，构成了更多的农场主利润和地主的地租。在农业发展的初级阶段，情况似乎普遍如此。

但是面包和鲜肉这两种不同食物的相对价值，在农业发展的不同时期是非常不同的。在刚开始的时候，占全国绝大部分面积的未经改良的旷野，全都用来饲养牲畜。市场上供给的鲜肉比面包更多，因此面包是人们都想要的食物，其价格也最高。乌略亚告诉我们，四五十年前在布宜诺斯艾利斯，一头牛的普通价格是 4 雷阿尔，即 $21\frac{1}{2}$ 便士，而且还是从二三百头牛中挑选出来的一头。他没有提到面包的价格，或许他没有发现特别的地方。他说，那里一头牛的价值仅比捕获它的劳动价值多一点点。但是，无论何处，没有大量的劳动是无法种出谷物的，而在一个位于拉普拉塔河流域的国家，即当时从欧洲前往波托西银矿的直接通道，劳动的货币价格是不会很低廉的。当该国大部分地区推广耕种以后，情形就不同了。那时，面包会比鲜肉更多。竞争的方向改变了，鲜肉价格变得比面包价格更高。

此外，随着耕种范围的扩大，未经改良的旷野已经不够供应牲畜肉的需求，许多耕地必须用于饲养牲畜。所以牲畜的价格，不但要足够维持饲养所需要的劳动，而且要足够支付土地用作耕地时，地主所能收得的地租，还有农场主所能收得的利润。可是，野地上所饲养的牲畜与改良地上所饲养的牲畜，在同一市场，却按照品质和重量，以同一价格出售。野地所有者，就乘此良机，按照其牲畜的价格增加土地的地租。不到一世纪以前，苏格兰高地许多地方的肉价，和燕麦面包的价格相等，甚至更为低廉。后来，英格兰和苏格兰统一，苏格兰高地的牲畜在英格兰得到了市场。现在，它们的普通价格比本世纪初高了大约三倍，同时，苏格兰高地许多土地的地租在这一时期内增加了三四倍。现今，在大不列颠各地，1 磅上等牛肉的价格高于 2 磅的上等白面包；而在丰年，则可达到 3～4 磅。

这样，在农业改良过程中，未经改良的草地的地租和利润在某种程度上受到改良草地的地租和利润的影响，而后者又受到庄稼地的地租和利润的影响。谷物一年一收，而牲畜肉则需要有四年或五年才有产出。因此，同是一英亩土地，牲畜肉的出产额比谷物出产额少得多，牲畜肉较低的产量必须以较高的价格得到补偿。假若价格的优越程度超过了一定限度，那么就会有更多的庄稼地改为牧场；假若价格的优越程度没达到一定限度，那么又会有一部分已用作牧场的土地改为庄稼地。但是，必须注意，牧草和谷物在地租和利润上这样的平衡，即直接生产牲畜食物的土地和直接生产人类食物的土地在地租和利润上的这种平衡，只会在一个大国的大部分已经改良的土地上产生。就某些特殊的地方说，情形却完全两样，即牧场的地租和利润比耕地的地租和利润高得多。

在大城市附近，对牛奶及马粮的大量需求，以及牲畜肉的高价，使牧草价格高过了它与谷物价值的自然比例。很明显，这种地方性利益绝不会扩及偏远地区。

某些国家的特殊情况有时使其人口变得非常稠密，以致这些国家所有的土地都像大城市附近的土地一样，所生产的牧草及谷物不够满足全部居民的生存需要。因此，其土地主要用以生产蓬松而体积较大、不易由远方运输来的牧草，而人民所食的谷物则依赖于从外国进口。现今的荷兰正处在这样的状态；在古罗马繁荣时代，意大利也把大部分土地用来生产牧草。据西塞罗记载，老加图说，把牲畜饲养好是私有地产管理中首要的和最有利可图的事情；饲养得还算好是次等；饲养得不好是再次等；而靠耕种得到利润和好处，则被他列为最次等的事。当然，在意大利罗马附近的那个地区，耕种必然遭受挫折，因为罗马常常向居民无偿地或按低价给予谷物，这些谷物来自一些被征服的省份，它们不用缴税，但须按规定价格（每配克约 6 便士）向共和国提供自产谷物的1/10。这样做必然降低了从罗马旧领土送往罗马市场的谷物价格，也必然抑制了旧领土上的耕种活动。

此外，在以种谷物为主的开阔土地上，那块被圈围的草地的地租往往比附近庄稼地的地租高。圈围便于饲养耕畜，而圈围地这样高的地租，并不是由于它生产物的价值高，而是由于利用耕畜耕作的庄稼地的生产物价值高。假若与它邻近土地全被圈围，那它的高地租就会跌落。现在苏格兰圈围地地租高昂，似乎是由于圈围地太少，圈围地一增加，其地租大概就会下降。圈围土地，对牧畜比对耕作更有利。这样做不但可节省看管牲畜的劳动，也使牲畜由于不受看管人或牧犬的惊扰而吃得更好。

但在没有这种地方性利益的地方，适于种植谷物或其他食用作物的地租和利润，必然影响草地的地租和利润。

同一面积的土地，仅仅以天然牧草作饲料，所能饲养的牲畜便比较少；而使用芜菁、胡萝卜、包菜等人工饲料，或使用其他已经用过的方法，所能饲养的牲畜便比较多。这样，就可使农业进步的国家中牲畜肉高于面包的价格稍稍降低。实际情况似乎就是这样；至少在伦敦市场上，现今鲜肉价格与面包价格的比例，比上世纪初要低得多。

伯奇博士在他所著《亨利王子传》的附录中，详细记录了王子日常支付的牲畜肉的价格。重 600 磅的一头牛，通常只花费他 9 镑 10 先令，即每百磅 31 先令 8 便士。亨利王子死于 1612 年 11 月 6 日，年仅 19 岁。

1764 年 3 月，议会对当时食物价格高昂的原因进行了调查。有一位弗吉尼亚商人提供的证词，说他曾于 1763 年 3 月为他的船只备办食物，100 磅牛肉为 24～25 先令，他认为这是普通价格；而在 1764 年这个物价昂贵的年份，同样重量的牛肉让他出过 27 先令。可是，这个高价比亨利王子支付的普通价格还要便宜 4 先令 8 便士。而且，我们还得注意，只有最好的牛肉才适合腌制，以供远途航海之用。

亨利王子所支付的价格折合每磅 $3^4/_5$ 便士，那是包括整头牛的上等和下等肉块的平均价格。所以，推算起来，当时零售的上等肉每磅不可能少于 $4^1/_2$ 便士或 5 便士。

在 1764 年议会做调查时，证人都说，当时最好的上等肉块的零售价格为每磅 4～$4^1/_4$ 便士，而下等肉块的价格，每磅在 7 法新～$2^1/_2$ 便士或 $2^3/_4$ 便士。他们说，一般来讲，这种价格比以往三月间每磅的普通市价，高约半个便士。但是，连这样高的价格也比亨利王子时代的普通零售价低得多。

上个世纪头十二年间，温莎市场上等小麦的平均价格，每夸特（合 9 温切斯特蒲式耳）为 1 镑 18 先令 $3^1/_6$ 便士。

然而，在 1764 年及之前的十二年，同一市场中上等小麦的平均价格，为每夸特小麦的价格 2 镑 1 先令 $9^1/_2$ 便士。因此，在上世纪头十二年内，小麦的价格比它在 1764 年之前的十二年内（包括 1764 年）低廉得多，而肉价却高得多。

在一切大国，大部分耕地都用来生产人类的粮食或牲畜的粮食。这样的土地的地租和利润将牵制其他土地的地租和利润。如果任何一种特殊产物提供的利润和地租比较少，土地不久就会变成谷地或牧场；如果任何一种特殊产物提供的比较多，一部分谷地或牧场不久就会改用于耕作这种产物。

为了使土地适于某些特殊的作物，有的需要较高的原始改良支出，有的每年需要较高的耕种支出；这些作物和谷物或牧草比较，似乎前者能提供较高的地租，后者能提供较高的利润。可是，我们发现这种高出的部分无非是较大的原始改良支出或每年耕种支出的合理利息或补偿。

例如，就啤酒花种植园、果园、菜园说，地主的地租和农场主的利润一般高于谷地和草地。但要使土地宜于种植，就需要更大的开支，地主也能因此得到更高的地租。不过，它还需要更精心、更专门的管理，农场主也能因此得到更高的利润。这些作物的收成是不稳定的，至少就啤酒花和果树来说是如此。因此，它们的价格除了应该补偿意外损失，还须提供类似保险利润的收入。种植园主的清贫境遇使我们确信，他们的技能很少得到超额的报酬。许多有钱的人为了自娱，都来从事种植园主那种愉快作业，以至于那些以此谋生的人几乎得不到什么利益；因为那些本该成为他们最佳顾客的人，都自己种起各种珍贵的作物了。

地主从这种改良所得的利益，似乎仅仅足以补偿改良所花的费用。就古代耕作说，除葡萄园外，农场中最能提供有价值产物的，似乎是灌溉良好的菜园。但是，被古代人誉为农业技术之父的德谟克利特，在二千年前所写的关于这方面的著述中认为，在自家农场中围起一座菜园是不明智的。他认为其利润不足以抵偿在石墙上的花销；而砖墙（我想他指的是太阳晒干的泥砖）则容易被雨雪风霜侵蚀，需要经常修理。科卢梅拉在提到德谟克利特的意见时未加反驳，但提出了一个省钱的方法——用荆棘和石南做成篱笆。他说，他凭经验知道这两者做的篱笆是持久耐用且不易被侵蚀的。但是，德谟克利特时代的人却并不知道这些。帕拉第乌斯采纳了科卢梅拉的意见，在这以前，瓦罗也赞扬过这种意见。根据这些古代改良家的说法，菜园的产品似乎仅足以支付特殊耕作和灌溉的支出。因为，在日照强烈的国家，现在也和当时一样，人们认为应当疏导水流，以便将其引到园中的每一块土地。在欧洲的大部分地区，人们普遍认为菜园只值得像科卢梅拉建议的那样去圈围。在大不列颠及其他一些欧洲北部的国家，没有围墙就无法收获优质的水果，所以这些优质水果的价格必须足够偿付围墙的建造费和维护费。而果园围墙常常环绕菜园，这样后者就能享受其产物的价值不足以换来的围墙带来的好处。

种植适当而栽培完善的葡萄园是农场中最有价值的部分，这似乎是古代和现代一切葡萄酒原产国都承认的也是农业上无可置疑的真理。但科卢梅拉告诉我们，开辟新葡萄园是否有利，在古代意大利的农夫中是一件有争议的事情。而他像一个真正爱好一切奇异植物的人一样赞成开辟新葡萄园，并力图通过利润和支出的比较来表明这是最有利的改良。然而，这种对新计划的利润和支出所做的比较一般是极不可靠的，在农业中尤其是这样。如果从开辟葡萄园实际得到的好处通常都像科卢梅拉所想象的那么大，就不可能有争议。今天，在葡萄酒原产国，这一点也是有争议的。诚然，它们的农业学者、高级种植的爱好者和提倡者，通常似乎和科卢梅拉一样，赞成开辟新葡萄园。在法国，旧葡萄园所有者迫切希望阻止开辟新葡萄园似乎就是在赞成农业学者们的意见——这似乎可以证明，有经验的人觉得这种作物现在在该国比任何其他作物更为有利可图。可是，这同时也似乎表明了另一种意见，即这种高额利润只能维持在现在限制葡萄自由种植的法律的有效期内。1731年，议会通过一项法令：除非得到国王许可，否则禁止开辟新葡萄园，也禁止重新种植辍耕两年的葡萄园。国王只在得到地方行政长官通知，证明他已经视察过这块土地，认为它不能栽种任何其他作物，才颁发许可证。这项命令的借口是谷地和牧场稀少，葡萄酒过剩。但是，如果这确属实情，这种种植的利润自会降到它与谷地和牧场利润的自然比例以下，即便没有政府命令，也会有效地阻止新葡萄园的开辟。至于所谓由于葡萄园过多导致的谷物供应稀少，实际上，法国适合精细栽培谷物的地方莫过于产葡萄酒的省份，那里的土地适于栽种谷物，如勃艮第、吉耶讷和上朗格多克。在葡萄耕作中雇用的众多人手，必然会鼓励谷物的耕作，因为他们为谷物提供了现成的广阔市场。就像抑制制造业以鼓励农业的政策一样，减少那些有能力购买谷物的人数，肯定不是鼓励谷物耕种最可行的办法。

因此，那些需要较高土地改良费用使之适于栽种，或每年需要较高耕作费用的特殊作物提供的地租和利润，纵使往往大大超过谷地或牧场的地租和利润，但如果这超过的金额仅够抵偿高出的费用，那么其地租和利润实际上也是受普通作物的地租和利润的牵制。

有时情况的确是，适于耕种某种特殊作物的土地数量过少，不足以供应有效需求。于是，全部的产出可以卖给这样的人：他们愿意支付的价格略高于这种产品生产和上市所必需的全部地租、工资和利润，这些地租、工资和利润按它们的自然报酬率或按大部分其他耕地支付的报酬率计算。在这种也只是在这种情况下，价格的剩余部分，即支付全部改良和耕种支出以后剩下的部分，通常与谷物和牧草中的剩余不成比例，可以在几乎任何程度上超过它。这种剩余的大部分自然归于地主的地租。

我们应该注意，葡萄酒的地租、利润与谷物和牧草的地租、利润之间普通而自然的比例，只存在于生产普通葡萄酒的葡萄园。它们生产的只不过是在松软的沙砾和沙质土壤中生长的葡萄酿造的普通葡萄酒，除了浓度适当和有益健康外，无足称道。国内普通土地只能和这种普通葡萄园竞争，至于有特殊品质的葡萄，显然非普通土地可比。

在所有果树中，葡萄树最易受土壤差异的影响。据说，来自某些土壤的独特风味，绝不可能在另一种土壤上通过人工复制出来。这种真实的或虚幻的美味，有时仅为几个葡萄园所特有，有时为一个小地区的绝大部分葡萄园所共有，有时又为一个大省的大部分葡萄园所共有。这种葡萄酒在市场上全部的供应量，小于它的有效需求，或者说小于一些人需要的数量。这种人愿意按照普遍报酬率，或普通葡萄园给付的报酬率，给付葡萄酒从酿造到被送到市场所需的全部地租、利润和工资。因此，全部产量可以卖给愿意支付更多的人，这必然使这种葡萄酒的价格高于普通葡萄酒的价格。差别的大小，依葡萄酒的流行与稀缺程度造成的购买者竞争的激烈程度而定。不管大小如何，其大部分归于地主的地租。虽然这种葡萄园比其他大多数葡萄园耕种得更为精细，但是葡萄酒的高价似乎是这种精耕细作的原因，而不是它的结果。这样一种价格高的产品，疏忽大意造成的损失很大，这就迫使最粗心的人也得注意。因此，只这高价中的一小部分，就足够支付生产上额外劳动的工资，还有驱使这额外劳动的额外资本利润。

欧洲各国在西印度群岛占有的蔗田可与这高价的葡萄园相比。蔗田的全部产量不够满足欧洲人的有效需求，所以，这全部产量的购买者给出的价格，都超过了按其他产品通常支付的报酬率支付这产品生产和送往市场的地租、工资和利润的价格。在南圻国，最上等白糖普通售价为每公担3皮阿斯特，约为英币13先令6便士；这是普瓦夫尔先生告诉我们的，他对该国农业做过非常仔细的观察。那里所称的公担，重150～200巴黎磅，平均为175巴黎磅，按英制100磅计算，价格为8先令左右，不到我们从殖民地进口的红糖或黑糖普通售价的1/4，也不到最上等白糖售价的1/6。南圻国大部分农地都是用来生产大多数国民所食的大米和小麦的。在那里，大米、小麦和砂糖的价格也许具有自然的比例关系，即大部分农地的各种作物自然而然地成比例，使各地主和各农场主都得到尽可能按通常原始改良费用和每年耕作费用计算的报酬。但英国产糖殖民地的糖价，对欧美稻田或玉米地的生产物价格，却没有这种自然的比例关系。据说，蔗农常常希望以朗姆酒及糖浆两项的收入来补偿所有的耕种费用，而以产糖的收入作为纯利润。我不敢贸然确认此系事实。果真如此，那正如谷农希望以稻壳和麦秆两项收入补偿其耕种费用，而以生产的全部谷物的收入作为纯利润。我们常常可以看见，伦敦及其他贸易城市的商人团体收购英国产糖殖民地的荒地，托代办人或代理人加以改良和耕作，以期获利。哪怕这些荒地距离遥远，而且当地司法行政又没有健全到足以保障他们有确定的收入，他们也全然不顾。而苏格兰、爱尔兰或北美谷物产区最肥沃的土地，谁都不想用同一方法来改良和耕作；虽然这些地方司法行政完善，他们有望得到比较正常的收入。

在北美的弗吉尼亚和马里兰，由于栽种烟草更有利可图，所以人们情愿种烟草而非谷物。在欧洲大部分地区，种植烟草原本也是有利可图的，但现在欧洲几乎所有的地区，烟草是课税的主要对象。而且，有人认为，从一国每一个可能种植烟草的农场去收税，倒不如在海关向进口烟草课税方便。因此，欧洲大部分地区就最荒唐不过地禁止种植烟草。这就自然而然地赋予了准许种植烟草的国家一种垄断权。虽然也有一些竞争者，但由于弗吉尼亚和马里兰种植了最大量的烟草，它们依然享有这种垄断的大部分好处。可是，种植烟草似乎不及种植甘蔗有利可图。我从来没有听说过有哪个烟草种植园是用住在大不列颠的商人的资本去改良和耕种的，而且从产烟殖民地回国的人也没有像我们常常看到的从产糖殖民地回国的人那样富裕。虽然从这些殖民地更爱种植烟草而不爱种植小麦的结果看，欧洲对烟草的有效需求并未得到完全满足，但烟草供应或许比糖的供应更接近有效需求。虽然烟草的现行价格或许超过了生产和上市所必需的全部地租、工资和利润，但超过的部分不如现行糖价中超过的部分那么多。因此，我们的烟草种植人也同样担心烟草供应过多，就像法国旧葡萄园所有者担心葡萄酒供应过多那样。通过议会立法，他们将烟草种植的数目限制在每个 16～60 岁的黑奴种 6000 株（假定每个黑奴出烟 1000 磅）。他们计算，除上述数量的烟草外，这样一个黑奴还可耕种印第安玉米。道格拉斯博士告诉我们（我想他不甚了解情况），在烟草丰收年份，为了防止市场供应过多，他们有时还按拥有黑奴的比例来烧毁一定数量的烟草，就像传言中荷兰人烧毁供应过剩的香料那样。如果必须用这样的极端手段来维持烟价，那么种植烟草超过种植小麦的有利之处即使仍然存在，也不能长久维持。

由此可见，生产人类粮食的耕地的地租调节着其他大部分耕地的地租。任何特殊产物所提供的地租都不会长久低于大部分耕地的地租，因为这种土地定会立即改为他用；要是任何特殊产物所提供的地租通常高于大部分耕地的地租，那是因为适于耕种这产物的土地过少，不能满足有效需求。

在欧洲，小麦是主要作为人类食物供应的主要土地产品。因此，除了特殊情况之外，麦田地租在欧洲决定其他耕地的地租。大不列颠既不必羡慕法国的葡萄园，也不必羡慕意大利的橄榄园。除了在特殊情况下，这些果园的价值也都是由麦田的价值决定的。在种植小麦方面，大不列颠土地的肥沃程度不次于上述两国。

在任何一个国家，如果国民普遍爱吃的植物性食物不是小麦而是另一种，而在这国家普通的土地上，通过和耕作麦田相同或几乎相同的劳动产出的这种植物性食物的数量却比最肥沃的麦田产出的小麦多得多，那么，地主的地租，换言之，支付劳动工资并抵偿了农场主资本及其普通利润后剩余的食物量，也就必然多得多。不论这国家维持劳动的普通工资是什么水平，这较多的剩余量总能维持较多的劳动量，而地主因此也就能购买或支配更多的劳动量。那么，地租的真实价值，换言之，地主对他人劳动所提供的生活必需品和便利品的支配权，也就必定大得多。

稻田所产的食物量比麦田所产的多得多。据说，每英亩稻田每年收获两次，一般每次30～60蒲式耳。虽然耕作稻田通常需要更多的劳动，但其生产量，除了用来维持劳动的以外，还有更多的剩余。因此，在以大米为国民普遍爱吃的植物性食物，而且耕作者主要也是靠大米维持生活的大米生产国，地主从这更多的剩余所得的要超过小麦生产国地主所得的。在卡罗来纳和英属其他殖民地，耕作者一般兼有农场主和地主身份，因此地租与利润是混淆的。虽然当地稻田每年只收获一次，而且当地人保持着欧洲的生活习惯，不以米为普遍爱好的植物性食物，但是人们都认为耕作稻田比耕作麦田更为有利。

良好的稻田一年四季都是泥沼，有一个季度还浸泡着水。它不适宜种小麦，不适宜用作牧场，不适宜用作葡萄园，甚至不适宜种任何对人类有用的植物性食物；而适宜种这些作物的土地，也不适宜种稻。所以，即使在大米生产国，稻田的地租也不能调节其他耕地的地租，因为其他耕地不能转为稻田。

马铃薯地的产量不亚于稻田，且比麦田的产量大得多。每英亩土地，产马铃薯12000磅不算高产，产2000磅小麦不算低产。诚然，能从这两种植物抽取的食物或纯粹养料，同它们的重量完全不成比例，因为马铃薯水分较多。可是，假设这种块根作物一半的重量是水（这已经是很高的比例了），每英亩马铃薯仍能生产6000磅纯粹养料，为每英亩小麦的3倍。此外，每英亩马铃薯的耕种费用比每英亩小麦少。播种小麦之前一般要犁后休耕，足以抵消马铃薯的锄草及其他额外耕作的费用而有余。假若这种块根作物在欧洲的每个地区，也像大米在其生产国那样，成为国民普遍爱吃的植物性食物，因而在耕地中的占比与现今小麦及其他谷物的占比相同，那么相同数量的耕地会供养更多数量的国民。而且，劳动者一般都靠吃马铃薯过活，那么除了抵偿了耕作资本及维持了劳动外，还有更多的剩余。这剩余的大部分也将属于地主。这样，人口就会增加，而地租也会远高于现今。

凡适于栽种马铃薯的土地也适于栽种其他有用的农作物。假如马铃薯耕地在全部耕地中所占比例和目前小麦所占比例相同，那么马铃薯耕地的地租就将像现在麦田地租那样，调节其他大部分耕地的地租。

我听说，在兰开夏的某些地区，人们认为，燕麦面包对劳动者来说，是比小麦面包营养更为丰富的食物；我还常常听说，在苏格兰人们也有相同的看法。我对这种传闻总有点疑问。吃燕麦面包的苏格兰普通人，一般地说，不像吃小麦面包的同一阶级的英格兰人那么强壮清秀；他们既不像英格兰人那么有干劲，也不像英格兰人那么健康。鉴于两国的上层阶级的民众之间并没有这种差别，所以这个事实似乎表明，苏格兰普通人的食物不像同一阶级的英格兰人的食物那样，适合于人类的体质。但是，马铃薯似乎有所不同。伦敦的轿夫、普通搬运工、煤炭搬运工，以及不幸以卖淫为生的妇女，也许是不列颠领土上最强壮的男人和最美貌的妇女；但是，据说他们大部分都是爱尔兰的最底层的人，一般用这种块根作物当食物。没有其他食物可以比马铃薯更能决定性地证明自己的营养价值，或者特别适合人的体质了。

马铃薯很难保存一年，更不可能像小麦那样贮藏两三年。对不能在腐烂以前卖出马铃薯的恐惧使人们不想栽种它。在任何大国，马铃薯都不像面包那样成为各阶级人民主要的植物性食物，这也许是一个主要原因。

第二节　论有时提供有时不提供地租的土地产物

人类的食物是唯一必然能为地主提供一些地租的土地产品。其他各种产物则有时能、有时不能提供地租，因不同的情况而异。

除了食物以外，衣服和住所是人类的两大需要。

在原始自然状态下，土地在衣服及住所的材料方面所能供给的人数，比在食物方面要多得多。但在开发和改良以后的状态下，土地在前一方面所能供给的人数，有时却比在后一方面要少；至少就人们需要衣服及住所的材料和愿意支付的代价这两方面来说是这样。所以，在土地是原始自然的状态下，衣服及住所的材料总是供给过剩，因而没有多少价值，甚或完全没有价值；在土地开发和改良以后的状态下，这样的材料往往供给不足，其价值于是增高。在前一情况，大部分衣住材料由于无用而被抛弃，而被使用部分的价格，可以说只等于改造这些材料使其适于人用所花的劳动与费用；因此，自然不能给地主提供地租。在后一情况，这些材料全被使用，而且往往求大于供，于是，对于这样的材料，总有人愿意以超过它生产制造并送往市场的费用的价格来购买。所以，这样的材料的价格总可提供若干地租给地主。

大型动物的皮是原始的衣料。因此，在狩猎和畜牧的民族主要以猎物或家畜的肉作为食物，每一个人在为自己提供食物的同时，也就为自己提供了用不完的衣料。如果没有对外贸易，大部分这样的衣料会因为没有价值而被抛弃。在欧洲人发现北美洲以前，那里的狩猎民族或许就是这种情形；而现在，他们用多余的毛皮与欧洲人交换毛毯、火器和白兰地酒，就使毛皮具有了一些价值。我相信，在现今已知世界的商业状态下，最野蛮的国家，建立了土地私有制以后，也有这种对外贸易。他们会发现，更加富裕的邻国对他们土地所产的，在本国既不能加工制作又不能消费的衣服原料，有着强烈的需求，从而将这些衣料的价格提高到将它运往那些富裕邻国的成本以上；因此，这些衣料能为地主提供一些地租。当大部分苏格兰高地的牲畜在附近的山上就被消费掉时，输出畜皮将成为该国最大宗的贸易项目，它们交换来的东西抬高了高地土地的租金。从前，英格兰的羊毛在本国既不能被加工制造也不能被消费掉，而在当时比较富裕和比较勤劳的佛兰德人那里找到了市场，羊毛的价格让养绵羊的土地的地租多了一些东西。在那些不比当时的英格兰和现今的苏格兰高地耕种得更好，而又没有对外贸易的国家，衣料显然会十分丰富，但其大部分会因为无用而被抛弃，没有任何部分能为地主提供地租。

建造住所用的材料不都能像衣料那样容易运往遥远的地方，因而也不像衣料那样容易成为对外贸易的对象。当它在生产国供应过剩时，即使在现今世界各地通商的状态下，对地主也没有价值。在伦敦附近比较好的采石场，会提供很高的地租；而在苏格兰和威尔士的许多地区，采石场却不提供任何地租。供建筑用的木材，在一个人口众多且耕种发达的国家有很高的价值，生产它的土地能提供很高的地租；但在北美许多地区，地主会感激任何愿将他土地上的大部分大树移走的人。在苏格兰高地的某些地区，由于缺乏水路或陆路运输，树皮是树木唯一能送往市场的部分，木材则任其在地上腐朽。当建材供应过剩时，实际上使用的部分只值加工时所花去的劳动和费用。它不能为地主提供地租，地主允许任何提出请求的人使用它。可是，富国对建材的需求，有时会使地主能得到一些地租。伦敦街道铺设石光路面，使苏格兰海岸一些光秃岩石的所有者，从以前向来不提供地租的岩石那里得到一些地租。挪威及波罗的海沿岸的树木在大不列颠许多地方找到了在国内找不到的市场，于是这些树木也就给其所有者提供了若干地租。

一国的人口数量，不是和该国的衣料、建材能供给的人数成比例，而是和它们的食物所能供给的人数成比例。所需的食物要是得到供给，那就不难供给必要的衣服及住所；而有了衣服和住所，却可能常常很难找到食物。甚至在不列颠的某些地区，所谓住宅也可能只是由一个人一天的劳动建成的。用兽皮做成最简单的衣服，需要较多的劳动去整理修饰，然后才能使用；不过也不需要太多的劳动。在野蛮国家，全年劳动的1%或者略微多一些，就足以提供使大部分居民得到满足的衣服和住所，其他99％的劳动常常仅够为他们提供食物。

但当土地的改良和耕种使一个家庭的劳动能为两个家庭提供食物时，社会上一半的劳动就足以为全体社会成员提供食物。因此，另外一半劳动，或者至少是它的大部分，就可以用来提供其他的东西，或满足人类的其他需要和爱好，而衣服、住宅、家用器具和成套的马车装备正是其主要对象。富人所消费的粮食，并不比他的穷苦邻人所消费的多；但在质的方面，就可能大不相同。挑选和烹调富人的食物可能需要更多的劳动和技术，而在量上却几乎相同。但是，把富人的宽敞住宅和高大衣柜与贫民的简陋小屋和几件破衣比较一下，你就会知道，他们的衣服、住宅和家具在数量方面也几乎同质量一样，有巨大的差别。对食物的欲望，每一个人的胃口都有限；但对建筑、衣着、用品和家具方面的便利品和装饰品的欲望，却仿佛没有限度或确定的边界。因此，拥有的食物超过自己消费需要的人，总是愿意将剩余部分或它的价格拿来交换能满足他其他欲望的东西。而贫民为了获得食物，竭力去满足富人的爱好；为了更有把握地获得食物，他们彼此竞争，使自己的产品更加低廉，更加完善。工人人数随着食物数量或土地的日益改良和耕种而增加；由于他们业务的性质容许最大限度的劳动分工，所以他们能使用的原料数量增加的比例比他人数增加的比例更大。因此，人类才产生了对建筑、衣着、用品或家具等方面的各种原料，甚至地底下的化石、矿产、贵金属和宝石的需求。

这样看来，食物不仅是地租的原始来源，而且后来提供地租的其他土地产物中相当于地租的那部分价值，也是由于生产食物的劳动生产力通过土地的改良和耕种而得到改进的结果。

但是，那些到后来才提供地租的其他土地产物，并不一定都能提供地租。即使土地业已改良并进行耕作的国家，对这类土地产物的需求也未必都能使其价格在支付了工资、偿还了资本并提供了资本的普通利润之后，还有剩余。它们的价格是否能提供地租，要看各种情况而定。

例如，煤矿能否提供地租，部分要看它的蕴藏量，部分要看它的位置。

一种矿产的蕴藏量是大还是小，要看一定数量的劳动从这矿产取出的矿物量，相比等量劳动从其他大部分同类矿产所能取出的数量是多还是少。

有些煤矿位置很好，但因蕴藏量不高而不值得开采，其产品不足以支付所需劳动和资本的费用。它们既不能提供利润，也不能提供地租。

有些煤矿的产品仅足以支付劳动，偿还开采时使用的资本及其普通利润。它们能为开采人提供一些利润，但不能为地主提供地租。它们只能由地主进行开采才可以获利；作为开采人，地主得到他所使用的资本的普通利润。许多苏格兰的煤矿就是用这种方式开采的，也无法用其他的方式开采。地主不会让任何人不付地租就去开采，也没有人付得起地租。

苏格兰有些煤矿蕴藏量很大，但由于位置不好，不能进行开采。这些足够支付开矿费用的矿产，虽然可使用等于或少于一般劳动量的劳动开采出来，但内地人口稀少且没有良好的陆路或水路运输条件，这么多的矿产必然无法卖出。

和木柴比较，煤炭是不大令人满意的燃料，据说还有害人体健康。在消费煤炭的地方，其费用一般要比木柴的费用低。

此外，木柴价格，几乎像牲畜价格一样，随农业状态而变动，原因完全相同。在原始状态下，每一个国家的大部分土地都覆盖着森林，树木在当时是毫无价值的障碍物，地主乐于让任何人去砍伐。当农业发展时，森林一部分由于耕地扩大而被清除，一部分由于牲畜数量增加而被破坏。牲畜虽然长得不像小麦那么快，但也在人类的照顾和保护下进行繁衍。饲主在丰收的季节储藏饲料，以便在歉收的季节还有东西去喂它们。在一年中，饲主为它们提供的食物的数量，比未开垦的土地所能提供的食物的数量更大。而且，人类还驱逐和消灭它们的敌人，使它们能踏实地享用自然提供的全部食物。让无数的畜群在森林中游荡，虽然不会损毁老树，但会阻止树苗生长，因此在一两个世纪以后，整片森林都会消失。木材的缺乏抬高了木材的价格，这样，森林也可以提供很可观的地租。地主有时发现，最好的土地除了用来生产建材外，找不到更有利的用途，因为其利润之大常足以补偿获利之迟。现在大不列颠几个地区的情况似乎就是这样，种树的利润等于谷地或牧场的利润。地主从种树得到的好处，至少在长时期内，在任何地方都不能超过谷地或牧场能给他提供的地租；而在一个耕作发达的内陆国家，种树的利益常在谷地或牧场提供的地租之上。在土地改良得很好的沿海地区，要是作为燃料的煤炭容易得到，那么建筑木材从耕作事业较落后的外国进口，往往比本国生产更为便宜。爱丁堡近年建的小镇里，也许没有一根苏格兰产的木材。

不论木柴的价格是怎样，如果一个地方烧煤的费用和烧柴的费用几乎相等，那么我们可以确定，煤炭在那地方的价格就达到了最高的水平。英格兰内陆的某些地方，特别是牛津郡，情况似乎就是如此。牛津郡普通人家的火炉中通常都混用木柴与煤炭，可见这两种燃料的费用不可能有很大的差异。

在产煤国，各处的煤炭价格远远低于上述这种最高价格。如若不然，这些国家就不能承担煤炭的海陆长途运输的费用。按照高价，只能售出很小的数量。煤炭老板和地主发现，以略高于最低的价格售出大量煤炭，比以最高价格售出少量煤炭，对自己更有利。蕴藏最丰富的煤矿也会调节附近其他煤矿的煤炭价格。地主和开采人发现，将煤炭以低于所有邻近煤矿的价格出售，既能使地主得到更多的地租，又能使开采人得到更大的利润。邻近煤矿不久也不得不按相同的价格出售煤炭，尽管他们负担不起，尽管这样总是会减少甚或完全剥夺他们的地租和利润。有些煤矿被完全放弃了，有些不能提供地租，只能由地主自己来开采。

像其他商品一样，煤炭能在相当长的时期内维持的最低价格仅够补偿它上市所需的资本及其普通利润。那些不能为地主提供地租，只能由地主自己经营，否则就得完全弃置的煤矿，煤炭价格必和这最低价格大致相同。

即使煤炭能提供地租，这种地租在煤炭价格中所占的份额通常也比它在大多数其他土地产物中的份额小。一般来讲，一块地皮的地租为其产品总值的 1/3；这是一种确定的地租，不随作物收成的偶然变化而更改。对煤矿来说，产品总值的 1/5 就是非常高的地租，1/10 是普通的地租；这不是确定的地租，会随产量的偶然变化而更改。这种偶然变化的波动是很大的，所以在三十倍年租被认为是普通地皮的中等价格的国家，十倍年租即被认为是煤矿产权很好的价格了。

对地主来说，煤矿的价值，取决于煤矿的蕴藏量，也同样取决于煤矿的位置。而金属矿山的价值，则更多地取决于蕴藏量而非位置。由矿石分离出来的金属，尤其是贵金属，具有极大的价值，以致负担得起远距离陆运和水运的费用。其市场并不局限于矿山邻近的国家，而是扩及全世界。例如，日本的铜成为在欧洲交易的商品；西班牙的铁成为在智利及秘鲁交易的商品；秘鲁的白银不仅销往欧洲，还从欧洲远销中国。

威斯特摩兰或什罗普郡的煤价对纽卡斯尔的煤价不能产生多大影响，对利奥诺尔的煤价则根本没有影响。这种彼此相距遥远的煤矿的产品，无法相互进行竞争。但是相距最远的金属矿的产品常常可以彼此竞争，而且事实上都在竞争。因此，世界上最丰富的矿藏所产粗金属的价格，尤其是贵金属的价格，必然或多或少地影响世界上每一个地方的产品的价格。日本的铜价必然对欧洲铜矿产品的价格有影响。秘鲁的白银价格，或白银在秘鲁所能购得的劳动或其他货物的数量，必然不仅对欧洲银矿的银价有影响，而且对中国银矿的银价也有影响。在秘鲁发现银矿以后，欧洲大部分的银矿都被废弃了。白银的价值大幅降低，银矿的产品再也不能支付开采的费用，即补偿在开采中消费的食物、衣服、住宅和其他必需品，再加上利润。波托西的银矿被发现以后，古巴和圣多明各的银矿，甚至秘鲁的老银矿，也是如此。

这样看来，在一定程度上，各矿山产的各种金属的价格都受世界当时产量最大的矿山产物价格的支配；所以，大部分矿山产的金属价格在偿还了其开采费用后并没有多少剩余，因而也不能为地主提供很高的地租。在大多数矿山产的贱金属价格中，地租似乎只占小部分；而在贵金属价格中，所占部分尤小。劳动与利润，构成了这两种金属价格的大部分。

以产量丰富著称的康沃尔锡矿，据其副监督博莱斯说，平均地租只占总产量的1/6。他还说，有些矿山能提供的多些，有些还无力提供这么多。苏格兰许多产量很丰富的铝矿的地租也占总产量的1/6。

弗雷泽和乌略亚告诉我们，在秘鲁的银矿，地主向开采人要求的，只不过是使用他的磨去研磨开采出来的矿石，并向他支付使用费或研磨价格。的确，在 1736 年以前，西班牙国王的课税为标准银的 1/5，这可以被认为是当时世界闻名的秘鲁银矿的大部分真实地租。如果没有这种课税，这 1/5 自然会属于地主，而许多银矿也就可以开采了；它们当时不能开采，就是因为负担不起这种税。康沃尔公爵对锡的课税估计超过锡价的 5%，或超过价值的 1/20；不管他要的比例如何，如果不课税，那部分税收也自然应当属于锡矿地主。但是如果你将 1/20 和上述 1/6 加在一起，就会发现康沃尔锡矿的平均地租与秘鲁银矿平均地租的比例为 13∶12。但是，秘鲁银矿现在连这种低地租也付不起，因此 1736 年对白银的征税从 1/5 降至 1/10。即使 1/10 的白银税也比 1/20 的锡税更能吸引人们走私，更何况体积小的贵重商品比体积庞大的廉价商品更易走私。因此，据说西班牙国王所得税收非常少，而康沃尔公爵所得税收非常多；地租在世界最丰饶的锡矿的锡价中所占的部分，可能比地租在世界最丰饶的银矿的银价中所占的部分大。在偿还开采那些矿产使用的资本及其普通利润后，贱金属留归地主的剩余部分，好像要大于贵金属。

秘鲁银矿开采者的利润通常也不是很大。上述那两位最熟悉当地情形并受人敬佩的学者告诉我们，在秘鲁着手开采新银矿的人都被认为是注定要倾家荡产的，所以大家都避之犹恐不及。看来，秘鲁的人们对采矿业的看法也和我们看待彩票一样，中彩的少，不中的多，而几个大彩却仍然引诱许多冒险家押上他们的财产，做这样希望渺茫的尝试。

可是，由于国王的收入有很大一部分是来自银矿的生产税，所以秘鲁法律尽可能地对新矿的发现和开采给予鼓励。凡是发现新矿的人，有权在他所认定的矿脉方向划定 246 英尺长、123 英尺宽的地区，而他就是这个矿区的所有者，不向地主支付任何报酬即可开采。在那个古老的公国，为了康沃尔公爵的利益，也做出了差不多相同的规定。在荒废的、没有围圈的土地上，任何发现锡矿的人均可在一定范围内划定界线，称为锡矿定界。定界人即锡矿的真实所有者，可以自行开采或租予他人开采，而不必经地主同意，但在开采时须向他支付些许报酬。在这两种规定中，神圣的私有财产权就因所谓公共收入的利益变成了牺牲品。

秘鲁也同样鼓励新金矿的发现和开采。西班牙国王对黄金的课税，只是标准金价值的 1/20，一度是 1/5，后来改为 1/10，像白银的情况一样。但就开采的情况来看，即使是 1/10 也付不起。弗雷泽和乌略亚两位掌者说，如果很难找到一个开银矿发财的人，那么开金矿发财的人就更难找到了。这 1/20 似乎是智利和秘鲁大部分金矿所支付的全部地租。金的走私比银的走私容易得多，这不只是因为单位体积的金的价值高于银的价值，也因为金的固有状态特殊。像其他大多数金属那样，银在被开采时一般掺有杂质，要把银从矿石中分解出未，须经过极困难且烦琐的处理，而这又要在特设的工厂进行。因此，生产白银的过程就容易受到国王官吏的监察。反之，金在被开采时几乎不含杂质，有时是相当大的纯金块，即使是掺在矿土和其他杂质里而几乎看不出来，也可通过极简短的操作予以分离。不论何人，只要持有少量水银，就可在自己家里进行分离工作。所以，如果国王从银税只得到很少的收入，那么他从金税所得的收入可能要更少；而地租在金价中所占的部分，也必定比它在银价中所占的部分小得多。

贵金属能在市场出卖的最低价格，换言之，贵金属长期在市场上所能交换的最小其他货物量，要受决定一切其他货物最低普通价格的原则支配。决定这种最低价格的，是将贵金属从矿里开采出来通常所需投下的资本，即把贵金属从矿里送往市场通常所需的衣、食、住等项。这最低价格必须足够偿还所费的资本，并提供这资本的普通利润。

但贵金属的最高价格似乎不取决于任何他物，而只取决于贵金属本身的实际供给的多少。贵金属的最高价格不由任何其他货物的最高价格决定，不像煤炭的价格由木柴的价格决定，除木柴外，任何东西的缺乏都不能使煤炭价格上涨。使黄金的稀缺性增加到一定的程度，最小的一块黄金就可能变得比一枚钻石更加贵重，也能交换更多的其他货物。

对贵金属的需求，部分起源于它们的效用，部分起源于它们的美观度。如果把铁排除在外，贵金属或许比其他金属更有用。它们不容易生锈和被污染，所以能比较容易地保持清洁；因此，用它们制成餐桌上和厨房中的器皿，通常令人喜爱。银制的锅具比用铅、铜或锡制的更为清洁，相同的性质使金制的锅具优于银制的。然而，它们的主要优点在于美观，这使它们特别适于做衣服和家具的装饰品。没有一种颜料或染料能提供像镀金那样辉煌的颜色。美观的优点又由于它们的稀缺而放大。对大多数富人来说，拥有财富的主要乐趣在于炫耀，在他们看来，当他们看起来拥有了除他们以外的任何人都不能拥有的财富，从而有了明确的富有标志时，炫耀之事就登峰造极了。在他们的心目中，一件比较美观、有用的东西的价值，会由于它的稀少而大大提升；或者说，如果大量搜集这种东西需要耗费大量的劳动，而这种劳动除了他们以外没有人负担得起，那么这种东西就非常有价值。对于这种东西，他们愿意支付的价钱，比付给更加美观、有用但却很普通的东西的价钱更高。这些有用、美观、稀缺的品质正是贵金属价格高昂的原始基础，也就是它们到处都能交换到大量其他货物的基础。这种价值存在于它们被铸成货币之前，同时赋予了它们适于铸成货币的性质。然而，这种用途造成了对它们的新需求，减少了能做其他用途的数量，可能有助于保持或增加它们的价值。

人们对宝石的需求完全因为它的美。它们除了作为装饰品外，一无所用，而其美观的这种优点又由于其稀缺，即由于从矿中开采它们的难度和费用而大为增强。因此，在大多数情况下，工资和利润几乎构成了它们全部的价格，地租只占很小的份额，或常常不占份额。只有最丰富的矿藏才能提供较高的地租。当珠宝商塔韦尼耶访问戈尔孔达和维沙普尔的钻石矿时，有人告诉他，钻石矿开采的利益全部属于国王，国王已经下令：除了生产最大最美钻石的那些矿以外，其余全部关闭。其他的矿对国王来说似乎是不值得开采的。

由于世界各地贵金属及宝石的价格都受世界上最富饶的矿山的产物价格支配，所以贵金属或宝石矿山给其所有者提供的地租就不是与其绝对蕴藏量成比例，而是与其相对蕴藏量成比例；换言之，与它比其他同种类矿山优越的程度成比例。例如，如果发现的新银矿的蕴藏量优于波托西的银矿，也像波托西的银矿的蕴藏量优于欧洲的银矿那样，那么白银的价值就会降低，以致连波托西的银矿也不值得开采。在西印度群岛被发现以前，欧洲最富饶的银矿能为它们的所有者提供的地租，也像现今秘鲁最富饶的银矿所提供的一样多。当时，白银虽然数量较少，但却可以交换到与现在等量的其他货物，矿主得到的份额能使他购买或支配等量的劳动或商品。产品和地租的价值，即它们向公众和矿主提供的实际收入，也可能完全一样。

贵金属或宝石最富饶的矿山，对于世界财富没有多少增益。因为这类产品的价值主要在于它们很稀少。要是这类产品多了，其价值必然下跌。那时，金银餐具及衣服、家具的奢华装饰物能以更少的劳动量或商品量买入，而这就是世界能从这种矿山丰饶的供应中获得的唯一好处。

而地产却不是如此。土地产物及地租这两者的价值不是与其相对肥沃程度成比例，而是与其绝对肥沃程度成比例。生产一定数量衣、食、住的土地，总能在这些方面供养一定数量的人；而且，不论地主享有的比例如何，他总能因此支配相当的劳动或者这些劳动提供的商品。最贫瘠的土地的价值并不因近邻有最肥沃的土地而减少；反之，其价值却常因此而增加。肥沃土地养活的众多人口给贫瘠土地的许多产物提供了市场；而贫瘠土地的产物，在它们自己的产品能养活的人中，是绝对找不到这种市场的。

　　凡是能提高土地食物生产力的改良，不仅会提高该土地的价值，也会有助于提高许多其他土地的价值；因为这样的改良为它们的产品创造了新的需求。由于土地改良使食物丰富了，许多人拥有的食物超过了自己能消费的数量，这就产生了对贵金属和宝石，以及其他衣服、住宅、家具和成套马车的便利品和装饰品的需求。食物不仅构成世界财富的主要部分，而且其他许多财富的大部分价值也是由于食物的丰富而得以存在。当初古巴和圣多明各的贫苦居民被西班牙人发现时，他们常在他们的头发和衣服上插上小块黄金作为装饰。他们对小块黄金的态度，就像我们对漂亮点的小圆石的态度一样——它值得去拾取，但当任何人想要时，也不值当予以拒绝；新到的客人一提出请求，他们马上就给，似乎并不认为给客人赠送了什么有价值的礼物。看到西班牙人对获取黄金的狂热，他们大为惊讶，因为他们想不到，竟然有这么一个国家，那里许多人拥有那么多他们这里匮乏的食物，可只要给予少量闪闪发光的玩意儿，那些人就愿意给出能养活他们全家许多年的食物。假如他们能理解这件事，西班牙人的狂热就不会使他们奇怪了。

第三节　论总能提供地租的产物与有时提供有时不提供地租的产物价值比例的变动

由于土地的不断改良和耕种，食物不断丰富，这必然增加人们对食物以外的每一种实用或装饰性产品的需求。因此，可以预期，在整个改良过程中，这两种不同产物的相对价值只有一种变化。就是说，和总能提供地租的产物的价值相比，有时提供地租有时不提供地租的产物的价值会不断地增长。随着技术和产业的发展，衣服和居住材料、土地中有用化石和矿物，乃至贵金属和宝石的需求日渐增加，它们所能换得的食物逐渐增多；换言之，其价格逐渐增高。在大多数情况下，大部分这些产物的情况就是如此；要是没有特殊事件使这些产物的供给大大超过其需求，这些产物的情况就如此。

例如，砂石场的价值，必然随其周围地方改良的日益扩大和人口的日益增加而升高；如果这砂石场是它附近唯一的，情况尤其如此。然而，即使周围1000英里以内没有第二个银矿，银矿的价值也不一定会随所在国的改良而增加。砂石场的产品市场很少扩展到周围数英里以外，而其需求一般和它所在区域的改良与人口成比例。而银矿的产品市场却可扩展到全世界，所以除非全世界都改良、各地人口都增加，否则白银的需求不会因银矿附近某大国的改良而有所增加。然而，即使整个世界都在改良，如果在该过程中发现了新矿，其富饶程度比已知的任何矿藏都高，那么，虽然对银的需求必然增加，但因供应增加的比例可能更大，白银的真实价值就可能逐渐下跌；也就是说，任何既定数量的银，例如1磅白银，能购买或支配的劳动数量，或交换的主要生活资料，就会越来越少。

白银的主要市场是世界上有商业文明的地区。

如果由于总体的改良进步，这个市场对银的需求有所增加，同时供给没有按同一比例增加，那么白银相对于小麦的价值将逐渐上升。既定数量的白银会交换数量越来越多的小麦；换句话说，小麦的平均货币价格会变得越来越便宜。

反之，如果由于某种缘故，银的供给在一连许多年中比需求增加的比例更大，那么白银会越来越便宜；换句话说，尽管改良很多，小麦的平均货币价格还是会越来越贵。

另一方面，假若这金属的供给和其需求几乎按同一比例增加，那么这金属就能继续购买或交换几乎相同数量的小麦；换句话说，尽管改良很多，小麦却继续保持着几乎相同的平均货币价格。

这三者似乎包括了在改良进程中所能发生的一切情况。如果我们以法国和英格兰发生的事实来作判断，那么在过去四个世纪中，这三种情况似乎都在欧洲市场上发生过，而发生的顺序和此处所述大致相符。

顺便谈谈过去四个世纪白银价值的变动

第一阶段

在 1350 年及之前的一些时候，英格兰每夸特小麦的平均价格，估计不低于陶衡 4 盎司白银，约等于我们现今的 20 先令。它似乎从这个价格逐渐降到 2 盎司白银，约等于我们现今的 10 先令。我们发现这是它在 16 世纪初被人们估计的价格，似乎一直持续到 1570 年左右。

1350 年，即爱德华三世统治的第二十五年，制定了所谓《劳工条例》。序言中对佣工的粗野大加挞伐，指责他们力图迫使雇主提高工资。因此该条例规定，所有的佣工和劳动者在以后均应满足于他们在国王统治的第二十年及之前四年中所习惯接受的工资和配给（当时不仅包括衣服，也包括食物），他们的小麦配给在各处的估价均不得高于每蒲式耳10便士，雇主永远有权任选用小麦或用货币支付。可见，小麦每蒲式耳10便士在爱德华三世统治的第二十五年被算作中等偏低的价格，因为当时必须通过特别的法律去迫使佣工接受按此折算的货币，以代替他们的通常食物配给；这在以前的十年中，即在爱德华三世统治的第十六年，被算作合理的价格。但在那一年，10便士大约包含陶衡半盎司白银，将近等于我们现今的半克朗。因此，陶衡4盎司白银等于当时货币的6先令8便士，约等于现今的20先令。这一定被算作8蒲式耳，即1夸特小麦的中等价格。

关于当时谷物的普通价格，该条例所提供的证明，无疑地比历史学家及其他著述家记录的某些年份的谷价好得多。因为，他们所记的都是异常高昂或低廉的价格，所以想依此判断当时的普通价格十分困难。此外，我们还有其他理由可相信，十四世纪初及其以前数年，小麦的普通价格不少于每夸特4盎司，而其他各种谷物价格也依此为准。

1309年，坎特伯雷的圣奥古斯丁修道院副院长拉尔夫·博恩在就职典礼后举行宴会，威廉·索恩记录了这次宴会的菜谱和价格细目。这次宴会所消费的有：第一，53夸特小麦，值19镑，合每夸特7先令2便士，大约等于我们现今货币21先令6便士；第二，麦芽58夸特，值17镑10先令，合每夸特6先令，约等于我们现今货币18先令；第三，燕麦20夸特，值4镑，合每夸特4先令，约等于我们现今货币12先令。这里的麦芽和燕麦的价格，相比它们平常和小麦的价格比例，似乎偏高。

这样的价格记载不是因为它们特别贵或特别便宜，而只是对一次以豪华闻名的宴会所消费的大量谷物加以描述时，顺便提及实际采买价格。

亨利三世统治的第五十一年，即1262年，恢复了所谓"面包和麦酒的法定价格"这个古代法令。亨利三世在绪言中说，该法令系其祖先，即以往英格兰国王所定。由此推断，它至少是亨利二世甚或诺曼征服时代制订的。此法令按照当时每夸特1～20先令的小麦价格来规定面包价格。但是，我们可以假定，这种法令同样会仔细考虑到超过普通价格或不及普通价格的情况。据此假设，当时含有陶衡银6盎司的10先令（相当于如今的30先令），在此法令制订之初，必被视为一夸特小麦的普通价格，而且直到亨利三世统治的第五十一年，还被认为是普通价格。因此，我们假定这普通价格不低于法定最高面包价格的1/3，即不低于当时含有陶衡银4盎司的货币6先令8便士，也不会太离谱。

因此，根据这些事实，我们有相当的理由得出这个结论：在十四世纪中叶及以前一段相当长的时期中，每夸特小麦的平均价格或普通价格，大概不会在陶衡银4盎司以下。

由大约十四世纪中叶至十六世纪初，人们认为小麦合理的或适中的价格，即小麦的普通或平均价格，似乎逐渐减到原来的一半，最后降到大约等于陶衡银2盎司，约合现在的10先令。一直到1570年，还是如此。

在1512年第五代诺森伯兰伯爵亨利的家务账簿中，小麦价格有两种不同的计算方式：一是每夸特以6先令8便士计算；二是每夸特仅以5先令8便士计算。在1512年，6先令8便士仅含有陶衡银2盎司，约合现在的 10 先令。

从许多法令看来，由爱德华三世统治的第二十五年至伊丽莎白统治初期的这二百余年的时间中，6 先令 8 便士一直被认为是小麦的普通价格或平均价格，也即所谓的适中价格。然而，在这时期内，由于银币有一些改革，此名义金额中的含银量却在不断减少。不过，银价的增加还是足以补偿含银量的减少。所以，在议会看来，名义金额含银减少这种情况可以忽略不计。

1436 年，政府规定，如果小麦价格降低至每夸特 6 先令 8 便士，就不经特许也可出口。1463 年又规定，小麦价格若未超过每夸特 6 先令 8 便士，就禁止从国外进口。议会认为，当小麦价格十分低的时候，任其出口也无不便，但若小麦价格增高，允许进口就是精明的措施。因此，当时含有现在 13 先令 4 便士那么多银的 6 先令 8 便士（其含银量，比爱德华三世时代同一名义金额已减少了 1/3），就是当时所谓适中的小麦价格。

1554 年腓力二世和玛丽一世统治的第一年和第二年的法令，以及 1558 年伊丽莎白统治的第一年的法令都规定，在小麦价格超过每夸特 6 先令 8 便士时，禁止其出口。当时 6 先令 8 便士的含银量不会比现在同一金额多出 2 便士。但不久人们便发觉，要到价格如此低时才不限制小麦出口，等于永远禁止小麦出口。于是，在伊丽莎白统治的第五年，即 1562 年，又规定小麦价格若不超过每夸特 10 先令，就可随时在指定的港口出口。当时 10 先令和现在同一金额的含银量几乎相等。所以，这 6 先令 8 便士的价格当时被认为是所谓适中的小麦价格，这和上述诺森伯兰伯爵家务账簿计算的价格大抵相符。

法国的情形也与此相似，该国谷物的平均价格，在十五世纪末及十六世纪初，比过去两个世纪低廉得多（杜普雷·德·圣莫尔先生和一位写有《论谷物政策》的高雅学者都这样说）。在同一时期，欧洲大部分国家的谷价也许同样下降了。

白银相对于谷物价值增高，也许全是因为，供给持续不变，而需求则随土地改良及耕作的进步而增加；也许全是因为，需求持续不变，而当时世界上大部分已发现的银矿都开采殆尽，成本大大增加，供应渐少；也许部分由于前一原因，部分由于后一原因。在十五世纪末及十六世纪初，欧洲大多数国家的政局比之前数世纪更加稳定，这自然使产业发展和改良程度增高，而贵金属及其他装饰品和奢侈品的需求也会增加。年产品增多，那么为了流通，便需要更多的铸币。富者人数增多，就需要有更多银制器皿及其他银制装饰品。此外，我们自然也可以认为，当时供给欧洲市场的大部分银矿可能开采殆尽，因而开采成本更高。毕竟其中多数银矿是从古罗马时代就开始开采的。

不过，大部分论述古代商品价格的学者都认为，自诺曼征服甚或尤利乌斯·恺撒侵略时代起，直到美洲各矿山发现的时候止，银的价值都在不断下降。我想，他们之所以这样认为，一部分基于他们对谷物及其他土地产物的观察，另一部分则基于一种通俗的说法，即一切国家的银量会自然地随财富的增加而增加，银的价值则自然地随银量的增加而下跌。

在观察谷物价格时，以下三种情况似乎常使他们误入歧途：

第一，古代几乎所有的地租都是以实物支付的，即以一定数量的谷物、家禽、牲畜等支付。然而，地主有时候却规定，他可随意地要求佃户以实物支付年地租，或以代替实物的一定数额货币支付年地租。像这样以一定数额货币代替实物交纳的价格，在苏格兰称为换算价格。因为在这种情况下，要实物还是要货币的选择权总掌握在地主手中，所以，为保障佃户的利益，其换算价格需要订得比平均市价低，而不是高。因此，许多地方的换算价格只比平均市价的一半稍稍多些。直到今日，苏格兰大部分地方对家禽价格还沿用这种换算办法，少数地方对牲畜价格也沿用这种换算办法。在谷价方面，要不是由于实施公定谷价制度取代了换算办法，这种办法恐怕会沿用至今。所谓公定谷价，就是根据公定谷价委员会做出的判断，每年依照各郡实际市场价格，评定各种不同品质谷物的平均价格。有了这一制度，在换算谷物地租时，就可以照当年的公定价格给地主换算租金，而不依据任何固定的价格；所以，佃户的利益都得到了充分保障，而地主也觉得方便得多。但是，搜集往年谷价的学者们往往把苏格兰所谓的利益换算价格误认为实际市场价格。弗利特伍德有一次就承认，他犯过这种错误。不过，他是在为某一特殊目的著述时，用了十五次这种换算价格以后才承认错误的。这个换算的价格是每夸特小麦 8 先令。在他开始研究的那年，即 1423 年，这个数目的含银量等于我们现今的 16 先令。在他结束研究那年，即 1562 年，这个数目的含银量也不比现今同一名义金额的多。

第二，由于马虎的抄写人在抄写古代关于公定价格的法律时字迹潦草，多有错漏，而议会在使用这些记录制定法律条文时又不严谨，这些学者难免被误导。

以前关于公定价格的法令，总是在开头按照小麦和大麦的最低价格确定面包和麦酒应有的价格，然后按照这两种谷物从最低价格逐渐升高时的次序确定面包和麦酒应有的价格。然而，抄写这些法令条文的人往往以为抄开头的三四个最低价格就够了，觉得这样省事。我想他们可能认为，这已足以表明较高的价格应按什么比例增加。

例如，在亨利三世统治的第五十一年通过的关于面包和麦酒公定价格的法律中，面包的价格按照不同的小麦价格来规定，后者每夸特 1～20 先令（按当时的货币计算）。但在拉夫黑德先生的法律汇编出版以前，所有法律汇编均系根据一种抄本而来，其抄写人未抄录条文中 12 先令以上的价格。因此，有几位学者为这种不完整的抄录误导，非常自然地得出结论说，中间的价格，即每夸特 6 先令，约等于我们现今货币的 18 先令，是当时小麦的普通或平均价格。

又如，大约同时制定的关于惩罚椅和颈手枷的法令规定，麦酒的价格，在大麦每夸特 2～4 先令的价格区间，每上升 6 便士调整一次。但是，这 4 先令的价格，并不被认为是大麦当时的最高价格，而 2～4 先令的价格只是作为例子，来说明较高或较低价格应按这样的比例增减。这法令最后的句子是 "Et sic deinceps crescetur vel diminuetur per sex denarios"。这话虽不够精确，却也含义清晰："这样，麦酒价格应随大麦价格每 6 便士的升降而增减。"在制定这法令时，议会似乎像抄写人一样马虎。

在《王位的尊严》（古代苏格兰一本法学著作）的古老抄本中，有一项关于公定价格的法律条文，按小麦的所有不同价格来规定面包的价格，小麦的价格是每苏格兰博尔（约等于英格兰的半夸特）10 便士～3 先令。在被认为是制定这项法律的那个时候，3 苏格兰先令约等于我们现今的 9 先令。拉迪曼先生似乎由此得出结论，认为这 3 先令是小麦当时达到的最高价格，而 10 便士、1 先令，最多 2 先令，则是普通价格。可是，查阅抄本后就看得很明白，所有这些价格只是作为举例列出，表明小麦价格和面包价格之间所应遵循的比例。那项法律条文最后的文字是 "reliqua judicabis secundum praescripta habendo respectum ad pretium bladi", 也就是说: "其余情况的价格须按上面提到的谷物价格加以判断。"

第三, 在很古老的时代, 小麦有时以极低价格售出, 这也使上述学者有所误解, 以致认为既然当时小麦的最低价格比后来小麦的最低价格低得多, 那么其普通价格必定也会比后来的低得多。可是, 他们可能已经发现, 那时小麦的最高价格也比后来的高得多, 就像它的最低价格比后来的低得多一样。例如, 在 1270 年, 弗利特伍德给我们提供了每夸特小麦的两种价格: 一种是当时货币的 4 镑 16 先令, 等于现今货币的 14 镑 8 先令; 另一种是 6 镑 8 先令, 等于我们现今货币的 19 镑 4 先令。在十五世纪末或十六世纪初, 找不到像这样高的价格。谷物的价格虽然在所有的时候都会变动, 但在动荡的和没有秩序的社会中变动最大。在这种社会中, 所有的商业和交通都被切断, 这就使一国的富裕地区无法去救济它的贫乏地区。金雀花王朝在大约十二世纪中叶直至十五世纪末统治英格兰, 英格兰处于混乱状态, 可能一个地区很富裕, 而另一个相隔不远的地区则由于某种季节性灾害, 或者由于某一邻近贵族的侵入, 致使作物被摧毁, 正在遭受一次极其恐怖的灾荒。如果有某一敌对贵族的土地横亘其间, 一个地区对另一个地区就不能提供任何援助。然而, 在十五世纪后半叶和十六世纪, 英格兰在都铎王朝的强力统治下, 没有哪个贵族会强大到敢于扰乱社会秩序。

读者在本章末可以看到由弗利特伍德搜集的 1202 年 ～ 1597 年的一些小麦价格, 经换算为现今货币, 并按时间顺序分为 7 组, 每组 12 年 (见表 1 ～表 7)。在每组末, 读者可以找到该组 12 年的平均价格。弗利特伍德只能搜集到这个漫长时期中 80 年的价格, 因此最后一组的 12 年中还少 4 年的价格。所以, 我根据伊顿公学的记载, 补充了 1598

年～1601 年的价格。这是我所做的唯一增添。读者可以看到：从十三世纪初，直至十六世纪中叶以后，每 12 年的平均价格逐渐变得越来越低；到 16 世纪末，又开始上升。诚然，弗利特伍德搜集到的价格似乎主要是因特别贵或特别便宜而值得注意的价格；我不敢说能从这些价格得出任何非常肯定的结论。然而，如果它们还能证明任何东西的话，它们可以确证我一直在力图说明的论点。可是，弗利特伍德本人似乎和其他大多数学者一样相信，在这个时期，由于白银日益丰富，它的价值一直在下降。他本人搜集的小麦价格，肯定和这个意见不一致，反而和杜普雷·德·圣莫尔先生的意见完全一致，也和我所力图说明的论点完全一致。弗利特伍德主教和杜普雷·德·圣莫尔先生似乎是两位非常勤勉地搜集翔实的古代物价资料的作者。尽管他们两人的意见那么不相同，但他们两人所搜集的事实，至少就小麦价格来说，是那么一致。这不免令人有几分奇怪。

然而，最有见识的学者据以推断出古代白银具有巨大价值的，与其说是小麦低廉的价格，倒不如说是其他许多土地产物低廉的价格。据说在未开化的时代，小麦比其他大部分商品贵得多。我想，这里指的是大部分未经加工的商品，例如牛羊、禽类和其他猎物，等等。在未开化时代，这些东西相比小麦，无疑要便宜得多。但是，这不是白银价值高的结果，而是这些商品本身价值低的结果；也就是说，这不是因为相比在更加富裕和进步的时代，白银在未开化的时代可以购买或代表的劳动数量更多，而是因为这些商品在未开化的时代可以购买或代表的劳动数量更少。白银在西属美洲肯定要比在欧洲便宜些，即它在生产国肯定要比在输入国便宜些，因为后者要经过长途海陆运输，要付出运输费和保险费。可是，乌略亚告诉我们，不久以前在布宜诺斯艾利斯，英币 $21\frac{1}{2}$ 便士是从三四百头牛中精挑细选出的一头牛的价格。拜伦先生告诉我们，在智利首都，一匹好马的价格是英币 16 先令。在一个土地肥沃但绝大部分尚未开垦的国家，牛羊、禽类和其他猎物等只需很少量的劳动就可以获得，所以它们也只能购买或支配很少量的劳动。它们的货币价格很低，但不能证明那里白银的真实价值很高，只能证明这些商品的真实价值很低。

白银及其他一切商品的真正尺度，不是任何一个商品或任何一类商品，而是劳动。这一点我们应当时刻牢记。

在土地几乎荒芜或人口稀少的国家，自然生产的牛羊、禽类和其他猎物，往往比居民需要消费的多得多。在这种状态下，供给通常超过需求。所以，在不同的社会状态和改良阶段，这样的商品便代表或等于极不相同的劳动量。

无论在什么社会状态和改良阶段，谷物都是人类劳动的产物。但各种劳动的平均产量，大体上总是和其平均消费量相适应；就是说，平均供给总是大体上和平均需求相适应。而且平均地说，无论在什么改良阶段，在同一土壤、同一气候中，生产同一数量的谷物都要花几乎相同的劳动量，或者说，需要花几乎等量的代价。因为，在耕作改良的状态下，劳动生产力虽然不断增加，但或多或少要被作为主要农具的牲畜的价格的不断增加所抵消。我们根据这些可以确信：在一切社会状态下，在一切改良阶段中，等量谷物比等量其他土地产物更能大致代表或交换等量劳动。因此，我在前文说过，在财富和改良的不同阶段，谷物是比其他商品更精确的价值尺度。因此，在上述不同阶段，以谷物与银相比，比我们用其他商品与银相比，更能加准确地判定银的真实价值。

此外，在各文明国家，谷物或其他被一般民众喜爱的植物性食物通常是劳动者生活资料的主要部分。随着农业的推广，每一个国家的土地所生产的植物性食物在数量上比动物性食物多得多。不论在哪个国家，劳动者都是靠这种最便宜又最丰富的食物生活。除了在最繁荣的国家或劳动报酬最高的地方，鲜肉只占劳动者生活资料的很小一部分，家禽占比更小，猎物则不占任何部分。在法国，甚至在苏格兰（苏格兰比法国的劳动报酬高），贫穷的劳动阶级除了在节假日或其他特殊情况，很少吃肉。因此，劳动的货币价格更多地受到谷物（劳动者的生活资料）的平均货币价格的影响，而不是受到鲜肉或其他土地产物的平均货币价格的影响。因此，金银的真实价值，换言之，金银能购入或能支配的真实劳动量，在极小程度上取决于金银能购买或支配的牲畜肉的数量或其他土地产物的数量，而在极大程度上取决于金银能购买或支配的谷物的数量。

可是，这种关于谷物或其他商品价格的观察结果并不至于把许多聪明的学者引入歧途，除非他们同时受到以下广泛流传的观点的影响：由于各国的银量自然随着财富的增加而增加，银的价值也随银量的增加而减少。这种见解似乎毫无根据。

任何一个国家贵金属数量增加的原因有二：其一，供应贵金属的矿山的蕴藏量更加丰富了；其二，劳动年产品增加了，人们的财富变多了。前一原因无疑地和贵金属价值的减少有关，但后一原因却与其价值的减少无关。

随着蕴藏更丰富的矿山被发现，更多数量的贵金属将供应到市场。如果它们要交换的生活必需品和便利品在数量上和从前一样，那么同一数量金属所换得的商品量必定少于从前。所以，如果一国贵金属数量的增加是由于矿山产出的增加，那就必然会使贵金属的价值下跌。

反之，在一国财富增加时，换言之，在该国劳动年产品逐渐增多时，更多商品的流通就需要有更多的钱币。而人民有了更多的商品来交换金银器皿，自然会有能力购买越来越多的金银器皿。他们手中钱币的数量由于实际需要而增加，他们金银器皿的数量也由于追求虚荣和浮华的心理而增加；而由于后一原因，精巧的雕像、绘画及其他各种奢侈品和珍奇品的数量也可能增加。但雕刻家和画家在市场繁荣时所获报酬不可能比市场不景气时低，因此，金银在市场不景气时换得的商品数量和市场繁荣时相比亦然。

如果偶然发现的新矿并未使金银价格下跌，那么，由于各国的金银价格自然会随各国财富的增加而上升，因此，不论矿山的状态如何，金银在富国的价格自然总比在贫国的价格高。像其他商品一样，金银自然要寻找出价最高的市场，而对一切货物都付得起最高价格的国家，正是能给金银支付最高价格的国家。我们必须记住，劳动是对每种东西所付的最终价格，而在劳动得到同样良好报酬的国家，劳动的货币价格将与劳动者生活资料的货币价格成比例。但是，黄金和白银所能交换的生活资料的数量，在富国自然会比在穷国多；或者说，在生活资料丰富的国家自然会比在生活资料供应不足的国家多。如果两国相距很远，金银价格的差别可能很大；因为，贵金属虽然自然会从价格较差的市场流入价格较好的市场，但可能难于大量运输，以使两地价格接近相同的水平。如果两国相距很近，金银价格的差别就会小到有时几乎看不出，因为运输容易。中国是比任何欧洲国家都更为富裕的国家，其生活资料的价格与欧洲差别非常大。中国的大米比任何欧洲国家都便宜得多。英格兰是比苏格兰更为富裕的国家，但是两国谷物的货币价格的差别就要小许多。就数量来说，苏格兰的谷物似乎比英格兰的要便宜得多；但是，就

172

性价比来说，肯定略贵。苏格兰几乎每年从英格兰输入大量的谷物，而每一种商品在输入国普遍比在输出国要贵一些。因此，英格兰的谷物在苏格兰一定比在英格兰贵。但是，就性价比来说，也就是从其制成的谷粉或饭食的数量和品质来说，它不能比在市场上和它竞争的苏格兰谷物售价更高。

就生活资料价格来说，中国与欧洲有很大差异；而就劳动的货币价格来说，则差异更大。这是因为欧洲大部分国家正处在改良发展状态，而中国似乎处在停滞状态，所以，劳动在欧洲的真实报酬比在中国高。英格兰劳动的货币价格，比苏格兰劳动的货币价格高；因为，后者虽在不断进步，但不像前者进步得那么快，所以其劳动的真实报酬也低得多。有很多苏格兰人移民到外国，而很少有英格兰人移民，这足以证明这两地的劳动需求有很大的差别。我们必须记住，不同国家之间劳动真实报酬的比例，不是由国家富裕或贫困，而是由国家的进步、停滞或衰落的状况来决定的。

黄金和白银在最富有的国家自然具有最大的价值，所以它们在最穷的国家也就只有最小的价值。在最贫穷的野蛮国家，它们根本没有价值。

谷物在大城市总是比在偏远地区昂贵。但这不是白银真实价值低廉的结果，而是谷物真实价值昂贵的结果。把白银运往大城市需要的劳动量和运往偏远地区差不多，而把谷物运往大城市却需要多得多的劳动量。

在一些很富裕的商业国，如荷兰及热那亚，谷物价格的高昂与大城市谷物价格的高昂属于同一原因。他们不能生产出足够维持其居民生活的谷物。他们富在自己的技工和制造业者的勤劳和技术、推进和节约劳动的各种机器，以及船舶和其他的运输工具和商业往来手段；不过，他们缺少谷物，必须从遥远的国家将谷物运来，所以除谷物的价格以外，还必须支付运输费用。将白银送往阿姆斯特丹和送往但泽所费的劳动差不多，但是运送谷物所费的劳动就要大得多。因此，两地白银的真实成本一定接近相同，而谷物的真实成本则一定有很大的差距。如果降低荷兰或热那亚的富裕程度，同时保持他们的居民人数不变，削弱他们从遥远国家得到供给的能力，随之而来的，必然是白银数量的减少（不论是作为富裕程度降低的原因还是结果），此时谷物的价格就会升到饥荒时候的价格水平。当我们缺乏必需品时，我们必须放弃所有的非必需品，后者的价值在物质丰富的繁荣时期上升，而在贫困和萧条时期下降。必需品的情况刚好相反：它们的真实价格，即它们所能购买或支配的劳动数量，在贫困和萧条时期上升，在物质丰富的繁荣时期下降。物质丰富的繁荣时期总是谷物供应十分充足的时期，否则就不可能以此称之。谷物是必需品，而白银只是奢侈品。

因此，在十四世纪中叶到十六世纪中叶这段时期内，由于财富增加和土地改良而引起的贵金属数量的增加，不论其程度如何，都不可能使大不列颠或欧洲其他任何国家的贵金属价值减少。所以，如果搜集古代谷物或其他物品价格而进行观察的学者没有理由推断这个时期白银的价值减少了，那么他们就更没有理由根据想象中财富增加和土地改良情况来推断这个时期白银的价值减少了。

第二阶段

不管各学者对于第一阶段的意见多么不同，他们对于第二阶段银价变动的意见却是一致的。

从 1570 年左右到 1640 年左右这大约七十年的时间里，白银价值相对于谷物价值，按完全相反的方向变动。这期间，银的真实价值下降了，换言之，它所能换得的劳动量，比从前少了；谷物的名义价格上升了，从前售价是每夸特 2 盎司银，约合现在的 10 先令，后来售价是每夸特 6 盎司或 8 盎司银，约合现在的 30 先令或 40 先令。

美洲丰饶矿山的发现，似乎是这时期银相对于谷物价格下跌的唯一原因。关于银价下跌，不论是其事实还是其原因，大家都做出了同样的说明，从未发生争执。在此期间，欧洲大部分地区在产业和土地改良方面均有发展，因而对白银的需求必然也随之增长。但是，供给的增长似乎超过了需求的增长，以致白银的价值大幅下降。可是，我们应当注意，美洲银矿的发现在 1570 年才开始对英格兰的物价有明显的影响，此时距离波托西银矿的发现已超过二十年。

根据伊顿公学的记录，1595 年 ～ 1620 年，温莎市场上最好的小麦每夸特 9 蒲式耳的平均价格为 2 镑 1 先令 $6\frac{9}{13}$ 便士，从这金额略去分数，再减去全额的 1/9，即 4 先令 $7\frac{1}{3}$ 便士，那么每夸特 8 蒲式耳的价格为 1 镑 16 先令 $10\frac{2}{3}$ 便士。同样从这金额略去分数，再由余下的金额，减去 1/9，即 4 先令 $1\frac{1}{9}$ 便士，即最好的小麦与中等小麦这二者价格之差，那么中等小麦的价格约为 1 镑 12 先令 $8\frac{8}{9}$ 便士，约合银 $6\frac{1}{3}$ 盎司。

又据同一记录，1621 年 ～ 1636 年，在同一市场上，同一计量单位最好的小麦的平均价格约为 2 镑 10 先令。将这金额按上述方法进行扣除，那么每夸特 8 蒲式耳中等小麦的平均价格为 1 镑 19 先令 6 便士，约合银 $7\frac{2}{3}$ 盎司。

第三阶段

美洲矿山的发现所导致的银价降低，似乎到 1630 年与 1640 年之间，或在 1636 年左右，就已停止，因为从那以后白银相对于谷物的价值，银价没有再降得更低。在本世纪，白银价值似乎略有上升，或许在上世纪终了之前的几年就已开始。

据伊顿公学的记录，1637 年 ～ 1700 年，即上世纪最后六十四年间，温莎市场上每夸特 9 蒲式耳最好的小麦的平均价格似为 2 镑 11 先令 1/3 便士。这个平均价格比十六年前的平均价格仅高 1 先令 1/3 便士。但在这六十四年间，发生了令当时谷物短缺的两个事件，其影响远远超过了季节性因素造成的情况。单单这两个事件就足够说明谷物价格在这个时期更昂贵的原因，而无须设想银价有进一步的下跌。

第一是内战。它打击了农业生产，阻断了商业往来，必然使谷物价格远远超过季节性因素造成的高价。它必然对王国所有的市场或多或少产生了这种影响；尤其是对伦敦附近的市场，因为它们要从最远的地方得到供应。所以，据上述记录，温莎市场上，每夸特 9 蒲式耳最好的小麦的价格，在 1648 年为 4 镑 5 先令，次年为 4 镑。这两年超过 2 镑 10 先令（1637 年以前的十六年的平均价格）的部分计达 3 镑 5 先令。要是把它均摊到上世纪最后六十四年中，那就足够说明这些年谷价略有上升。虽然这两年的价格属最高价格，但内战引起的高价却无疑不止于此。

第二是 1688 年颁布的谷物出口奖励法令。一般人会认为，奖励金的设置可促进耕作，长期来看，总会增加谷物的产量，使国内市场上的谷价更加便宜。奖励金究竟能在什么情况下增加谷物生产，降低谷物价格，我会在下文讨论。而现在我要说的是，1688 年 ～ 1700 年，它并未产生这个效果。在此期间，奖励金唯一的效果是，因为鼓励将每年的剩余量输出，使前一年丰产的量不能用来弥补后一年欠产的量，所以反而抬高了国内市场上谷物的价格。1693 年 ~ 1699 年，英格兰普遍谷物短缺，虽然这主要起因于当时天时不良，不是英格兰特有的现象，而是欧洲大部分共有的现象，但我们应当知道，奖励金确曾在英格兰加重了谷物短缺的程度。所以，1699 年里曾有九个月的时间禁止谷物出口。

在上述两件事发生的时候，还发生了第三件事。它不能造成谷物短缺，或许也不能增加通常为谷物支付白银的真实数量，但却必然造成为谷物支付白银的名义数量的增长。这个事件就是削剪和磨损银币，使之大为贬值。这种劣行从查理二世统治的时候开始，愈演愈烈，直至 1695 年。朗迪斯先生告诉我们，1695 年的通行银币比它的标准价值降低了大约 25%。但是，构成每一种商品市场价格的名义金额，必然不是由这个名义金额根据标准所应包含的白银量决定的，而是由凭经验判断这个名义金额包含的白银量决定的。因此，同接近它的标准价值的时候相比，当银币因剪削和磨损大为贬值时，上述名义价格必然要高一些。

在本世纪，银币本就长期低于标准重量的含银量没有比现在更低的时候了。不过，虽然银币的磨损情况很严重，其价值却因它能兑换来的金币价值维持住了。在上一次金币重铸以前，金币的磨损情况没有银币的严重。反之，在 1695 年，银币的价值并没有得到金币价值的维持；金币 1 基尼，当时通常可换 30 先令削损很严重的银币。上一次金币重铸以前，每盎司银块价格很少能值 5 先令 7 便士以上，这价格只比造币厂价格高 5 便士。但在 1695 年，银块的普通价格为每盎司 6 先令 5 便士，比造币厂价格高 15 便士。因此，即使在上一次金币重铸以前，金银两种铸币和银块比较，低于其标准价值的程度估计并未超过 8%。反之，在 1695 年，据说铸币却比标准价值低了 25％。但在本世纪初，即在威廉国王时代大规模重铸银币之后，大部分流通的银币必然比现在更接近于它的标准重量。在本世纪，也没有像内战那样的重大公共灾难能够打击农业生产或阻断国内商业往来。虽然，在这一世纪的大部分时间里实施的谷物出口奖励法令，必然使谷物价格略高于在实际耕种面积和集约程度既定的情况下的价格，但是，在本世纪，该法令已有充分的时间发挥它全部的良好效应，人们也普遍认为这些良好效应，即鼓励耕作而增加国内市场谷物的数量，应该归功于该法令。根据我在下文将要说明和考察的一种学说体系的原理，可以假定该法令已经产生一些影响：一方面使这种商品的价格有所降低，一方面又使它有所提高。许多人认为它还产生了更大的影响。总之，根据伊顿公学的记录，在本世纪最初的六十四年间，温莎市场上每夸特 9 蒲式耳最好的小麦，平均价格计为 2 镑 6$\frac{19}{32}$ 便士。这价格比上个世纪最后六十四年间的平均价格，便宜了约 10 先令 6 便士，即 25％ 以上；比 1636 年以前的十六年间的平均价格便宜了大约 9 先令 6 便士；比 1620 年以前的二十六年间的平均价格便宜了约 1 先令。我们可以认为，此时期美洲丰富银矿的发现已经充分发挥了它的效用；根据这种记载，在本世纪最初的六十四年中，中等小麦每夸特 8 蒲式耳的平均价格约为 32 先令。

由此可知，和谷物价格相比，银价在本世纪中似乎略有上升；但这上升的趋势也许从上个世纪终了以前就开始了。

1687 年，温莎市场上，由每夸特 9 蒲式耳最好的小麦的价格计为 1 镑 5 先令 2 便士。这价格是 1595 年以来的最低价格。

1688 年，格雷戈里·金先生，一个以通晓这类知识而闻名的人，估计小麦在收成一般的年份给生产者的平均价格为每蒲式耳 3 先令 6 便

178

士，或每夸特28先令。我认为，给生产者的价格就是有时所称的合同价格，即农场主和收购人订立的在若干年内交付一定数量谷物的价格。由于这种合同省去了农场主的营销费用和麻烦，合同价格一般比认定的平均市场价格低。金先生认为，每夸特28先令在当时是收成一般的年份的普通合同价格。据我所知，在上一次连年天时不佳、谷物短缺的时期以前，这种价格确是一般年岁的普通合同价格。

1688年，议会通过设置奖励金鼓励谷物出口。当时乡绅在议会所占席位比现在多，他们发觉谷物的货币价格在逐渐下降。奖金是人为地使谷物价格抬高到在查理一世和查理二世时代通常水平的权宜之计。因此，直到谷价高达每夸特48先令以前，都要发放出口奖金。这个价格比金先生在同年所估计的收成一般的年份的生产者价格高20先令或5/7。如果这样的估计确有几分道理，那么，除了在收成特别不好的年份，如果没有奖金，每夸特48先令在当时是不可能达到的价格。但当时尚未稳固的威廉国王的政府正在恳求乡绅们创立年度土地税法，自然无法拒绝他们提出的任何要求。

由此可见，在上世纪结束以前，银价和谷价相比，大抵已经升高了一些。到了本世纪，虽然银价的上升趋势由于奖励金对谷物实际耕作情形的干预而并不十分明显，不过银价大体而言仍然是继续上升。

由于促进谷物的出口，在丰年时候的奖励金当然会使谷价昂贵到超过本来会有的价格。但奖金制度最明显的目的，就是在大丰收的年份仍然使谷价提高，借此奖励耕作。

当然，在严重歉收的年份，奖金一般停止发放。然而，即使在这时，它也对价格产生了某些影响。由于它在丰收年份促成的大量的出口，必然经常导致丰年的产出不能弥补荒年的短缺。

因此，不论在丰收还是歉收的年份，奖金均使谷价超过实际耕作情况下自然应有的水平。因此，谷物在本世纪最初六十四年中的平均价格必然比上世纪最后六十四年中的平均价格低。然而，如果不是由于奖金发挥了作用，在相同的耕作情况下，这最初的六十四年中的平均价格一定更低。

　　但是，有人主张说，如果没有奖金，耕作的情况将会不同。这种奖金制度对一国农业的影响究竟如何，我将在下文特别讨论奖金时加以说明。现在我只想说，白银价值相对于谷物价值的上升并不是英格兰特有的现象。三位忠于事实又勤奋的谷价搜集者——杜普雷·德·圣莫尔先生、麦桑斯先生和那位写有《论谷物政策》论文的作者，他们曾经观察到，法国在同一时期，白银价值亦有上升，而且比例大致相同。但是，法国在1764年以前禁止谷物出口。很难设想，在法国禁止出口的情况下这种谷物价格下跌的现象，在英格兰却是由特别鼓励出口造成的。

　　把谷物平均货币价格的变化看作欧洲市场上白银真实价值逐渐上升的结果，而不是谷物真实平均价值下降的结果，或许更为合适。前文已述及，在长时期内，谷物是比白银或其他商品更为精确的价值尺度。当发现了美洲的丰富银矿以后，谷物的货币价格升至以前的三四倍时，人们普遍认为这种变化不是反映了谷物真实价值的上升，而是反映了白银真实价值的下跌。因此，如果本世纪最初六十四年谷物的平均货币价格比上世纪大部分时间谷物的平均货币价格低廉，那么我们应该同样说，这个变化的原因不是谷物的真实价值下跌，而是白银的真实价值上升。

　　过去十年乃至十二年间，高昂的谷价曾使人怀疑欧洲市场上白银的真实价值还在继续下跌。但这种高昂的谷价显然是不利的季节性因素影响结果，是偶发、暂时而非永久的现象。过去十年或二十年中，大部分欧洲国家的天时很不利，波兰的动乱又大大增加了这些国家谷物短缺的程度，因为这些国家在谷物歉收的年份常从波兰得到供应。这么长时间的不利天时虽然不是很常见，但也绝不罕见。任何对从前的谷物价格史做过研究的人都不难回想起几个相似的实例。此外，异常歉收的十年也和异常丰收的十年一样不足为奇。1741 年～1750 年的谷价非常低廉，可以同最近八年或十年的高昂谷价形成对照。据伊顿公学的记录，1741年～1750 年，温莎市场上，每夸特 9 蒲式耳最好的小麦，平均价格仅为 1 镑 13 先令 9⁴/₅ 便士。这比本世纪最初六十四年间的平均价格，便宜了约 6 先令 3 便士。依此推断，在这十年间，每夸特 8 蒲式耳的中等小麦，平均价格就仅为 1 镑 6 先令 8 便士了。

但是，1741 年～1750 年的谷物价格，一定是由于设置了奖励金的缘故而没有在国内市场上按自然的趋势降低。在这十年中，根据海关统计，各种谷物的出口量共达 8029156 夸特 1 蒲式耳。为此付出的奖金达 1514962 镑 17 先令 4¹/₂ 便士。因此，1749 年，当时的首相佩勒姆先生对下议院说，过去三年作为谷物出口奖金支付出去的金额数目十分可观。他这么说是很有理由的，在下一年他可能更有理由这么说。单是那一年，付出的奖金高达 324176 镑 10 先令 6 便士。迫使这么大量的谷物出口必曾使国内市场上的谷价涨到没有奖励金时所会有的价格之上，至于超过多少，就不必推算了。

在本章所附统计表最后的部分，读者可以看到，这十年的统计是和其他各年的统计分开的；此外，我们也可看到此前十年的统计（均见表9）。这十年的平均数同样在本世纪最初六十四年的总平均数以下，但却低得不多。但 1740 年实在是异常歉收的一年。1750 年以前这二十年间也许非常适合拿来和 1770 年以前这二十年做对比。前者虽夹有一两个物价昂贵的年份，但显然比本世纪的总平均数低得多；后者虽夹有一两个物价低廉的年份（例如 1759 年），但显然比本世纪的总平均数高得多。假使前者低于总平均数的程度，不如后者超过总平均数的程度，那么两者间的差异自应归于奖励金制度。况且，这变动显然很剧烈，无法用缓慢的银价变动解释。这种剧烈变动的结果只能归于一种可以迅速起作用的原因，即意外的天灾。

大不列颠劳动的货币价格在本世纪的确上升了，但这种上升不是欧洲市场上银价下跌的结果，而是大不列颠普遍繁荣而对劳动的需求增加的结果。法国的繁荣程度不及英格兰，自从上个世纪中叶以来，该国劳动的货币价格随谷物的平均货币价格而日渐降低。在上世纪和本世纪，法国普通劳动的日工资，据说始终大约等于 1 塞蒂埃（比 4 温切斯特蒲式耳略多）小麦平均价格的 1/20。前文已经说过，大不列颠劳动的真实报酬，即给予劳动者的生活必需品和便利品的真实数量，在本世纪已大为增长。劳动货币价格的上升，似乎不是欧洲一般市场上白银价值下跌的结果，而是大不列颠这个特别市场上得天独厚的环境抬高了劳动真实价格的结果。

在美洲的矿山被发现以后的一段时期，白银依旧以原来的或不大低于原来的价格买卖。因而，这一时期矿业的利润非常可观，大大超过自然水平。但不久后，向欧洲输入白银的人就发现，全年的输入量不可能全部按这种高价售出。白银交换的货物数量变得越来越少，其价格也变得越来越低，直至降到它的自然价格，即仅足以按各自的自然报酬率支付劳动工资、资本利润和土地地租这些将其从矿山送往市场的费用。前文已经说过，西班牙国王向秘鲁大部分银矿征收的相当于总产品 1/10 的赋税吞掉了全部的地租。这种税原来是总产品的一半，随后不久降到

1/3，然后降到 1/5，最后降到 1/10，至今仍然维持这个税率。在秘鲁的大部分银矿，在抵偿了开采人的资本连同其普通利润以后，所剩的也就是 1/10 了。而且，人们普遍认为，开采的利润过去是很高的，现在却已经低到仅能勉强维持开采了。

1504 年，西班牙国王对于秘鲁银矿所课的矿税减为登记的白银生产量的 1/5，这是 1545 年发现波托西银矿之前四十一年的事。1545 年～1636 年这约九十年中，这些全美洲最丰富的银矿有充足的时间去发挥它们的全部效应，也就是说，在欧洲市场上使白银价值降低到不能再低的水平，并继续向西班牙国王缴税。大约九十年的时间，足以使任何没有垄断保护的商品的价格降低到它的自然价格，即一面纳税，一面仍能长期继续供应市场的最低价格。

欧洲市场上的银价，本有可能进一步下跌，使得税率不仅像 1736 年那样减少至 1/10，还必须像金税一样减少至 1/20，甚至令现在开采中的大部分美洲矿山停止开采。这些情况之所以没有发生，是由于银的需求也在逐渐增加，美洲银矿出产物的市场在逐渐扩大，不仅维持住了欧洲市场上的银价，而且还把银价抬高到稍稍超过上个世纪中叶的水平。

自美洲的银矿被发现迄今，银矿出产物的市场一直在逐渐扩大。

第一，欧洲市场已逐渐扩大。美洲的银矿被发现后，大部分欧洲国家得到了很大发展。英格兰、荷兰、法兰西、德意志，甚至瑞典、丹麦、俄罗斯，都在农业及制造业上不断进步。意大利也似乎不曾退步，它的没落是在秘鲁被征服以前，此后却渐渐好转。西班牙及葡萄牙似乎是退步了，但葡萄牙只占欧洲的极小一部分，而西班牙的衰退也没有到一般人想象的程度。在十六世纪初叶，即使与法国比较，西班牙也是一个极贫穷的国家。法国从那时以来已有很大发展，常常在这两国游历的神圣罗马帝国皇帝查理五世曾有这样有名的评语："在法国，一切物资都是丰富的；在西班牙，却是一切匮乏。"既然欧洲农业和制造业的生产额增大了，那么其流通所需的银币量必然逐渐增加。富人既然多了，银制器皿和银制饰物的需求量也必然逐渐增加。

第二，美洲本地是它银矿产物的新市场。美洲的农业、工业及人口的发展比欧洲发展最快的国家还要快，因此对银的需求的增加也自然快得多。英属殖民地，完全是一个新市场。那里以前一向对银没有需求，现在则一部分因为铸币，一部分因为打制器皿，而不断增大了对银的需求。大部分西班牙属和葡萄牙属殖民地也是新市场。在未被欧洲人发现以前，新格拉纳达、尤卡坦、巴拉圭、巴西等完全没有手工业与农业，还属于野蛮国家。可是，他们现在在手工业与农业上都有了相当的发展。墨西哥与秘鲁这两国，虽不能全然视为新市场，但其市场的规模的确比过去扩大了。许多书中描述这两国辉煌历史的奇异故事相当浮华夸张，但是只要以冷静的头脑去读他们被发现和征服的历史，就会看出当时居民在农、工、商方面比今日乌克兰的鞑靼人更无知。就算两国中比较进步的秘鲁人，也只知道用金银制作装饰品，而不知铸金银为货币。他们的商业，完全以物物交换的方式进行，几乎没有分工这回事。耕作土地的人，同时不得不建筑自己的住宅，制造自己的家具、衣物、鞋子及农具等。他们之中，虽有若干工匠，但是据说都是靠君王、贵族、僧侣养活的，恐怕就是这些人的仆役或奴隶。墨西哥和秘鲁所有的古代手工业，从来没有以任何制造品供给过欧洲市场。西班牙派去那边的军队不过 500 人，甚至往往不到 250 人，却发现几乎到处都很难获得食物。据说，这些军人所到之处，就连夸口人口稠密、耕作发达的地方也常常发生饥荒。这种事实足以证明，记述这些国家人口稠密、耕作发达的故事大部分是虚构的。西班牙殖民地的统治方式，在许多方面不像英格兰殖民地那样有利于农业的发展、技术的改良及人口的增长，但在所有方面，西班牙殖民地却比任何欧洲国家都进步得快；原因是新殖民地往往土壤肥沃、气候适宜，土地广阔且便宜，这一切共有的优点足以补偿其政治上的许多缺点。在 1713 年访问过秘鲁的弗雷泽说，利马有 25000 ～ 28000 人口。乌略亚于 1740 年 ～ 1746 年在这个国家居住，他说该市居民有 5 万以上。他们对智利、秘鲁其他几个主要城市的人口的说法也有类似的差异。我们没有理由怀疑两人信息的准确性，只能说这些地方的人口增长不逊于英格兰殖民地。总之，这一切都表明美洲是该地银矿产物的新市场；这里对白银的需求的增加必定比欧洲发展最快的国家还快。

第三，东印度是美洲银矿产物的另一市场。自这些矿山开采以来，该市场所吸收的银量就日益增加。自那时起，美洲和东印度各地之间通过阿卡普尔科的船舶进行的直接贸易量一直在增长；而经由欧洲的间接贸易量增长的比例更大。在 16 世纪，只有葡萄牙人与东印度各地进行正规贸易。在该世纪的最后几年，荷兰人开始打破这种垄断，不到几年就把葡萄牙人逐出了他们在印度的主要殖民地。在上世纪的大部分时间里，这两个民族瓜分了大部分的东印度贸易；荷兰人所占的比例不断增大，而葡萄牙人所占的比例则不断缩小。英国人和法国人在上世纪和印度进行了一些贸易，并在本世纪扩大了规模。瑞典人和丹麦人的东印度贸易是从本世纪开始的。甚至，俄国人也经常通过经由西伯利亚和鞑靼抵达北京的一种陆路商旅队，和中国进行贸易。所有这些国家的东印度贸易几乎都在不断扩大；只有法国人例外，因为它的东印度贸易在上次战争中差不多完全被毁灭了。欧洲所消费的东印度货物数量似乎增长迅速，使这些货物的销售范围也逐渐扩大。例如，十六世纪中叶以前，欧洲人仅在极少情况下拿茶当药。然而现在，英格兰东印度公司为本国国民当作饮料而输入的茶叶价值 150 万镑；但这还不够满足需要，又要经荷兰各港和瑞典的哥德堡不断走私输入。在法国东印度公司繁荣的时代，茶叶也常由法国海岸秘密输入英国。此外，中国的瓷器、摩鹿加群岛的香料、孟加拉的布匹，以及其他无数货物在欧洲市场的消费量也几乎以同样的比例增加。因此，在上世纪的任何时间，整个欧洲在东印度贸易中使用的船舶吨位可能和英属东印度公司在最近减少船舶以前的吨位差不了多少。

但当欧亚初通贸易时，在亚洲各国，尤其是中国与印度，金银的价值却比欧洲高得多，如今仍是如此。这种差别是因前者多为大米生产国，其稻田通常每年两产甚或三产，而每次的产量又比小麦的产量多。所以，即使面积相同，大米生产国也比小麦生产国供给的粮食更为丰富；这些国家的人口也就多得多。这些国家的富人手中有超过自己所能消费的大量余粮可以处理，有办法购买数量更多的他人劳动。因此，根据所有的记载，中国或印度的显贵们比欧洲最富的人所雇用的家庭仆役数量更多、排场更大。就是这种可以自由处理的大量余粮，使他们可以付出更多的食物，来购买各种天然的、数量极为有限的奇珍异宝，例如贵金属和宝石，这些都是富人竞争的重要对象。因此，虽然供应印度市场的矿藏也同供应欧洲市场的矿藏一样富饶，这种商品在印度自然会比在欧洲交换数量更多的食物。但是，向欧洲供应贵金属的矿山比向印度供应贵金属的矿山产量更丰富些，而向印度供应宝石的矿山则比向欧洲供应宝石的矿山产量更丰富些。因此，相比在欧洲，贵金属在印度自然能交换数量稍多的宝石，也能交换数量更多的食物；最奢侈的非必需品即钻石的货币价格略低；首要的生活必需品即食物的货币价格更低。但是，我在前文已经指出，劳动的真实价格，即给予劳动者的生活必需品的真实数量，在中国和印度这两个东印度最大的市场都比在欧洲大部分地区要低。那里劳动者的工资能购买的食物数量比较少。而且，由于食物价格在印度要比在欧洲低得多，劳动的货币价格在印度就由于以下双重原因更低：既由于它能购买的食物数量少，又由于这种食物的价格低。但在技术水平和勤劳程度相同的国家，大部分制造品的货币价格均与劳动的货币价格相应。中国和印度在技术水平和勤勉程度方面比欧洲任何地区都差，但也差不了太多。因此，大部分制造品的货币价格在这两个大国自然会比欧洲任何地区都低得多。还有，在欧洲大部分地区，陆路运输的开支提高了大部分制造品的真实价格和名义价格。经由陆路，首先将原料送过来，然后将制造品送入市场，需要花费更多的劳动，因而也需要花费更多的货币。相反，在中国和印度，内地运输的范围广、种类多，节省了大部分的劳动，因而也节省了大部分的货币，从而使它们大部分制造品的真实价格和名义价格降得更低。由于这种种原因，从过去到现在，将贵金属从欧洲运往印度和中国一直是极为有利可图的生意。在印度，很少有其他商品能比贵金属卖得更好的价格，或者说，相比在欧洲所值的劳动和商品数量，贵金属能在印度和中国购得或支配数量更多的劳动和商品。将白银运往印度比运黄金更为有利，因为在中国和其他大部分东印度市场，纯银和纯金的比率仅为 10：1，至多是 12：1，而在欧洲则为 14：1 或 15：1。在中国和其他大部分东印度市场，10 盎司，最多 12 盎司白银可以购得 1 盎司黄金，在欧洲则要求有 14～15 盎司白银。因此，大部分驶向印度的欧洲船舶装载的货物中，白银一般是最有价值的物品之一。它也是驶向马尼拉的阿卡普尔科的船舶上最有价值的物品。于是，新大陆的白银成为欧亚旧大陆两端通商的主要商品之一。也正是由于白银贸易，世界的这些相距遥远的地区才得以彼此有了联系。

为供给如此广阔的市场，每年从各矿山开采的银量不但要足够供应一切繁荣国家不断增加的铸币需求和器皿需求，还必须足够弥补一切用银国家银币与银器的不断磨损。

铸币的磨损、器皿的磨损和擦洗会不断消耗其中包含的贵金属。单是这种被广泛使用的商品在这方面的消耗，就要求每年有大量的供应。在某些特殊制造品中消费的金属，虽然总体说来可能不比上述逐渐的消耗大，可是因其消费得特别迅速，因而也就特别明显。单是在伯明翰的制造品中，每年在镀金和包金上消耗的金银数量，据说超过 5 万英镑，而且无法回收。可想而知，世界各地在与伯明翰这些制造品相类似的制造品上，或在镶边、刺绣、金银器、书皮烫金及家具等物上，每年消耗的金银量会有多么庞大。而且，金银每年由一地运往另一地，在海运或陆运途中损失的分量也一定不在少数。此外，亚洲各国掘地埋藏宝物的习俗非常普遍，而埋藏的地点在埋藏者死亡以后往往无人知道；因此，这种习俗也必然增加金银的损失量。

根据可靠的记载，在加的斯和里斯本，每年输入的黄金和白银的数量（不仅包括正式登记进口的，也包括走私的）约值 600 万英镑。

梅更斯先生说，西班牙六年间（1748 年 ~ 1753 年）和葡萄牙七年间（1747 年 ~ 1753 年）平均每年输入的贵金属，白银达 1101107 磅，黄金达 49940 磅。白银按金衡每磅值 62 先令计算，共值英币 3413431 镑 10 先令；黄金按金衡每磅值 $44\frac{1}{2}$ 基尼计算，共值英币 2333446 镑 14 先令。两项合计为英币 5746878 镑 4 先令。他肯定地说，正式登记进口的数字是正确的。他十分详细地提供了黄金和白银运来的具体地点及其具体数量，还就他认为可能是走私运入的每种金属的数量做出了估计。这位精明的商人丰富的经验使他的意见十分有力且可靠。

《欧洲人在东西印度建立权势集团的哲学史及政治史》一书的作者以善辩和博识闻名于世。据他说，西班牙经登记进口的金银，在十一年间（1754年～1764年）平均每年达13984185$\frac{3}{4}$皮阿斯特（10里尔）。可是，由于可能有走私，他假定每年输入总额可能达1700万皮阿斯特，按每皮阿斯特值4先令6便士计算，合英币3825000镑。他也列举了黄金白银运来的具体地点及其具体数量。他还告诉我们，如果按向葡萄牙国王缴纳的赋税数量（税率为标准金属的1/5）来判断每年从巴西输入里斯本的黄金数量，我们可以估定为1800万葡币，或4500万法国里佛，约合200万英镑。由于可能有走私，他说，我们可以有把握地加上这个数目的1/8，即25万英镑，因此总额共计225万英镑。于是，根据这项记载，每年输入西班牙和葡萄牙的贵金属总价值为6075000英镑。

此外，我曾另外查阅若干确实可靠的记述，尽管只是抄本，但它们对于平均每年总输入量所估计的数字都在600万英镑左右，具体数额略有不同。

每年输入加的斯和里斯本的贵金属的确并不等于美洲矿山每年的全部产品。其中，有一部分每年通过阿卡普尔科的船舶运往马尼拉，有一部分在西班牙殖民地与其他欧洲国家的殖民地之间进行非法买卖，还有一部分无疑地留在出产地。此外，美洲的矿山也绝不是世界上唯一出产金银的矿山。可是，它们一直是产量最丰富的矿山。人们承认，和美洲矿山相比，已知的其他矿山的产量是微不足道的；而且，美洲矿山产品的大部分每年都运进了加的斯和里斯本。然而，单伯明翰一年消费的 5 万英镑，已相当于这每年 600 万英镑输入的 1/120。从这看来，世界各地每年消费的金银总额也许与其产出的总额相等；其剩余也许仅够供给一切繁荣国家继续增加的需求，有时甚或不够。这样就使欧洲市场上的金银价格有了一些提高。

每年由矿山开采出来供应市场的铜铁的数量之大绝非金银所可比较。但我们绝不能因此认为，这些贱金属供给的增多有超过其需求的倾向，或者说，有使其价格逐渐趋于低廉的倾向。那么，我们为什么会认为贵金属会有这倾向呢？贱金属虽然比较坚固，但会被用在比较粗重的工作；而且，因其价值较低，人们对其保存也不像对贵金属那么留心。但是，贵金属并不一定比贱金属更能久存，它同样也常在各种情况下被磨损和耗费。

一切金属价格都有缓慢的变动；但较之其他土地产物，其变动的幅度比较小。与贱金属的价格比较，贵金属的价格突然产生变动的可能性更小。金属价格不易变动的原因在于它的耐久性。去年送往市场的谷物今年年终将全部或几乎全部被消费干净，但两三百年前由矿山开采出来的铁现在却可能还有一部分在使用，两三千年前由矿山开采出来的金子也是如此。各年被消费的谷物量与各年生产的谷物量常保持相当的比例，但某两年间使用的铁的数量比例，却几乎不会受这两年间铁矿产出量的偶然差异影响；而某两年间所使用的金的数量比例更是这样。所以，虽然大部分金属矿山年产的变动也许大于大部分谷地年产的变动，但这变动对这两种不同生产物价格的影响却并不一样。

190

金银价值比例的变动

在发现美洲矿山以前，欧洲各造币厂规定的纯金对纯银的价值比例为 1：10 ～ 1：12，即 1 盎司纯金被当作 10 ～ 12 盎司纯银。大约在上世纪中叶，这个比例又被规定为 1：14 ～ 1：15，即 1 盎司纯金被当作 14 ～ 15 盎司纯银。黄金的名义价值上升了，或者说它换得的白银数量增加了。两种金属的真实价值，即它们能购得的劳动数量均有下降，但白银比黄金下降更多。美洲金矿和银矿的丰饶程度比以前已发现的任何矿山都高，但银矿的丰饶程度似乎比金矿更高。

每年由欧洲运往印度的银量很大，使得英格兰一部分殖民地的银价相对于金价渐渐降低。与欧洲一样，加尔各答的造币厂也认为 1 盎司纯金值 15 盎司纯银。可是，这估价和黄金在孟加拉市场上的价值相比可能过高。在中国，黄金和白银的比例仍旧是 1：10 或 1：12。在日本，据说是 1：8。

根据梅更斯先生的记载，每年输入欧洲的黄金和白银数量的比例约为 1：22 左右，即每输入 1 盎司黄金就有略多于 22 盎司白银输入。他认为，每年运往东印度的大量白银使留在欧洲的金银数量的比例降至 1：14 或 1：15，与它们的价值比例相同。他似乎认为，金银价值的比例必然与金银数量的比例相同，因而，如果不是由于白银输出较多，就应当是 1：22。

但是，两种商品价值的普通比例不一定和它们在市场上的数量比例相同。每头牛的价格为 10 基尼，每只羊的价格为 3 先令 6 便士，前者约为后者的 60 倍。如果由此得出结论说在市场上有 1 头牛就有 60 只羊，那是荒谬的。同理，由于1盎司黄金一般能换14～15盎司白银，就得出结论说在市场上有1盎司黄金就只有14～15盎司白银，也是一样荒谬。

通常，市场上银的数量相对于金的数量的比例，比一定数量金银的价值比例要高得多。与市场上供应的高价商品相比较，市场上供应的廉价商品往往不但总量更大，而且总价值也更大。每年送往市场的面包，不仅总量比牲畜肉多，价值也比牲畜肉高。牲畜肉的总量和总价值大于家禽的总量和总价值，家禽的总量和总价值大于野禽的总量和总价值。购买廉价商品的顾客，通常比购买高价商品的顾客多得多，廉价商品因此能在市场上售出更多的数量，卖得更高的价值。所以，廉价商品总量相对于高价商品总量的比例，通常大于一定数量高价商品价值相对于同量廉价商品价值的比例。就贵金属说，银为廉价商品，金为高价商品。因此，我们可以预判，通常在市场上，银不仅在总量上比金多，而且在总价值上也比金高。只要把自己的银器和金器比较一下，持有少量金银器者就会发觉，银器在数量上和价值上都大于金器。还有许多人持有不少的银器，却毫无金器；即使有，也只限于表壳、鼻烟盒之类的小玩意儿，其总价值极为有限。英格兰铸币中，所有金币的价值的确大于所有银币的价值，但在其他各国却并非如此。有些国家的铸币中，所有银币的价值差不多与所有金币的价值相等。据造币厂统计，在未与英格兰合并以前，苏格兰所有金币的价值虽略多于银币，但也与之相差不多。而其他许多国家的铸币中，占多数的不是金币而是银币。法国一切巨额的支付，通常都用银币。至于金币则只限于随身携带的小额，此外就不容易得到。可是，在所有国家，白银都在总价值上超过黄金，这就足以补偿有些国家的金币超过银币的情况，而且有余。

从某种意义上说，银在过去总比金低廉得多，将来恐怕也是一样。但在另一种意义上，照今日西班牙市场上的情况，也许可以说金比银低廉。一种商品是昂贵或低廉的，不但可按照其平常价格的绝对大小来说，也可按照其价格是高于还是低于其长期供应市场的最低价格来说。这里所谓的最低价格，是指只够补偿这商品送往市场必需的资本及其普通利润的价格，也就是对地主不能提供任何报酬，而全部由工资及利润二者构成的价格。现在在西班牙市场上，金确实比银更接近于这最低价格。西班牙所课的金税，不过合标准金的 1/20，或者说 5%，而银税则为 1/10，或者说 10%。我在前面说过，西属美洲殖民地的大部分金银矿山提供的地租全都作为赋税上缴给国王。国王收上来的金税还不及银税。经营金矿发财的，也比经营银矿发财的少。可见，金矿的利润一定低于银矿的利润。这样，与银比较，西班牙市场上金的价格，既然只提供较少的地租和利润，所以就一定更接近长期供应市场的最低价格了。把一切费用都算在内，在西班牙市场上，出售全部黄金似乎不能像出售全部白银那样有利可图。但是，葡萄牙在巴西所收的金税与西班牙往昔在墨西哥和秘鲁所收的银税，同为标准金属的 1/5。这样一来，美洲全部的黄金供应整个欧洲市场的价格是否比白银更接近长期供应市场的最低价格，这就很难说了。

钻石和其他宝石的价格，或许可能比黄金的价格更加接近长期供应市场的最低价格。

银税不仅是向奢侈品这种最适当的课税对象征收的税，而且也是政府收入的重要来源。所以，在有征收可能的时候，这种税是难于放弃的。尽管如此，在 1763 年，曾因纳税人无力纳税而将税率从 1/5 降至 1/10，同样的原因可能早晚还会迫使白银的税率进一步降低，就像过去迫使黄金的税率降到 1/20 那样。西属美洲殖民地的银矿，如同其他的矿山那样，由于开采必须向更深的矿层进行，以及在深层排水和供应新鲜空气的费用越来越贵，所以开采的费用变得更加昂贵。这是每一个研究过这种矿山情况的人都承认的。

这等于说白银变得越来越稀少（因为当采集一定数量的某种商品变得越来越困难和费钱时，就可以说是它变得越来越稀少），所以到时候必然在开采的费用增加以后产生下列三种结果之一：第一，以银价按正比例增加来取得补偿；第二，以银税按正比例减少来取得补偿；第三，一部分通过第一种方法，另一部分通过第二种方法而取得补偿。三者必居其一，但第三种结果可能性最大。如果是这样，正如尽管金税大减，但和银价相比，金价仍然上升一样，尽管银税大减，但和劳动及其他商品的价格相比，银价可能仍然上升。

但是，银税的递减纵然不能完全防止欧洲市场上银价的上升，至少会将其推迟。减税以后，以前因不堪重税而中止开采的矿山，现在也许会再行开采。这样，每年送往市场的银量必然会多些，而一定数量的银价则必然会降低些。1736 年西班牙国王减少银税的结果是，欧洲市场上的银价与从前相比没有实际降低，但与银税不减时的银价相比就降低了至少 10%。

尽管有了减税，欧洲市场上白银的价值在本世纪仍略有上升。前文的事实和对其提供的论证均使我相信这是真的，更准确地说，猜测这是真的；因为就这个问题我所持的最佳态度或许称不上"相信"。假定白银价值有所上升，其幅度也是非常小的。尽管如此，许多人看来，究竟这种事情是否实际上已经发生，而且是否相反的事情不会发生，即欧洲市场上白银价值是否会继续下跌，还不能肯定。

不过，以下的事件我们还是必须注意的：不管假定的每年金银进口的数量如何，必定会有一个时期，这些金属每年的消费等于其每年的进口。它们的消费量必然随它们供应量的增加而增加，或者说增加的比例更大。当它们的供应量增加时，它们的价值就下降。当它们被频繁且粗心地使用时，它们的消费量就随着它们供应量的增加而更快地增加。因此，假定进口量不是在不断增长，在一定的时期以后，这些金属每年的消费量就会变得等于它们的进口量。可是，现在进口量仍在增长。

如果使金银每年的消费量达到与进口量相等以后，每年的进口量逐渐减少，那么，每年的消费量也许有一段时间会超过每年的输入量。于是，金银的总量可能逐渐不知不觉地减少，而其价值却不知不觉地上升，直到每年的输入量不增不减时为止。这时候，金银每年的消费量将逐渐不知不觉地适应每年的进口量能维持的数额。

怀疑白银价值仍在继续跌落的根据

欧洲财富日益增加，某种流传广泛的看法认为，由于贵金属量自然随财富的增加而增加，贵金属价值因此也就随贵金属数量的增加而减少。这个看法可能使许多人相信，欧洲市场上的金银价值迄今还在下跌。而许多土地产物价格逐渐上升的事实更使他们坚持这种意见。

我已在前文说过，一国随财富增加而增加的贵金属数量绝没有可能减少其价值。金银自然流向富国，其理由与奢侈品和珍奇品流向富国相同，不是因为它们在富国比在穷国更便宜，而是因为它们在那里比较昂贵，或者说能卖得更好的价钱。正是这种价格的优越性吸引着它们；一旦没有这种优越性，它们就会停止这一流向富国。

我已经努力证明，除了谷物及其他全靠人类勤劳才能获得的各种植物，所有的天然产物，如家畜、家禽、各种猎物，以及地下有用的化石和矿物等，都自然随社会财富的增长和技术的改进而趋于昂贵；所以，就算这些商品能换得比以前多的白银，我们仍不能因此就说银价实际上已比从前降低了，换言之，不能说银只能购买比以前少的劳动量了。我们能得出的结论只能是，这些商品的真实价格已经提高了，即能购得比以前多的劳动量了。随着社会财富的增长和技术的改进，这些商品不但名义价格上升了而且其真实价格也上升了。名义价格的上升并非白银价值下跌的结果，而是该商品自身真实价值上升的结果。

社会进步对三种天然产物的不同影响

　　这些天然产物可以分为三类：第一类是人类劳动的力量几乎无法使之增加的产品；第二类是人劳动的力量能使之随着需求的增加而增加的产品；第三类是人类劳动效力受到限制或不能肯定的产品。在社会增加财富和技术改良的过程中，第一类产品的真实价格可以上升到不受任何确定限度制约的极高昂的程度，但第二类产品的真实价格虽然也可能大大上升，却有一定的限度，超过这种限度，它就不可能长期维持。第三类产品的真实价格虽然在改良中有自然上升的趋势，但在同一个阶段，其价格有时会下跌，有时保持不变，有时多少有所上升，这全然取决于不同的意外事件使人类在增加这类天然产物方面的努力获得成功的可能性。

第一类

第一类产物的价格随社会进步而提高，人类劳动的力量几乎无法使之增加。它们的产量只是自然生产的一定分量，又非常容易变质，所以也就不可能把各季节生产的这类产物全部蓄积起来。大部分罕见的飞鸟、鱼类、各种普通野禽和野兽，尤其是候鸟，都属于这类产物。当财富和与之相伴而来的奢侈之风增长时，人们对这些东西的需求也会随着增长。然而，人类劳动的努力不可能使供给量增加以满足增加的需求量。因此，这种商品的数量保持不变或差不多不变，市场竞争不断加剧，它们的价格可以上升到任何高昂的程度，而似乎不受任何限度制约。如果丘鹬变得流行，每只售价 20 基尼，人类劳动的力量也不能使它的上市数目大大超过现有数目。罗马人在他们鼎盛的时代付给珍贵鸟类和鱼类的高价也很容易这样去解释。这种高价并不是当时白银价值低的结果，而是这种人类劳动的力量无法使之增加的珍奇动物本身价值高的结果。在罗马共和国没落前后，罗马的白银真实价值比现今欧洲大部分地区都高。3 塞斯特斯约等于英币 6 便士，是共和国付给每莫迪斯或每配克的西西里什一税小麦的价格。可是，这个价格或许低于市场平均价格，因为规定按这种价格交纳小麦的义务被认为是对西西里农民的课税。因此，当罗马人偶尔命令交纳比什一税小麦数目更多的谷物时，按照投降条约，须对超过额每配克付给 4 塞斯提斯，即英币 8 便士。这在当时或许被看作适度的和合理的价格，即普通的或平均的合同价格，约等于每夸特 21 先令。在最近连续歉收的年份以前，每夸特 28 先令是英格兰小麦的合同价格，而英格兰小麦质量不及西西里小麦，在欧洲市场上普通售价较低。因此，白银价值在古代与现今相比，一定是 3：4，即当时 3 盎司白银能购得的劳动和商品数量与现今 4 盎司白银能购得的相同。普利尼在书中告诉我们，塞伊乌斯购买了一只夜莺赠送给阿格里皮娜皇后，花了6000塞斯特斯，约等于我们现今的50英镑；阿西尼乌斯·塞勒尔购买一条鲱鱼，花了8000塞斯特斯，约等于我们现今66英镑13先令4便士。当我们读到这种记载时，这些奇贵的价格使我们大吃一惊；但这些价格以我们看来，似还比实价少1/3。这两件东西的真实价格，换言之，它们能交换的劳动量或食品量比其名义价格如今给我们的印象大约多1/3。这就是说，塞伊乌斯为夜莺付出的劳动或食品量，等于现在66镑13先令4便士能购到的；而阿西尼乌斯·塞勒尔为鲱鱼付出的劳动或食品量，等于现今88镑17先令9便士能购到的。这种高昂的价格并不是因为白银特别丰富，而是因为罗马人能支配的超过自己必需的劳动和食品数量十分丰富。他们拥有的白银数量，比他们拥有的同量劳动和生活资料现今能换到的白银数量要少得多。

第二类

第二类天然产物的价格随社会进步而上升，其数量能随人类需求的增加而增加。它们包括那些有用的动植物。当土地未开垦时，这类自然生产物很多，价值很低，乃至没有什么价值；到了耕作的面积逐渐扩大时，就不得不让位给那些更为有利的产物。在社会日益进步的长期过程中，这类产物的数量日益减少，而其需要却持续增加。于是，其真实价值，即它所能购入或支配的真实劳动量就逐渐增加，最终增加到与人力在土壤最肥沃、耕作得最好的土地上产出的任何物品的价值比较，也不相上下。但是，一旦它的价格达到这种高度，就不能再增加了。如果超过这限度，马上就会有更多土地和劳动被用来生产这种产物。

例如，当牲畜的价格高到使耕种土地为它们提供牧草就像为人类提供粮食那样有利可图时，它就再也不能提高了。如果再提高，不久就会有更多的谷地改成牧场。通过减少野生牧草来扩大耕种，会减少一国不费劳动或不须耕种而自然生产的鲜肉数量。由于增加了拥有谷物或拥有与谷物等价物品的人数，因而增加了对肉类的需求。因此，鲜肉的价格，连带着牲畜的价格一定会逐渐上升，直到用土壤最肥沃、耕作得最好的土地来为它们生产牧草也像生产谷物一样变得有利可图。但一定总是要等到改良推进的后期，耕作面积才能扩大到使牲畜价格如此之高的程度。在达到这种程度以前，如果国家还在发展，牲畜的价格必定不断上升。目前欧洲恐怕还有一部分地方的牲畜价格未达到这样的程度。合并以前的苏格兰的某些地方也是如此。较之其他用途，苏格兰的土地更适宜畜牧。所以，如只行销于苏格兰本地市场，那里的牲畜价格恐怕不会高到值得用土地为之生产牧草的程度。我在前文说过，在英格兰，伦敦附近的牲畜价格像上个世纪初期一样达到了这样的程度，但在较偏远的地方，大概在很久以后才达到。甚至至今还有少数较偏远的地方未达到这样的程度。不过，在第二类天然产物中，价格最早随社会进步而升至这种程度的恐怕就要算牲畜了。

在牲畜价格尚未达到这种程度以前，就是最适于深耕细作的土地，也不太可能完全被开垦。所有距离城市遥远以致不能从城市运来肥料的农场，耕种得好的土地数量一定是与农场自己所能生产的肥料数量成比例的，而自行生产的肥料数量又一定与土地所能维持的牲畜数量成比例。土地施肥的方式，或是在土地上放牧得粪，或是在畜舍饲养牲畜，再将其粪便运往土地。但是，除非牲畜的价格足以支付耕地的地租和利润，否则农夫无力在耕地上放牧，更无力在畜舍中饲养它们。而只有靠已经改良和耕种的土地的牧草，才能在畜舍饲养牲畜，因为在荒芜的未经改良的土地上收集稀疏的牧草要花费非常多的劳动和费用。因此，如果牲畜的价格不足以支付耕地的地租和利润，也就是说，当牲畜的价格不足以使其在这种土地上放牧时，这个价格就更不足以支付去收集送往畜舍的牧草这种大量的额外劳动。因此，在这种情况下，值得设置畜舍来饲养的牲畜数量不可能比耕种必需的牲畜数量更多。但是，这种牲畜数量绝不可能提供足够的肥料，以使全部可耕地保持良好的状态。既然如此，它们提供的肥料，必然留给耕种起来最方便又最值得耕种的那些土地使用，即最肥的、在农舍附近的那些土地。因此，这些土地会经常保持良好状态，并适于耕作。其余大部分的土地则任其荒芜，几乎寸草不生，仅足以养活几头半饥半饱的牲畜。这样的农场的牲畜数量相对于耕种较好的农场的土地所需的数目来说，虽嫌不足，可相对于其实际作物产量，却又过多。可是，一部分这样的荒地，在一连六七年被用来放牧以后再次耕种的话，或许能薄收些次等的燕麦或其他粗粮，等到地力完全耗竭，就必须休耕，重新用作牧场。这时，可以转而耕种另一部分荒地，直至它的地力也耗竭，再行休耕。因此，在与英格兰合并以前，苏格兰高地的一般经营方式就是这样，经常施肥和保持良好状态的土地很少超过全部农地的 1/3 或 1/4，有时尚不足 1/5 或 1/6。其余的土地全不施肥，尽管其中有一部分也经常耕种，直到地力耗尽。在这种经营方式下，即使能进行良好耕种的那部分苏格兰土地，所能生产的与可能生产的相比，也是数量很少的。不管这种方式看起来多么不利，但是与英格兰合并以前牲畜价格的低廉状况使之几乎不可避免。以后，尽管牲畜价格大大提高，这种方式却仍然在苏格兰大部分地区流行，其原因在许多地方无疑是由于无知和因循守旧。但在大多数地方，则是由于事情自然发展的过程中存在让良好经营方式无法迅速建立起来的障碍：第一，

200

租户由于贫穷，或者由于还没有时间获得足以更妥善地耕种土地的牲畜群，牲畜价格上涨虽然使养更多牲畜对他们有利，但也同样使他们更难获得牲畜；第二，即使他们能获得这些牲畜，他们也还没有时间使自己的土地达到适于饲养牲畜的状态。牲畜的增加和土地的改良必须同时进行，一件事情不能与另一件事情相隔太远。不增加牲畜就不能改良土地；而不大大改良土地，又不能大大增加牲畜，否则土地就不能养活它们。除非经过长期在勤俭上的努力，否则建立良好经营方式的自然障碍是无法消除的。或许经过半个或一个多世纪，逐渐式微的老旧经营模式才能从苏格兰完全消失。苏格兰在和英格兰合并中得到的所有商业好处中，这种牲畜价格的上升或许为最。它不仅提高了所有苏格兰高地地产的价值，而且或许也是整个高地得到改良的主要原因。

一切新殖民地都有大量荒芜的地，它们除饲养牲畜外没有他用。所以，牲畜会很快大量繁殖，而凡是量大之物，其价格必然非常便宜。欧洲在美洲的殖民地上的全部牲畜，虽然最初都是从欧洲运来的，但不久就在那里大量繁殖，以致变得价值很低，甚至马也被放到森林中乱跑，没有人管。在初次建立这种殖民地后，一定要经过很长的时间，用已耕土地的牧草去饲养牲畜才能变得有利。因此，同样的原因，即缺乏肥料，或者用于耕种的牲畜和预定要耕种的土地之间的比例失调，可能会在当地导致目前在苏格兰许多地区仍在采用的那种经营模式。瑞典旅行家卡尔姆叙述他于1749年在英属北美殖民地所见的农业经营模式时说，尽管英格兰人以在农业经营上娴熟的技巧闻名，但在那里很难找出英格兰民族的特性。他还说，当地人民很少给自己庄稼地施肥，当一片土地因连续收获而地力耗尽时，他们就开垦新的土地；当新的土地的地力又耗尽后，他们再开辟第三片土地。他们任其牲畜在野地林间乱跑。由于春天割草过早，几乎所有一年生的牧草很早就根绝了，没有时间开花或散布种子。而这种一年生的牧草似乎是北美地区最好的牧草。当初欧洲人刚到那里定居的时候，这些牧草长得很密，高达三四英尺。卡尔姆确信，只养活一头母牛的土地以前曾经养活过四头母牛，以前每一头母牛能提供相当于后来一头母牛能提供的四倍的牛奶。他认为，牧场的贫瘠是造成他们的牲畜功能退化的原因，牲畜显然一代不如一代。它们很像三四十年前苏格兰到处可见的那种矮小品种。如今在苏格兰低地大部分地区，牲畜品种已得到改良；与其说是由于改良了畜种（虽然在有些地方曾采用这种办法），不如说是由于饲料更为丰富了。

因此，虽然牲畜的价格要到垦殖改良的后期才高到使辟地饲养牲畜有利可图，但在这第二类天然产物中，最先达到这有利价格的恐怕仍当首推牲畜。如果牲畜价格未达到这程度，则垦殖改良的程度要接近现今欧洲许多地方似乎也不可能。

第二类天然产物中，最初达到这价格的是牛，最后达到这价格的当为鹿。大不列颠的鹿肉价格，表面上虽似过高，但这高价还不够偿还鹿园费用。这一事实，凡有养鹿经验的都知道得很清楚。不然，养鹿就会很快变成普通农家的营生。古代罗马人曾饲养被称为黑鹎的一种小鸟，瓦罗和科卢梅拉告诉我们，那是一种极为有利可图的生意。蒿雀是一种候鸟，它们刚飞抵法国时很瘦。在法国某些地方，如果能把蒿雀养得很肥，据说可以获利极多。如果鹿肉继续流行，英国的财富和奢侈之风也像过去一段时期那样增长，那么鹿肉的价格很可能比现在还贵。

在改良进步的过程中，从作为必需品的牛肉的价格涨到极点，到作为奢侈品的鹿肉的价格涨到极点，需要经过很长的岁月。其间，其他许多种类的天然产物或快或慢地逐渐达到其最高价格，只是情形各不一样。

例如，在每一个农场，谷仓和畜舍的碎屑可以养活一定数量的家禽。它们由行将抛弃的东西饲养，只是一种废物利用；它们没有花费农场主什么东西，所以他可以将其廉价出售。他的所得几乎是纯收益，价格也不会低到使他不愿去饲养那么多家禽。但在因耕种不良而人口稀少的国家，这种没有花费饲养的家禽常常足以供应全部需求。在这种情况下，家禽常常和鲜肉或其他动物食品一样便宜。但是，农场按这种免费方式饲养的全部家禽，一定总比农场上生产的全部鲜肉数量少。而在财富和奢侈增长的时候，只要效用相同，稀少的东西总是比普通的东西更受欢迎。因此，随着财富和奢侈之风的增长，由于土地改良和耕种进步，家禽的价格逐渐涨到鲜肉的价格以上，直到最后涨到使为了饲养家禽而耕种土地这件事变得有利可图的程度；此后，家禽的价格就不太可能再涨，不然不久就会有更多的土地转作这种用途。在法国某些地方，家禽饲养一向被视为农村经济中最重要的产业，其有利程度足使农民愿为饲养家禽而广种印第安玉米和荞麦。中产的农家有时在院子里养四百余只鸡。英格兰似乎不像法国那样重视饲养家禽。可是，家禽在英格兰的售价一定比在法国高，因为英格兰需要从法国进口大量家禽。在社会进步的过程中，一切动物性食物达到最高价格的时候，必定是为了饲养这样的动物而开垦土地的前夕。在这种饲养模式尚未普及以前，这样的动物的价格必因其稀缺而上升；而在这种饲养模式普及之后，通常有一些新的饲养方法被发现，使农家能在同面积土地上生产出远多于从前的饲料。产量增加了，农家必须也能够降低售价，不然丰产的状态必不能长久持续。现今伦敦市场上牲畜肉的普通价格，也许就是因引种苜蓿、芜菁、胡萝卜、卷心菜等新饲料而比上世纪初低廉。

猪在各种废料中觅食，贪婪地吞食其他动物嫌恶的垃圾。它也像家禽一样，最初是被人们利用废料饲养的。这样，只要利用废料饲养的猪的数量能够充分满足需求，这种牲畜肉的市价必比其他种类的牲畜肉低廉得多。但是，如需求超过此数量所能满足的程度，即饲养猪如果同饲养其他牲畜一样，有专门为其生产饲料的必要，那么猪的价格必然因此上升。根据一国的自然条件及农业发展状况，养猪如果比饲养其他牲畜的费用多，猪肉价必然比其他牲畜肉的昂贵；如费用较少，则较价廉。据布丰说，法国的猪肉价几乎与牛肉价相同 ①。在大不列颠许多地方，现今猪肉却比牛肉稍贵。

　　往往有人说，大不列颠的猪及家禽价格的昂贵是因为佃农和小农的人数减少了。这样的人数的减少，既是欧洲各地土地改良及耕作进步以前必然产生的现象，又是使这样的物品价格比此种现象产生时更早更快地上升的原因。一个最贫穷的家庭，往往不用什么费用即可养活一猫一犬，最穷的小农也同样能以极少的费用养活几只家禽、一头母猪与几头小猪。他们把残羹剩饭当作饲料的一部分，而其余的部分则任其在附近田野间觅食，而不会侵害他人。像这样没有花费而饲养的动物的数量，势必因小农人数减少而锐减；而其价格，势必比小农人数尚未减少时更快地提高。但是，在改良的过程中，这种动物的价格迟早会达到可能有的最高限度，这种最高价格就是能偿还为给它们提供食物而耕种土地的劳动和支出的价格，像其他大部分耕地所支付的那样。

　　和养猪与家禽一样，牛奶业最初也是为了废料利用而产生的。在农场上必备的耕牛产的牛奶，比喂养小牛和供农场主家庭消费的更多。

---

　　①　参见《自然史》第五卷。——译者

在某一个季节，产奶尤多。但在所有土地产品中，牛奶或许最容易变质。在温暖的季节，牛奶产量最多，但很难保存24小时。如果农场主将一小部分牛奶制成新鲜黄油，能贮存一星期；制成加盐黄油，能贮存一年；将大部分牛奶制成干酪，则能贮存几年。所有这些东西，有一部分会保存起来供他自己家用，有一部分会送往市场，希望卖到最好的价钱，价钱不可能低到使他不愿把自己家庭消费不了的东西送入市场的程度。的确，如果价钱太低，他会十分潦草地和不讲卫生地处理他的奶酪他会认为不值得专门为奶酪制作设置一个房间，而只需在自己的又脏又乱的厨房中进行。三四十年前，几乎所有的苏格兰农民都是这样制作奶酪，今天有许多人还是这样。逐渐提高鲜肉价格的原因，即需求的增长，以及由于社会的进步而使几乎不花钱就可以饲养的牲畜数量减少，也同样使奶酪产品的价格提高，奶酪的价格同鲜肉的价格或饲养牲畜的支出有着自然的联系。价格的提高能偿付更多的劳动、更细致的工作和更清洁的环境。奶酪制作变得更值得农场主关心，产品质量也逐渐得到改进。最后，价格高到值得使用土壤最肥沃、耕种最良好的土地来饲养牲畜以专供制作奶酪业之用的程度。这时，价格就不能再高了，否则马上就会有更多的土地转作这种用途。英格兰大部分地区的奶酪价格似乎已经达到了这种高度，那里许多好土地都这样使用。在苏格兰，如果将少数大城市周围的地方除外，其他地方的奶酪价格似乎尚未高到这种程度，那里普通农民很少为了制作奶酪而使用好地去生产牲畜饲料。奶酪在苏格兰的价格虽然在近几年来上升很多，但或许因为太低了，不容许普通农民专门经营奶酪生意。同英格兰奶酪相比，苏格兰奶酪质量的低劣亦与其低廉的价格完全相称。但这种低劣的质量或许是价格低廉的结果，而不是价格低廉的原因。我认为，在苏格兰目前的情况下，大部分送入市场的奶酪即使质量更好，也不能卖到更好的价钱。奶酪现在的价格或许不能偿付生产更好奶酪所必要的土地和劳动支出。英格兰许多地方的奶酪价格无疑较贵，但和生产谷物或饲养家畜这两种主要农事比较，制作奶酪仍不算比较有利的土地利用途径。所以，专门制作奶酪在苏格兰就更没有那么有利了。

不论哪个国家，如果必须依人力生产的一切土地产物的价格不足以偿还土地的改良费用及耕作费用，该国的土地绝不会完全用来耕作和完全得到改良。要使全国土地完全用于耕作与完全得到改良，各种生产物的价格就要：第一，足够支付优良谷地的地租，因为其他大部分耕地的地租都受谷地的地租的调节；第二，足够支付农场主的劳动和支出，像他们从优良谷地所得的那样，即要偿还他在土地上使用的资本及其普通利润。每种产品价格的提高，显然应当发生在用来生产它的土地得到改良和耕种的前头。所有的改良，目的均在于获利，如果必然的结果是遭受损失，那就不能称为改良。但是，如果产品的价格不足以弥补开支，改良土地的结果必然是遭受损失。如果把一国的土地完全得到改良和耕种看作（事实上它肯定是）最大的公共利益，那么所有天然产物价格的提高就不应当被看作公共灾难，而应当被看作最大公共利益的前兆和连带效应。

上述一切天然产物的名义价格或货币价格的上涨，并非白银价值下跌的结果，而是其自身真实价值上涨的结果。这些生产物不但比以前值更多的银量，而且比以前值更多的劳动量和食物量。将它们送往市场需要更多的劳动量和食物量，因此送往市场之后，它们代表的劳动量和食物量就更多，或者说在价值上等于更多的劳动量和食物量。

206

第三类

第三类，即最后一类天然产物的价格，随着改良程度的增进而自然上涨。人类勤劳对增加这样的产物的效果或者有限，或者无法确定。因此，虽有随改良的进步而上升的自然趋势，这类天然产物的真实价格，有时甚或会下跌，有时在各不同时代持续同一状态，有时又会在同一时期里或多或少地上升，全视不同偶发事件使人类勤劳的努力在该产物增产上所取得的成就的大小而定。

有一些天然产品自然是其他产品的附属物，所以任何一国所能提供的这类产品的数量必然受其他产品数量的限制。例如，任何一国所能提供的羊毛和生皮必然受到该国饲养的大小牲畜数量的限制，而这种数量又是由该国进步的状况和农业性质决定的。

有些人也许认为，在社会进步过程中使鲜肉价格逐渐提高的原因，对羊毛和生皮也会产生相同的影响，并使它们的价格按大致相同的比例提高。如果在社会进步的最初阶段，羊毛和生皮的市场也像鲜肉的市场那样局限在狭窄的范围以内，情形就会是这样。但是，它们各自的市场范围一般来说是大不相同的。

在几乎任何地方，鲜肉的市场都局限于产地附近。的确，爱尔兰和英属美洲的一些地区有大量的腌肉贸易，但我相信它们是在商业世界中唯一将自己的大部分鲜肉出口他国的地方。

反之，羊毛和生皮的市场在社会进步的最初阶段就很少局限于生产国。它们可以很容易地运往遥远的国家，羊毛不必加工，生皮只需稍稍加工；由于它们是许多制造品的原料，他国的产业对它们有本国没有的需求。

在因耕作粗放而人口稀少的国家，羊毛和生皮的价格在一头牲畜的全部价格中所占的部分，总是大大超过这个价格在耕作较好、人口较密，而且对牲畜肉有较大需求的国家。据休谟先生观察，撒克逊时代的羊毛价格约值一头羊的价格的2/5；他认为这种比例比现在高得多①。据我所得到的确切信息，在西班牙的某些省份，宰羊常常只是为了取得羊毛和羊脂，羊肉常常被丢弃在地上任其腐烂，或任凭野兽猛禽吞食。这种事情如果在西班牙都时有发生，那么在智利、布宜诺斯艾利斯、西属美洲的许多地区就差不多经常发生，那里宰杀有角牲畜往往只是为了取得生皮和油脂。这种事情也几乎经常在伊斯帕尼奥拉岛发生，那时该岛经常有海盗出没；后来，大批法国人移民至此，大规模开垦种植园（现已扩展到该岛几乎整个西部海岸），也使西班牙人的牲畜具有若干价值。西班牙人迄今不但仍继续拥有东部海岸，而且拥有整个岛的内陆和山区。

随着土地改良及人口增长，一头牲畜身体各部位的价格必定上涨。不过，这种上涨对牲畜肉价格的影响比对羊毛和生皮的影响大得多。在社会进步的最初阶段，牲畜肉市场总局限于其产地附近，所以必定随社会进步、人口增长而成比例地扩大。但即便是野蛮国家生产的羊毛和生皮，也往往行销全商业世界，其市场很少能因一国社会进步、人口增长而成比例地扩大。整个商业世界的状况不会因为任何一国进步而受到多大影响。因此，在社会进步以后，这类商品的市场可能保持不变或大致不变。可是，按照事物自然的发展趋势，这种市场总体来说也会由于社会进步而略有扩大。特别是，如果以这些商品为原料的制造业在国内发展起来，那么这些商品的市场虽然不会扩大许多，却至少可以比以前更

---

① 参见休谟的《英格兰史》第一卷。——译者

加接近于其生产地；而它们的价格，至少可以因节省了运往遥远国家的费用而提高。因此，这种价格虽然不能按照牲畜肉的比例上升，却也应当自然上升而非下跌。

不过，虽然英格兰的毛织品制造业发达，但自爱德华三世以来，羊毛价格却大幅下跌。据许多可靠的记录，在爱德华三世统治时期（十四世纪中叶或 1339 年左右），英格兰羊毛每托德（即 28 磅）的普通合理价格，不会少于当时的 10 先令。按每盎司 20 便士计算，包含白银陶衡 6 盎司，约等于我们现今的 30 先令。在现在，每托德 21 先令要算是英格兰羊毛最好的价钱。因此，爱德华三世时代羊毛的货币价格与现在羊毛的货币价格的比值为 10∶7。按真实价格说，前者的优越性更大。按每夸特 6 先令 8 便士的麦价计算，10 先令在当时是 12 蒲式耳小麦的价格。按每夸特 28 先令的麦价计算，21 先令在现在只是 6 蒲式耳小麦的价格。因此，古代和现代羊毛真实价格的比例为 12∶6，即 2∶1。如果劳动的真实报酬在两个时期完全相同的话，古代的 1 托德羊毛所购买的食物数量就是现今的 2 倍，即劳动数量的 2 倍，

羊毛真实价格及名义价格的下跌绝不是自然的结果，而是人为的结果：第一，它是绝对禁止英格兰羊毛出口的结果；第二，它是准许西班牙羊毛免税进口的结果；第三，它是只许爱尔兰羊毛出口英格兰而不得行销他国的结果。由于有这些规定，英格兰羊毛市场，就限于本国内，而不能随社会进步有所扩张了。在英格兰市场上，允许其他若干国的羊毛与本国羊毛竞争，爱尔兰羊毛则被迫进口与英格兰羊毛竞争。此外，由于爱尔兰毛织品制造业遭受了诸多不公正的政策的影响，爱尔兰的织造能力只能处理一小部分自产羊毛，以致他们不得不把大部分羊毛出口到英格兰这个唯一容许他们出售羊毛的市场。

关于古时的生皮价格，我不能找到任何可靠的记录。羊毛一般是作为贡品缴纳给国王的，根据它作为贡品的估值，至少可以在某种程度上确定它的普通价格。可生皮的情况似乎不是这样。不过，根据 1425 年牛津伯塞斯特修道院副院长和他的一位牧师之间的记载，弗利特伍德给我们提供了当时的生皮价格：5 张公牛皮值 12 先令，5 张母牛皮值 7 先令 3 便士，36 张两岁羊的羊皮值 9 先令，16 张小牛皮值 2 先令。1425 年的 12 先令的含银量大约和我们现今货币 24 先令的一样多。因此，一张公牛皮在这项记载中的白银价值与我们现今货币 $4^4/_5$ 先令相同。它的名义价格比现在要低得多。但是，按每夸特小麦值 6 先令 8 便士计算，12 先令在当时能购得 $14^2/_5$ 蒲式耳小麦；按每蒲式耳 3 先令 6 便士计，在现在值 51 先令 4 便士。因此，一张公牛皮在当时能购得的谷物，和现今 10 先令 3 便士所能购得的相同。它的真实价值等于我们现今货币 10 先令 3 便士。在古代，牲畜在冬季的大部分时间里处于半饥饿状态，所以它们的个头不会很大。一张重 4 石，即常衡 16 磅的公牛皮，在当下算是不错的牛皮，在古代或许要算是非常好的牛皮。但按每石半克朗计——这在当时（1773 年 2 月）为普通价格，这样一张牛皮现在仅值 10 先令。因此，虽然它的名义价格在现在比在古代高，它的真实价值，即它能购买或支配的真实食物数量如今却要低些。在前面的记载中，母牛皮的价格相对公牛皮的价格的比例，现在来看也是如此；羊皮价格则大大超过现在的普通比例。这些羊皮也许是和羊毛一起出售的；反之，小牛皮价格大大低于现在的比例。在家畜价格非常低廉的国家，不打算养来耕种的小牛一般都会被宰杀。二三十年前的苏格兰就是这样。小牛价格通常不够偿还它所消费的牛奶价格，因此扑杀小牛可节省牛奶。小牛皮的价格一般都很低。

现在生皮价格比几年前更加低廉；其原因大概是海豹皮的关税被废止了，而且 1769 年又允许爱尔兰及其他殖民地的生皮可以在一定年限内免税进口。但从本世纪平均来看，它们的真实价格可能比古代略高。生皮因其性质而不适于像羊毛那样运往远方市场，它们保存起来不太容易。用盐腌制的皮革的质量被认为劣于新鲜的皮革，所以售价较低。这种情况必然使生皮在不能自行加工而只得出口的生产国有价格下跌的趋势，而在能够自行加工的生产国则会价格上升。生皮价格在野蛮国家一定有下降的趋势，而在进步的和制造业发达的国家则相反。因此，生皮价格在古代一定有下降的趋势，在现代则有上升的趋势。此外，我们的制革商不像毛织品商那样，能说服人们相信国家的安全依存于他们那个制造业的繁荣。因此，制革商们不大受到重视。的确，生皮的出口受到禁止并被宣布为对恶的事情，但外国的生皮却可以缴关税进口。虽然爱尔兰和各殖民地的生皮可以免税进口（仅限期五年），但爱尔兰出售剩余生皮，即不能在本国加工的生皮的范围，却不限于大不列颠这个市场。在这几年中，普通牲畜的生皮被列入各殖民地不能送往别处而只能送往宗主国的商品名单；在这方面，爱尔兰的商业迄今倒是未曾因为英国政府支持大不列颠的制造业而受到压制。

在发达开明的国家，不论何种规定，如果意在降低羊毛价格或生皮价格，那么它就必然有可能提高牲畜肉的价格。在经过改良的耕地上饲养的大小牲畜，其价格一定要足以支付地主和农场主预期从改良耕地上获得的地租和利润，不然他们不久就会不再饲养牲畜。因此，这个价格中羊毛和生皮所没有支付的部分必须由牲畜肉来支付。一方面支付得少，另一方面就必定要支付得多。这个价格如何在牲畜的各个部分分摊，地主和农场主是不关心的，只要全数付给他们就行。在一个土地得到改良和耕种发达的国家，这类规定对地主和农场主的利益不会有太大影响，但对消费者的利益会有影响，因为食物价格被抬高了。在土地未经改良和耕种不发达的国家，情况则完全不同：那里大部分土地除了饲养牲畜别无其他用途，而羊毛和生皮则构成牲畜价值的大部分。作为地主和农场主，他们的利益受到这类规定很大的影响，而作为消费者，受到的影响则很小。在这种情况下，羊毛和生皮价格的下降不会抬高牲畜肉的价格，因为国家的大部分土地都来饲养牲畜，所以相同数量的牲畜会继续被饲养，也就是说，会有相同数量的牲畜肉继续被送入市场。而对牲畜肉的需求不比从前更大，因此价格也一定和从前一样。整个一头牲畜的价格会下降，以牲畜作为主要产品的全部土地，即一国的大部分土地的地租和利润也会下降。长期禁止羊毛出口的规定一般（但非常错误地）被归咎于爱德华三世，这种禁令在国家当时的情况下，是所能想到的最具破坏性的规定。它不仅会减少王国大部分土地的真实价值，而且通过降低最重要的一种小牲畜的价格，将大大阻碍土地的进一步改良。

自从与英格兰合并后，苏格兰的羊毛价格显著下跌。因为苏格兰羊毛自合并时起即与欧洲大市场绝缘，局限于大不列颠的小市场中。如果不是牲畜肉价格的上升充分补偿了羊毛价格的下跌，苏格兰南部各郡主要用于养羊的大部分土地的价格也必然大受影响。

就其要依靠本国实际产量来说，人类在增加羊毛和生皮产量上的努力的效果肯定是有限的；而就其要依靠外国实际产量来说，也必定是不确定的。就后一层说，与其说要依靠外国出产的羊毛和生皮的数量，倒不如说要依靠外国不自行加工的羊毛和生皮的数量。同时，对于这样的天然产物的出口，外国是否认为应加以限制，也对上述努力的实效有影响。这些都不是本国从业者能决定的。所以，人类在增加这类初级产物产量方面努力的效果不但受到限制，而且不确定。

同样，人类在增加另一种极重要天然产物的数量方面，也就是增加鱼的市场供货量方面，收效也如此。一国各地的情况，即该国不同地区与大海的远近、湖泊与河流的数目及其天然产物的丰富程度，都会限制人力在这方面所收到的效果。当人口增加，土地和劳动每年的产物变得越来越多时，就有更多的人买鱼，这些购买者也拥有较大数量和较多种类的其他货物，或与其价值相同的其他东西。但是，如不雇用比供应狭小市场时更多的劳动数量，一般就不能供应广大的市场。当以前每年只需要1000吨鱼的市场需要1万吨鱼时，不使用相当于以前十倍以上的劳动量就不能满足市场现在的需要。一般来讲，必须去比较远的地方，使用更大型的船舶和各种更费钱的机械，才能捕获如此大量的鱼。因此，这种商品的真实价格自然会随社会进步而上升。我相信，各国的鱼价已经或多或少地上升了。

捕鱼一日能有多少收获难以确定。也许有些人认为，假定一国的自然条件不变，就一年或数年的时间来说，人类努力捕鱼所收到的效果还是相当确定的。实际情况也正是如此。可是，由于它更多地依存于一国的自然条件而非该国的财富和劳动状况，所以，它在发展阶段不同的国家可能是完全一样的，而在发展阶段相同的国家则可能是非常不同的；即它同国家发展阶段的联系是不确定的。我在这里谈的正是这种不确定性。

在增加从地下开采的各种矿物和金属，特别是贵金属的数量时，人类劳动的效力似乎不能说是有限的，而是完全不确定的。

一国所有贵金属数量的多少并不受该国矿藏丰富与否等自然条件的

限制。没有矿山的国家，往往拥有大量贵金属。无论什么国家，其拥有的贵金属的多少，取决于两种情况。第一就是取决于该国的购买力，取决于其产业状态或其土地和劳动的年产品的数量；因为这些因素决定它所能用以开采本国矿山的金银或购买他国矿山的金银这一类非必要品的劳动与食品的数量是多还是少。第二，取决于在一定期间内以金银供给世界商场的矿山的肥瘠程度；即使在离矿山最远的国家拥有的金属数量，由于这种金属运输容易和运费低廉，以及体积小价值大，也必然多少受到矿山产量丰富或贫瘠的影响。例如，这些金属在中国或印度的数量必然曾经多少受到美洲矿山丰富产量的影响。

就一国贵金属量须取决于上述前一种因素（购买力）来说，与其他奢侈品、非必要品的真实价格一样，贵金属的真实价格多半随该国财富增长和社会发展而上升，随该国的贫困衰弱而下降。因为，和只持有少量剩余劳动与食品的国家比较，在购买一定数量贵金属时，持有更多剩余劳动与食品的国家一定能支付较大数量的劳动与食品。

就一国贵金属量取决于上述后一种因素（各矿山的肥瘠情况）来说，贵金属的真实价格，即它们能购买、交换的劳动量和食品量，也必然随着矿山的丰饶或贫瘠程度而有所升降。

但是，非常明显的是，在一定时期内，供给世界金银的矿山究竟是丰饶或是贫瘠，与一国的产业状态大致并无关系，而且与世界的总体产业状态似乎也没有必然关系。当然，在技术和商业逐渐推广到地球上越来越多的地区时，寻找新矿的工作也会随之在更广大的面积上进行。于是，比起局限于狭小的范围来，成功的机会可能也会增加。然而，当旧矿逐渐耗竭时是否能接着发现新矿就极为不确定了。这是人类的技能或劳动也无法保证的。大家承认，所有矿藏的情况起初都是不确定的，只有新矿的实际发现和成功开采才能确定它的真实价值，甚至其存在的真实性。在寻找的过程中，人类劳动的成功与失败的可能性都是无限的。在一两个世纪中，可能发现比任何已知矿山更为丰富的新矿；同样可能的是，这新发现的矿山也可能比美洲矿山发现以前正在开采的矿山更为贫瘠。这两种情况究竟哪一种会发生，对于世界的真实财富和繁荣，即对于土地和人类劳动每年产品的真实价格来说，毫无意义。它的名义价值，即表示或代表这种每年产品的金银数量，无疑将非常不同，但是它的真实价值，即它所能购买或支配的实际劳动数量，却会完全一样。在前一种情况下，1 先令所代表的劳动可能不多于现在 1 便士；在后一种情况下，1 便士所代表的劳动可能相当于现在的 1 先令。但是，在前种情况下，口袋中有 1 先令的人不比现在有 1 便士的人更富；在后一种情况下，有 1 便士的人也不比现在有 1 先令的人更穷。世界在前一种情况中得到的唯一好处就是金银器数量多了，变得便宜了；在后一种情况中遭受的唯一不便就是无足轻重的奢侈品数量少了，变得昂贵了。

关于白银价值变动的结论

搜集古代商品货币价格的学者大多认为，谷物和一般物品货币价格的低廉，或者说金银价值的昂贵，不仅可以证明这些金银数量的不足，而且也可以证明当时该国贫穷或尚未开化。这种看法是和以下这种政治经济学体系无法分开的：该体系认为，一国富裕是由于金银丰饶，而贫穷则由于金银不足。对这种政治经济学体系，我将于第四篇加以充分的说明。在此我只想论述以下事实：金银价值的昂贵只能证明以这类金属供给世界商场的各矿山的贫瘠，却绝不能证明任何特定国家的贫穷或尚未开化。贫国不能像富国那样购买那么多的金银，也不能为金银支付那么高的价格。所以，这样的金属的价值在贫国绝不会比在富国更高。中国是一个比欧洲任何地区更富的国家，贵金属的价值在中国也比在欧洲任何地区更高。的确，自从美洲矿山发现以来，欧洲的财富已大为增加，同时金银的价值已逐渐下降。但是，金银价值的下降，并不是由于欧洲真实财富的增加或欧洲土地和劳动年产品的增加，而是由于偶然发现了比以往所知道的更为丰饶的矿山。欧洲金银数量的增加，与欧洲制造业和农业的增长，虽然是差不多同时发生的两件事情，却是由非常不同的原因引起的，彼此之间并没有任何自然联系。前一件事情只是偶然发生的，任何人的深谋远虑或政府的政策既没有也不可能在其中起作用；后一件事情是由于封建制度的崩溃和新式政府的建立，这种政府提供了人们勤劳工作所需要的唯一鼓励，即让人们能享受自己劳动果实的保障安全。由于封建制度依然存在，波兰迄今仍然像在美洲发现以前那样，在那里是一个赤贫的国家；然而，在那里也像在欧洲其他地区一样，谷物的货币价格已经上升了，贵金属的真实价值已经下降了。可见，那里贵金属的数量一定也像别的地方一样已经增加了，贵金属同土地和劳动年产品的比例也一定和别处大致相同。可是，这种贵金属数量的增加似乎并没有增加每年的产品，也就是说没有改进该国的制造业和农业，更没有改善人们的生存状况。西班牙和葡萄牙这两个国家是拥有矿山的，却也是继波兰之后欧洲两个最穷的国家。可是，贵金属在西班牙和葡萄牙的价值一定比在欧洲其他地区低；因为贵金属从这两国运往欧洲其他地区时，不仅要负担运费和保险费，而且因其出口被禁止或课税，还要负担走私的费用。因此，金银数量相对于土地和劳动年产品的比例，在这两国一定比在欧洲其他地区高。可是，这两个国家却比欧洲大部分地区都穷。虽然封建制度在西班牙和葡萄牙已经被废除，但这两个国家却没有一个更好的制度来代替它。

正如金银价值的降低并不能证明一国的富裕繁荣一样，金银价值的上升或者说谷物及一般物品货币价格的降低也不能证明一国的贫穷或落后。

货物尤其是谷物货币价格的低廉不是一国贫穷或落后的证明，但是，某些特定货物，如牲畜、家禽、各种猎物等的货币价格相对于谷物货币价格的低廉，却是贫穷和数量的决定性证明。它清楚地证明：第一，这样的产物的数量大于谷物，可知畜牧荒地所占的面积比谷物耕地大得多；第二，畜牧荒地的地价比谷物耕地低，可知该国大部分土地还没有被开垦和改良。这二者又可以证明，该国的资本量和人口相对于土地面积的比例和一般文明国不同，也就证明其社会状态尚在初级阶段。总之，我们从一般货物尤其是谷物的货币价格的高低所能推断的，只是当时以金银供给世界商场的各矿山的肥瘠，却绝不是该国的贫富。但是，从某些种类货物的货币价格相对于其他货物的货币价格的高低，我们却可以几乎完全准确地推断该国是富裕或是贫穷，其大部分土地是否改良，或者其社会状态是接近野蛮还是文明。

如果物品货币价格上升的原因全是银价跌落，则一切货物所受到的影响必然相同。也就是说，如果银价比从前减少 1/3、1/4 或 1/5，一切货物价格也就必然以同样的比例抬高。但是，被人们当作问题议论纷纷的各种食品价格上升的程度却参差不一。就本世纪的平均情况来看，谷物价格的上升比某些其他食物幅度小，这是大家公认的，即使将其归因于白银价值下跌的人亦然。可见，其他食物价格的上升并不能完全归因于白银价值的下跌，而必须考虑其他的原因。也许，以上面所提到的那些原因，不必去假定白银价值的下跌，就足以解释那些特定食物的价格实际上升的幅度大于谷物价格实际上升的幅度了。

在本世纪最初六十四年间和最近特别严重的歉收年份以前，谷物价格比上世纪最后六十四年略低一些。这个事实的证据不仅有温莎市场的价格表，而且还有苏格兰各郡的公定谷价表，以及法国几个不同市场的账目。这些都是麦桑斯先生和杜普雷·德·圣莫尔先生大费周章搜集到的。对于这样一件难于确证的事情，这些证据比我们想象的更为充分。

最近十年或十二年谷价的高昂，可以由年成不好来解释，而不必假定白银价值有任何跌落。

因此，银价在不断跌落的说法根本没有任何确凿的根据；它既不是基于对谷价的观察，也不是基于对其他食品价格的观察。

或许有人说，即使照上面的叙述，等量的银在当下所能购得的某种食品量，也远远少于在上个世纪所能购得的该种食品量；去确定这种变化是由于这些货物价值的上升抑或白银价值的下跌，只是去做一种无用的区分，对于只持有一定数量的白银去逛市场或只有某种固定货币收入的人来说，全无用处。我肯定不能说，一个人懂得如何区分价格变化的原因，就能使他以较低的价格买到谷物；但是，我也不能就因此说这种知识没有用处。

一国的繁荣程度也可通过这种方法做出判断。所以，它对于大众并非没有用处。如果某种食品价格的上升是由于银价的下跌，那么我们能从这一情况推得的只不过是美洲矿山的丰饶。尽管有了这种情况，国家的真实财富，即它的土地和劳动每年的产品，却可能正在逐渐下降，如在葡萄牙和波兰那样；或正在逐渐上升，如在欧洲其他大部分地区那样。但是，如果某些食物价格的上升是由于生产它们的土地的真实价值上升，由于它的肥沃程度提高，或者说由于更加扩大的改良和良好耕作使土地更适于生产谷物，这就可以十分清楚地表明该国处于繁荣和进步的状态。土地构成每一个大国财富的最大、最重要和最持久的部分。能为这一部分的价值增长提供一种如此具有决定意义的证明，对公众肯定是有用处的，至少也可使公众感到满足。

不但如此，在规定某些下级雇员的报酬时，区分食物价格变化的原因也会对公众有所帮助。若某种食品价格的上升是由于白银价值的下跌，这些雇员的金银报酬就应按金银价值下跌的比例增加，否则其真实报酬必将依同一比例减少。但如果食物价格的上升是由于生产它们的土地价值增加，那么，要判断按什么比例来提高雇员的货币报酬，或者应否提高，就成了一个极微妙的问题。改良和耕种的扩大必然依谷物价格或多或少地提高每一种动物性食物的价格，所以我相信，它也必然会降低每一种植物性食物的价格。它提高动物性食物的价格，是因为用来生产它的土地大部分已变得适于生产谷物，必定能为地主和农场主提供谷地的地租和利润。它降低植物性食物的价格，是因为通过提高土地的肥力就提高了土地的丰产程度。农业的改良也会引进许多种比谷物所需土地和劳动更少的植物性食物，它们在市场上的价格更低。马铃薯和玉米或所谓印第安玉米这两种欧洲农业最重要的成果，正是欧洲通过它的商业和航运的巨大扩张得来的。此外，在原始农业状态下，许多种植物性食物仅限于在菜园中用锄头生产；在农业改良状态下，变成了在普通的田地里用犁来生产，例如芜菁、胡萝卜、卷心菜等。因此，在改良进程中，如果一种食物的真实价格自然上升、另一种自然下降，那就很难判断一种价格的上升在多大程度上为另一种价格的下降所抵消。当牲畜肉价格一旦升至最高限度（或许除了猪肉以外，每一种牲畜肉在一个多世纪以前的英格兰大部分地区就已达到这种程度了），以后其他动物性食物价格的上升就不会对下层人民的生存状况产生多大影响。英格兰大部分贫民的生存状况肯定不至于因家禽、鱼类、野禽或鹿肉价格的上升而遭到冲击，因为马铃薯价格的下跌必然会对其有所补救。

在目前的歉收年份，谷物价格高昂无疑使贫民大受困扰。但在一般丰收年份，当谷物处于其普通和平均价格时，任何其他天然产物价格的自然上升对他们都不会有多大影响。如果某些制造品，如食盐、肥皂、皮革、蜡烛、麦芽、啤酒、麦酒等的价格因课税而人为地的上升，贫民或许就会遭受痛苦了。

社会进步对于制造品真实价格的影响

但是，社会进步的自然影响是逐渐降低几乎所有制造品的真实价格。所有的制造品的真实价格都几乎毫无例外地会降低。由于更好的机器、更高的熟练程度、更适当的分工，社会进步的自然影响就使执行任何一项具体工作所需要的劳动量大为减少。尽管社会日益繁荣，劳动的真实价格也必大大增高，但一般来说，必要劳动量的大幅减少足以抵消劳动价格的增高，而且有余。

的确，有些制造品从社会进步上所得的一切利益还不足以抵偿其原料真实价格的增高。在一般木匠和细工木匠的工作中，即使使用最好的机器、最熟练的技巧、最适当的分工，所节省下来的人工成本也不足以抵消土地改良后木材真实价格上涨的影响。

但是，在原料的真实价格没有增高或增高有限的情况，制造品的真实价格一定会大大降低。

近两个世纪以来，物价跌落最明显的当推那些以贱金属为原料的制造品。上个世纪中叶需 20 镑才能购得的手表机芯，现在恐怕只需 20 先令。刀匠、铁匠所制成的物品，各种钢铁玩具，以伯明翰与谢菲尔德出品著称的一切货物，其价格跌落的程度虽然没有手表机芯的那么大，但也已足使欧洲其他各地工人非常惊恐。他们都承认，即使以两倍甚至三倍的成本，他们也不能制出同样优良的产品。或许没有一种制造品能比用贱金属做原料的制造品能做进一步的劳动分工，能使用改良程度更高的机器。

而在近两世纪中，毛织业制造品的价格却没有任何明显的下跌。相反，我确信，和其品质比较，最上等毛织品的价格在这二十五年乃至三十年间还略有上涨。据说，这是因为西班牙羊毛贵了好多。从品质来说，完全由英格兰羊毛制成的约克郡毛织品的价格在本世纪大幅跌落。不过，品质的好坏颇具争议。所以，我以为这种说法不尽确实。现在，毛织业上的分工状况和一百年前大致相同，使用的机械也没有多大变动。可是，二者均有小小的改进，可能就使毛织品价格略有下降了。

但是，如果我们把这种制造品现在的价格和它在 15 世纪末的情况相比——当时劳动分工或许不及现在细，使用的机器也不及现在完善——那么价格下降就十分明显且不可否认了。

1487 年，即亨利七世统治的第四年的法律规定："凡是以 16 先令以上的价格零售上等红色条纹布或其他上等条纹布者，所售每码罚款 40 先令。"可见，当时含银量约与我们现今货币 24 先令相同的 16 先令被看作每码上等条纹布的合理价格。由于这是一项提倡节约的法律，这种条纹布在此以前或许通常略为贵些。现今每码 1 基尼可以算作条纹布的最高价，不过现在条纹布的质量很可能要好得多。即使假定质量相等，上等条纹布的货币价格自十五世纪末以来也已经大大下降，而它的真实价格则下降更多。6 先令 8 便士在当时及随后很久算是 1 夸特小麦的平均价格，因此，16 先令就是 2 夸特 3 蒲式耳多小麦的价格。现在小麦按每夸特 28 先令计，每码上等条纹布的真实价格在当时至少等于现今货币 3 镑 6 先令 6 便士。购买的人所放弃的劳动和生活资料的数量，一定和 3 镑 6 先令 6 便士在现在所能支配的一样多。

粗布的真实价格虽然也下降很多，但不及上等条纹布那么多。

1463 年，即爱德华四世统治的第三年的法律规定："凡农业雇工、普通劳动者与住在城市或乡镇以外的工匠的雇工，均不允许穿着或在其衣服中使用每宽码 2 先令以上的布料。"这年，2 先令包含的白银量和我们现今的 4 先令一样多。但现今按每码 4 先令出售的约克郡布料，在质量上很可能比当时供极贫阶级雇工使用的粗布好很多。可见，就其质量而言，即使是他们衣服的货币价格，现在也比从前便宜，真实价格肯定更加便宜得多。10 便士在当时算是每蒲式耳小麦的适中的或合理的价格。因此，2 先令是 2 蒲式耳和将近 2 配克小麦的价格，在现在按每蒲式耳 3 先令 6 便士计，值 8 先令 9 便士。购买这样一码粗布料，贫穷雇工所必须放弃的劳动和生活资料数量等于现在 8 先令 9 便士所能购买的东西。这也是一项在贫民中提倡节约、限制奢侈和浪费的法律。可想而知，他们的衣服通常更贵。

同一项法律规定，禁止同一等级的人民穿着价格超过 14 便士，即约等于我们现今货币 28 便士的长裤。14 便士在当时是 1 蒲式耳又将近 2 配克小麦的价格，按每蒲式耳 3 先令 6 便士计算，在现在值 5 先令 3 便士。以目前来看，对最穷且最底层的雇工来说，5 先令 3 便士一双长袜算是非常高的价格了。可是，他在当时必须为一双长袜付出实际等于这种价格的东西。

在爱德华四世时代，欧洲各地大概没有任何地方掌握织袜技术。当时所穿的长袜都是由普通布制成，而这也许是长袜昂贵的原因之一。英格兰最先穿织袜的据说是伊丽莎白女王，她的袜子是由西班牙大使赠送的。

但在精粗毛织业中，古时使用的机器都不及现今完善。后来，这些机器获得了三项重大的改进，或许还有许多数目或重要性均难以确定的较小的改进。这三项重大的改进是：第一，用纺轮代替纺锤，同量劳动可以完成双倍以上的工作量。第二，使用几种非常巧妙的机器，在更大的比例上方便和简化了绒线和毛线的卷绕，或使经纬线在装入织机得到适当整理。在这些机器发明以前，这些操作一定是非常烦琐困难的。第三，使用漂布机代替在水中踩踏浆洗毛织品。在十六世纪初这么早的时候，英格兰还不知道有风车和水车；就我所知，阿尔卑斯山以北的欧洲任何地区也不知道。但它们被引进意大利的时间要早些。

这些情况也许可在一定程度上说明，为什么从前的精粗毛织品比现在昂贵。以前这样的货物送往市场花费的劳动更多，所以送往市场后，必须交换更大量劳动的价格。

粗纺毛织品制造业在古代英格兰的运作方式，可能与在工艺和制造还处于初级阶段的任何国家一样。它或许是一种家庭作坊制品，每一部分都是由每个普遍家庭的成员抽空完成的。他们只在没有别的事要做时才去做这种工作，因为这并不是他们赖以获得大部分生活资料的主要工作。前文已经指出，比起作为工人主要或唯一的生活资料的制品来，用这种方式完成的制品在市场上的售价总是要低廉得多。反之，精纺毛织品当时不是在英格兰，而是在佛兰德的富裕商业国制造的而且当时或许像现在一样，是由那里借此获取全部或大部分生活资料的人们制造的。此外，它是一种外国制造品，须向国王缴纳古老的关税，至少是那种古老的吨税和磅税。不过这种税负或许不是很重。当时欧洲的政策不是要用重税限制外国制造品进口，而是要加以鼓励，使税率尽可能低，以便商人能向权贵供应他们所需要而本国劳动不能提供的便利品和奢侈品。

这样的情况也许可在某种程度上说明，与精纺毛织品真实价格相比，从前粗纺毛织品的真实价格为什么远远低于现在。

本章结论

在此我将以下述论断结束这漫长的一章：一切社会状况的改良都倾向于直接或间接地使土地的真实地租上升，使地主的真实财富增加，使地主对他人的劳动或劳动产品具有更大的购买力。

土地改良及耕作扩大会直接提高土地的真实地租。地主所得到的那份产物必然随全部产物的增加而增加。

土地产物中有些部分的真实价值的上升，起初是土地改良和耕种扩大的结果，随后又变成土地改良和耕种进一步扩大的原因。例如，牲畜价格的上升也会直接地并以更大的比例提高土地的地租。地主份额的真实价值，即他对他人劳动的真实支配力，不仅随着产品的真实价格一同上升，而且他的份额在整个产品中占的比例也会随着产品的真实价格一同增加。在它的真实价格上升以后，这种产品并不需要比以前更多的劳动去收集它，所以它的一小部分就足以偿付雇用这种劳动的资本和普通利润；其大部分也就必然归于地主。

如果劳动生产力的提高能直接使制造品真实价格降低，也必能间接提高土地的真实地租。地主通常用他消费不了的天然产物或其价格去交换制造品。降低制造品真实价格的事物无不提高天然产物的真实价格。因为，同量的天然产物这时候可以交换更多的制造品。于是，地主便能购买更多的他所需要的便利品、装饰品和奢侈品。

社会真实财富的增加、社会所雇用的有用劳动量的增加都倾向于间接提高土地真实地租。这种增加的劳动量也自然有一定部分流向土地，土地上也就会有更多的人畜从事耕作。土地产物将随所投资本的增加而增加，而地租又随生产物的增加而增加。

反之，在相反的情况下，即忽视耕种和改良，土地产物任何一部分真实价格的下降，制造品真实价格由于制造技术和产业的衰落而上升，社会真实财富的减少等，都会降低土地的真实地租，减少地主的真实财富，也降低他对他人劳动或劳动产品的购买力。

前已述及，一国土地和劳动的全部年产品，或者说年产品的全部价格，自然分解为土地地租、劳动工资和资本利润三部分。它们构成三个阶级人民的收入：靠地租生活的人、靠工资生活的人和靠利润生活的人。这是每一文明社会的三个基本组成阶级，其他阶级都从他们的收入得到自己的收入。

从上可知，这三大阶级中第一个阶级的利益同社会的一般利益密切地、不可分割地联系在一起。凡是促进或妨碍一种利益的事情，必然会促进或妨碍另一种利益。当公众商讨有关商业和政治的规定时，地主从促进本阶级的利益出发，是不可能误导人们的，至少在他们对这种利益有相当认识的时候是如此。当然，他们常常太缺乏这种认识了。他们在三个阶级中是唯一的这样一个阶级：他们的收入既不花费自己的劳动，也不须自己操心，仿佛是自行来到，无须任何规划或设计。他们处境的安逸所自然形成的懒惰，使得他们常常不仅无知而且不会运用思考的能力。可是，要预见和理解任何公共规定的效果，运用思考的能力是必不可少的。

和第一个阶级一样，第二个阶级，即靠工资生活的人的利益也是和社会的利益密切联系的。已经说过，当对劳动的需求不断上升或当雇佣劳动的数量逐年大大增长时，劳动者的工资就会达到前所未有的高度。当社会的这种真实财富处于停滞状态时，他的工资不久就会降到仅能养活家庭或延续劳动者群体的地步。当社会衰落时，工资甚至还会降到这个水平以下。地主阶级从社会繁荣的所得或许比劳动者阶级更多，但是没有一个阶级比劳动者阶级从社会衰落中受害更大。可是，劳动者的利益虽然和社会利益密切地联系在一起，他却既不能了解这种社会利益，也不能理解它和自己利益的联系。他的处境让他没有时间去接受必要的信息。即使他有了充分的信息，他所受的教育和所形成的习惯一般来讲也使他不善于判断。所以，人们在公共讨论中很少听到他们的声音，也很少重视他们；除非在某种特殊的情况下，他们受到其雇主们的鼓动教唆大声疾呼，但这并不是为了达到他们的目的，而是为了达到雇主们自己的目的。

第三个阶级是劳动者的雇主，即靠利润生活的人。正是为了利润而运用的资本推动了每个社会的大部分有用劳动开始运作。资本使用人的规划和设计支配和指导所有最重要的劳动，而利润则是其目标。但是，利润率和地租或工资不同，它不随社会的繁荣而上升，不随社会的衰退而下降。反之，它在富国自然低，在穷国自然高，总是在迅速走向没落的国家最高。可见，这第三个阶级的利益和社会一般利益的关系与其他

226

两个阶级不同。在这个阶级中，通常是商人和工场主两类人运用的资本最大，因为他们的财富而最受到人们的重视。他们毕生从事规划和算计之事，所以常常比大多数乡绅的理解力更为敏锐。然而，他们通常思考的都是他们自己的具体业务的利益，而不是社会的利益，所以他们的判断，即使是以最大的公正做出的（这种判断并不是在每个情况下都是公正的），也是更多地取决于对自身利益而非社会利益的考虑。他们比乡绅高明之处，不是他们对公共利益的认识，而在于他们比乡绅更清楚自己的利益。正是这种对他们自身利益的更好的认识，使他们常常利用乡绅的慷慨大度，说服乡绅放弃他自己的利益和公共利益，而树立一个非常简单诚挚的信念：商人的利益（而不是乡绅的利益）就是公共利益。然而，不论在商业或制造业的任何部门，商人的利益在某些方面总是和公共利益不同甚至相抵触。商人的利益总是要扩大市场，缩小竞争。扩大市场常常是与公共利益颇为一致的，但是缩小竞争范围则总是会违反公共利益，使商人能将自己的利润提高到其自然水平以上，从而为了私利向同胞征收荒唐的税款①。所以，对于来自这个阶级的任何新的商业法律或规定的建议，永远都要十分小心地听取，要十分的谨慎，不经过长期的认真的审查绝不能采取。因为它们来自这样一个阶级的人们：他们的利益从来不和公共利益完全一致。一般而言，他们有利益动机就是欺骗和压迫公众，而事实上公众也正是常常遭受他们的欺骗和压迫。

---

① 这里指增加同胞的负担。——译者

例年小麦价格 ①

表1

年份	每夸特小麦价格			各种价格的平均数			换算为现今货币后的平均价格		
	镑	先令	便士	镑	先令	便士	镑	先令	便士
1202	—	12	—	—	—	—	1	16	—
1205	—	12	—	—	13	5	2	—	3
	—	13	4						
	—	15	—						
1223	—	12	—	—	—	—	1	16	—
1237	—	3	4	—	—	—	—	10	—
1243	—	2	—	—	—	—	—	6	—
1244	—	2	—	—	—	—	—	6	—
1246	—	16	—	—	—	—	2	8	—
1247	—	13	4	—	—	—	2	—	—
1257	1	4	—	—	—	—	3	12	—
1258	1	—	—	—	17	—	2	11	—
	—	15	—						
	—	16	—						
1270	4	16	—	5	12	—	16	16	—
	6	8	—						
1286	—	2	8	—	9	4	1	8	—
	—	16	—						
合　计							35	9	3
平均价格							2	19	$1\frac{1}{4}$

---

① 个别数据记录疑有误。

表2

年份	每夸特小麦价格			各种价格的平均数			换算为现今货币后的平均价格		
	镑	先令	便士	镑	先令	便士	镑	先令	便士
1287	—	3	4	—	—	—	—	10	—
1288	—	—	8	—	3	$\frac{1}{4}$	—	9	$\frac{3}{4}$
	—	1	—						
	—	1	4						
	—	1	6						
	—	1	8						
	—	2	—						
	—	3	4						
	—	9	4						
1289	—	12	—	—	10	$1\frac{1}{2}$	1	10	$4\frac{1}{2}$
	—	6	—						
	—	2	—						
	—	10	8						
	1	—	—						
1290	—	16	—	—	—	—	2	8	—
1294	—	16	—	—	—	—	2	8	—
1302	—	4	—	—	—	—	—	12	—
1309	—	7	2	—	—	—	1	1	6
1315	1	—	—	—	—	—	3	—	—
1316	1	—	—	1	10	6	4	11	6
	1	10	—						
	1	12	—						
	2	—	—						
1317	2	4	—	1	19	6	5	18	6
	—	14	—						
	2	13	—						
	4	—	—						
	—	6	8						
1336	—	2	—	—	—	—	—	6	—
1338	—	3	4	—	—	—	—	10	—
合　计							23	4	$11\frac{1}{4}$
平均价格							1	18	8

表 3

年份	每夸特小麦价格			各种价格的平均数			换算为现今货币后的平均价格		
	镑	先令	便士	镑	先令	便士	镑	先令	便士
1339	—	9	—	—	—	—	1	7	—
1349	—	2	—	—	—	—	—	5	2
1359	1	6	8	—	—	—	3	2	2
1361	—	2	—	—	—	—	—	4	8
1363	—	15	—	—	—	—	1	15	—
1369	1	—	—	1	2	—	2	9	4
	1	4	—						
1379	—	4	—	—	—	—	—	9	4
1387	—	2	—	—	—	—	—	4	8
1390	—	13	4	—	14	5	1	13	7
	—	14	—						
	—	16	—						
1401	—	16	—	—	—	—	1	17	4
1407	—	4	$4\frac{1}{4}$	—	3	10	—	8	11
	—	3	4						
1416	—	16	—	—	—	—	1	12	—
合　计							15	9	4
平均价格							1	5	$9\frac{1}{3}$

表 4

年份	每夸特小麦价格			各种价格的平均数			换算为现今货币后的平均价格		
	镑	先令	便士	镑	先令	便士	镑	先令	便士
1423	—	8	—	—	—	—	—	16	—
1425	—	4	—	—	—	—	—	8	—
1434	1	6	8	—	—	—	2	13	4
1435	—	5	4	—	—	—	—	10	8
1439	1	—	—	1	3	4	2	6	8
	1	6	8						
1440	1	4	—	—	—	—	2	8	—
1444	—	4	4	—	4	2	—	8	4
	—	4	—						
1445	—	4	6	—	—	—	—	9	—
1447	—	8	—	—	—	—	—	16	—
1448	—	6	8	—	—	—	—	13	4
1449	—	5	—	—	—	—	—	10	—
1451	—	8	—	—	—	—	—	16	—
合　计							12	15	4
平均价格							1	1	$3\frac{1}{2}$

表 5

年份	每夸特小麦价格			各种价格的平均数			换算为现今货币后的平均价格		
	镑	先令	便士	镑	先令	便士	镑	先令	便士
1453	—	5	4	—	—	—	—	10	8
1455	—	1	2	—	—	—	—	2	4
1457	—	7	8	—	—	—	—	15	4
1459	—	5	—	—	—	—	—	10	—
1460	—	8	—	—	—	—	—	16	—
1463	—	2	—	—	1	10	—	3	8
	—	1	8						
1464	—	6	8	—	—	—	—	10	—
1486	1	4	—	—	—	—	1	17	—
1491	—	14	8	—	—	—	1	2	—
1494	—	4	—	—	—	—	—	6	—
1495	—	3	4	—	—	—	—	5	—
1497	1	—	—	—	—	—	1	11	—
合　计							8	9	—
平均价格							—	14	1

表 6

年份	每夸特小麦价格			各种价格的平均数			换算为现今货币后的平均价格		
	镑	先令	便士	镑	先令	便士	镑	先令	便士
1499	—	4	—	—	—	—	—	6	—
1504	—	5	8	—	—	—	—	8	6
1521	1	—	—	—	—	—	1	10	—
1551	—	8	—	—	—	—	—	2	—
1553	—	8	—	—	—	—	—	8	—
1554	—	8	—	—	—	—	—	8	—
1555	—	8	—	—	—	—	—	8	—
1556	—	8	—	—	—	—	—	8	—
1557	—	4	—	—	17	$8\frac{1}{2}$	—	17	$8\frac{1}{2}$
	—	5	—						
	—	8	—						
	2	13	4						
1558	—	8	—	—	—	—	—	8	—
1559	—	8	—	—	—	—	—	8	—
1560	—	8	—	—	—	—	—	8	—
合　计							6	—	$2\frac{1}{2}$
平均价格							—	10	$\frac{5}{12}$

233

表 7

年份	每夸特小麦价格			各种价格的平均数			换算为现今货币后的平均价格		
	镑	先令	便士	镑	先令	便士	镑	先令	便士
1561	—	8	—	—	—	—	—	8	—
1562	—	8	—	—	—	—	—	8	—
1574	2	16	—	2	—	—	2	—	—
	1	4	—						
1587	3	4	—	—	—	—	3	4	—
1594	2	16	—	—	—	—	2	16	—
1595	2	13	—	—	—	—	2	13	—
1596	4	—	—	—	—	—	4	—	—
1597	5	4	—	4	12	—	4	12	—
	4	—	—						
1598	2	16	8	—	—	—	2	16	8
1599	1	19	2	—	—	—	1	19	2
1600	1	17	8	—	—	—	1	17	8
1601	1	14	10	—	—	—	1	14	10
合　计							28	9	4
平均价格							2	7	$5\frac{1}{3}$

表 8 是 1595 年 ～ 1764 年每夸特 9 蒲式耳的顶级小麦在温莎市场的价格，取自各年报喜节和米迦勒节两个集市日最高价格的平均数。

表 8

年份	每夸特小麦价格			年份	每夸特小麦价格		
	镑	先令	便士		镑	先令	便士
1595	2	—	—	1621	1	10	4
1596	2	8	—	1622	2	18	8
1597	3	9	6	1623	2	12	—
1598	2	16	8	1624	2	8	—
1599	1	19	2	1625	2	12	—
1600	1	17	8	1626	2	9	4
1601	1	14	10	1627	1	16	—
1602	1	9	4	1628	1	8	—
1603	1	15	4	1629	2	2	—
1604	1	10	8	1630	2	15	8
1605	1	15	10	1631	3	8	—
1606	1	13	—	1632	2	13	4
1607	1	16	8	1633	2	18	—
1608	2	16	8	1634	2	16	—
1609	2	10	—	1635	2	16	—
1610	1	15	10	1636	2	16	8
1611	1	18	8	16 年 合计	40	—	—
1612	2	2	4	平均	2	10	—
1613	2	8	8				
1614	2	1	$8\frac{1}{2}$				
1615	1	18	8				
1616	2	—	4				
1617	2	8	8				
1618	2	6	8				
1619	1	15	4				
1620	1	10	4				
26 年 合计	54	—	$6\frac{1}{2}$				
平均	2	1	$6\frac{9}{12}$				

年份	每夸特小麦价格			年份	每夸特小麦价格		
	镑	先令	便士		镑	先令	便士
1637	2	13	—	1671	2	2	—
1638	2	17	4	1672	2	1	—
1639	2	4	10	1673	2	6	8
1640	2	4	8	1674	3	8	8
1641	2	8	—	1675	3	4	8
1642	—	—	—	1676	1	18	—
1643	—	—	—	1677	2	2	—
1644	—	—	—	1678	2	19	—
1645	—	—	—	1679	3	—	—
1646	2	8	—	1680	2	5	—
1647	3	13	8	1681	2	6	8
1648	4	5	—	1682	2	4	—
1649	4	—	—	1683	2	—	—
1650	3	16	8	1684	2	4	—
1651	3	13	4	1685	2	6	8
1652	2	9	6	1686	1	14	—
1653	1	15	6	1687	1	5	2
1654	1	6	—	1688	2	6	—
1655	1	13	4	1689	1	10	—
1656	2	3	—	1690	1	14	8
1657	2	6	8	1691	1	14	—
1658	3	5	—	1692	2	6	8
1659	3	6	—	1693	3	7	8
1660	2	16	6	1694	3	4	—
1661	3	10	—	1695	2	13	—
1662	3	14	—	1696	3	11	—
1663	2	17	—	1697	3	—	—
1664	2	—	6	1698	3	8	4
1665	2	9	4	1699	3	4	—
1666	1	16	—	1700	2	—	—
1667	1	16	—	合计	153	1	8
1668	2	—	—	平均	2	11	$\frac{1}{3}$
1669	2	4	4				
1670	2	1	8				

年份	每夸特小麦价格			年份	每夸特小麦价格		
	镑	先令	便士		镑	先令	便士
1701	1	17	8	1734	1	18	10
1702	1	9	6	1735	2	3	—
1703	1	16	—	1736	2	—	4
1704	2	6	6	1737	1	18	—
1705	1	10	—	1738	1	15	6
1706	1	6	—	1739	1	18	6
1707	1	8	6	1740	2	10	8
1708	2	1	6	1741	2	6	8
1709	3	18	6	1742	1	14	—
1710	3	18	—	1743	1	4	10
1711	2	14	—	1744	1	4	10
1712	2	6	4	1745	1	7	6
1713	2	11	—	1746	1	19	—
1714	2	10	4	1747	1	14	10
1715	2	3	—	1748	1	17	—
1716	2	8	—	1749	1	17	—
1717	2	5	8	1750	1	12	6
1718	1	18	10	1751	1	18	6
1719	1	15	—	1752	2	1	10
1720	1	17	—	1753	2	4	8
1721	1	17	6	1754	1	14	8
1722	1	16	—	1755	1	13	10
1723	1	14	8	1756	2	5	3
1724	1	17	—	1757	3	—	—
1725	2	8	6	1758	2	10	—
1726	2	6	—	1759	1	19	10
1727	2	2	—	1760	1	16	6
1728	2	14	6	1761	1	10	3
1729	2	6	10	1762	1	19	—
1730	1	16	6	1763	2	—	9
1731	1	12	10	1764	2	6	9
1732	1	6	8	合计	129	13	6
1733	1	8	4	平均	2	—	$6\frac{9}{32}$

237

表9

年份	每夸特小麦价格			年份	每夸特小麦价格		
	镑	先令	便士		镑	先令	便士
1731	1	12	10	1741	2	6	8
1732	1	6	8	1742	1	14	—
1733	1	8	4	1743	1	4	10
1734	1	18	10	1744	1	4	10
1735	2	3	—	1745	1	7	6
1736	2	—	4	1746	1	19	—
1737	1	18	—	1747	1	14	10
1738	1	15	6	1748	1	17	—
1739	1	18	6	1749	1	17	—
1740	2	10	8	1750	1	12	6
合计	18	12	8	合计	16	18	2
平均	1	17	$3\frac{1}{5}$	平均	1	13	$9\frac{4}{5}$

第二篇

论资财的性质、积累和用途

引言

在原始社会，人们都是自己为自己提供一切需要的物品。必须预先准备好所需资财再去经营的社会事业，在那个时候是不存在的，因为那时，人们既没有劳动分工，也几乎没有物品的交换。人们都努力通过自身的劳动去随时满足自身的需要。饿了，就到森林去打猎；衣服破了，就用最大张的兽皮来当衣服；尽可能地用附近的树木草皮修整将要倒塌的房屋。

可是一到社会上全面地实行了劳动分工的时候，一个人若要依靠自己的劳动满足自身需要的全部，就不可能了。他自己能够满足的只是其自身需要的极小一个部分，其余的部分都有赖于他人劳动的产物来供给。为了换取其他人的劳动产品，他付出了自己的产品或者说他自己产品的价格（这两者其实是一回事）。不过，在他的劳动产品制成并且在市场上出售以前，他是无法取得他所需要的那些东西的。所以，他就必须在某处积累至少足以维持自己生活的各种存货，并为其工作提供原料与工具，直到其产品完成并售出之时。除非已经在自己或别人手中积累了一定的足以维持生活并提供工作原料与工具的资财，织匠无法在他完成并售出其织物之前全力工作。显然，他必须在从事这项专业劳动以前完成这一积累。

按照事物的本性，资财的积累必定先于劳动分工。积累的资财越来越多，分工就会变得越来越细密；分工越来越细密，同等数量的工人所能够加工的生产原料的数量也越来越大。工人的工作流程日益简单化，新的机器不断地被发明出来，这又便利和简化了工人的工作流程。由于这个原因，随着劳动分工发展起来，要支持同数量的工人获得不断的工作，就必须先储备起来同数量的食物和比原始状态中所需的数量更多的生产资料与工具。不过，每个业务部门的工人数量的增加，一般与该部门的劳动分工的发展成正比。换言之，劳动分工变得越来越细密，正是由于工人数量增加的缘故。

要想使劳动生产力得到巨大的改进，就必须预先积累资财；积累资财自然会引起劳动生产力的改进。一个从如果依靠自己的私有资财去维持其他人的劳动，他当然希望自己的资财被用来完成最大量的工作。这样，他就会十分留意合理地安排工人的职务，又为他们创造或者购买最好的生产设备；而他在这方面的成效的大小，一般是和他所有资财的数量或者他所雇佣工人的数量成比例的。所以，一国之产业量不但随支配劳动的资财的增加而增加，而且由于以上增加的结果，同量的劳动能够完成的工作量也大得多。

一般来讲，资财增加对劳动及其生产力的效果就是如此。

在本篇中，我将努力说明资财的性质、积累及其对各种资本所施加的影响，以及用在不同的方面时，各种资本所产生的效果。本篇共分五章：第一章说明，个人或社会的资财自然分成的不同部分；第二章说明，作为社会总资财的一个特殊部分的货币的性质和作用。成为资本的资财可以由本人使用，也可以借给他人使用。因此，在第三章和第四章，我试图考察在这两种情况下资本的运作情况。第五章，即最末一章里，我将探讨资本的不同用途对国民产业量和土地与劳动的年产量的直接影响。

第一章　论资财的划分

一个人不会指望从一笔仅够支持自己几天或者几周生活的资财中得到任何收入。他只能尽量节约地使用它，并在将这笔款子用尽之前，通过自己的劳动取得一些可以替补的东西。在这种情况下，他的收入完全来自他的劳动。各国的贫穷劳动者大都是这种状况。

但是，这个人会指望从一笔足够支持自己几个月或者几年生活的资财中取得某种收入。他会在这笔款项中保留适当比例，用作自身的生活开支，余下的部分就被用来获取某种收入。他的全部资财就这样被一分为二：一部分他希望用来取得收入，称为资本；另一部分用作目前的消费。后者又包含三项：一是为这一目的而保留的那部分资财；二是逐渐得来的任何收入；三是用以上两项之一买进来但至今尚未用完的物品，如衣服和家具。人们普通积蓄以供自己直接消费的资财必包含三项中的部分或者全部。

资本为投资者提供收入或利润，其使用的方法有两种。

第一，资本可用来生产、制造或购买物品，然后出售取得利润。资本留在所有者手中或保持原状时，对于投资者不能提供任何收入或利润。例如，商人的货物在出售换得货币以前，不能提供收入或利润；货币也是一样，在再次支付以换得货物以前，也不能提供收入或者利润。商人的资本，以一个形态流出，又以另一个形态流入。在这种持续的流通或者交换中，他才可以赚取利润。这样的资本是流动资本。

第二，资本又可用来改良土地、购买机器和有用的工具，或用来置备无须易主或者再次流通即可提供利润的东西。这样的资本是固定资本。

固定资本与流动资本之间的比例依行业的不同而大不相同。

比如，商人的资本全部是流动资本。除非把商店或仓库也看作机器或工具，否则可以说他根本无须使用机器或工具。

手工业者和制造业者的资本的一部分就必须固定在生产工具上，只是这部分的比例，在有的行业很小，在别的行业就很大。裁缝只需要一包针，鞋匠的工具稍微贵些，而织工的工具就贵了许多。然而，这后一类的手工业者的资本，大部分是流动资本，它们先以工人工资或者原料价格的形式流出，后作为产品价格的利润重新流入。

经营其他事业需要的固定资本就大得多。要办一个大型铁厂，要设置熔铁炉、锻冶场、截铁场，经费的需要就极大。至于开采煤矿所需的吸水机和其他各种机械，花销还要更大。

农场主购买农具时所用的资本是固定的，他把这资本留在自己的手中以获取利润。他用以维持工人与支付工资的资本是流动的，从他的手中支付出去以获取利润。和农具一样，耕畜的价格或价值称为固定资本；和维持工人的费用一样，饲养牲畜的费用称为流动资本。农场主通过保有耕畜和支付饲养牲畜的费用来获取利润。但是，以出售而不是以代耕为用途的牲畜，农场主是在出售牲畜时取得利润，其购买和饲养的费用应当归入流动资本的范畴。在饲养牲畜的地方，不以代耕或出售为目的，而是以剪毛、挤奶、配种而获利为目的买入的羊或牛，应当称为固定资本。因为，在这里获利的方法在于保有它们；它们的饲养费是流动资本，利润是通过支付这些费用来取得的；赚回饲养费的时候，饲养费的利润及牲畜全部价格的利润，都会通过羊毛价格、产奶价格、幼种价格提供。种子虽流动于土地与谷仓之间，但没有改变主人，即没有真正地流动过，农场主获取利润不是靠出售种子，而是靠种子进行繁殖，种子的全部价值因此也可称为固定资本。

一个国家或一个社会的总资财就是其全体居民的资财，按照功能和作用分三个部分。

第一部分是本身不能提供收入或者利润，而仅仅供给直接消费的资财，这包括诸如消费者已经购买，而正处在消费过程当中的食品、服装和家具等物。在一定意义上，它甚至也包括仅供居住的房屋。这是指屋主买来自己居住的房屋。从屋主开始入住该房屋的时候起，花费在这所房屋上面的款项就已经不再是资本，因为从这个时候算起，它不再能够为房屋的主人带来任何形式的收入。这时候，房屋便和衣服、家具一样，对主人来说，它们都是有用而不能为他带来收入的东西，是纯粹的成本而无关收入。屋主可以通过出租房屋取得利润，然而房屋本身不能为租户提供任何东西。租户要支付租金，仍须动用从劳动、资本或土地上取得的收入。它虽然为屋主个人提供收入，因而对他具有资本的作用，但对社会公众却不提供收入，不能起到资本的作用。它丝毫不能增加全体居民的收入。同样，有时衣服和家具也可提供收入，从而对某些个人有资本作用。例如：有人在化装舞会盛行的地方以出租化装衣服为业，租期为一夜；家具商人则常常论月或论年出租家具；殡仪用品店往往论天或论星期出租丧葬用品；还有许多人出租备有家具的房屋，不仅收取房租，还收取家具租金。总而言之，虽然这样的租借到处都有，但由出租这种物品而得来的收入，归根结底总是出自别种收入来源。此外要注意的就是，无论就个人来说或社会来说，在留供直接消费的各种资财中，投在房屋上的那一部分是消费最慢的。衣服可穿数年，家具可使用五十年或一百年，但建筑坚固、维护周全的房屋却可使用好几百年。不过，房屋虽要很长时间才会损耗成危房，它还是和衣服、家具一样，属于供直接消费的资财。

第二部分是不必经过流通或者易主，就可以提供收入或者利润的固定资本。它由四种形式构成：

第一，任何可以使劳动简单化和方便化的设备和工具。

第二，不论对出租房屋的屋主，还是对租用这房屋的人来说，任何可以从中取得利润的建筑。这种类型的房屋包括商店、仓库、工场、农舍、畜舍、谷仓等。一般人是把它们当作生产工具看待的，而它们也的确具有生产工具的功用。这是它们区别于普通住房之处。

第三，用开垦、排水、围墙、施肥等方法投下的使土地变得更适于耕作的有利可图的土地改良费用。在使劳动变得更加省力和方便的方面，经过改良的农场和具有一定功能的机器是一样的，它们都有助于让在某一领域投下的相同数量的资本为投资的人带来比原先多得多的收入。土地的优势是它比机器更加经久耐用。农场主只要把资本投在采用最有利的方式耕种的土地上，此后土地便会自然地为他提供更多的收入。

第四，社会上全体居民学到的有用才能。花费不少资本进学校做学生，或者进工厂做学徒，这样学到的有用的才能是他个人财产的一部分。这花去的资本是附加且体现在他的身上的固定资本，这一点，对他所属的社会来说也是一样。和让劳动变得便利的机器和工具一样，工人提高的熟练程度可看作是社会上的固定资本。尽管学习的时候要花一笔费用，但这种费用除了可以得到报偿，还可以得到利润。

第三部分是通过流通和易主的方式提供收入的流动资本。它由四种形式构成：

第一，货币。其他三项要借助货币的支持，才能经过流通分配到真正的消费者手中。

第二，屠户、牧畜商、农场主、谷商、酿酒商等人所有的食品，通过销售过程使这些人获得利润。

第三，还在耕作者、制造业者、布商、木材商、木匠、瓦匠等人手中的衣服、家具、房屋三者的材料。不管这些材料是否是纯粹的原料或半加工的材料，只要未曾制成衣服、家具或房屋，它们即属于这项。

第四，已经制成但仍在制造者或商人手中，且尚未通过销售转入消费者手中的物品。这包括锻冶店、木器店、金店、宝石店、瓷器店，以及其他各种店铺柜台上陈列着的制成品。

这样，流动资本就包含各种商家手里的食品、材料、制成品及货币。食品、材料、制成品的流转和分配一定要通过货币，否则就不能分配到最终的使用者或者消费者手中。

以上四项流动资本中，如涉及食品、材料、制成品，则此项流动资本一般在一年左右的时间内，或者变成固定资本，或者变成留供直接消费的资财。

固定资本都来自流动资本，并且不断地得到流动资本的补充；而流动资本提供了经营活动所有有用的设备和工具。流动资本提供建造机器的材料，提供维持建造机器的工人的费用。机器制成以后，总是必须由流动资本来修理。

没有流动资本，固定资本不能提供任何收入。工作所用的材料和工人生存所依靠的食物都出自流动资本。用处再大的设备，也要依靠流动资本才能生产出有用的东西。土地的任何形式的改良，都必须要有流动资本参与。维持从事耕作和收获的工人也必须有流动资本。

固定资本和流动资本具有同样和唯一的目的，就是要维持直接消费所需的资财，而且使之增加。人们的衣食居住都有赖于这种资财；人们的贫富也取决于这两种资本所能提供的资财是丰裕还是匮乏。

大部分的流动资本会被调动起来，以便补足被社会直接消费掉的资财，并且补充社会的固定资本。因此，流动资本也必须得到不断的补充，以免被耗尽。这种补充可以从三个主要来源得到，即土地产物、矿山产物、渔业产物。这三种来源不断向流动资本提供食物和原材料，其中有一部分通过加工成为制成品。此外，金属货币必须从矿山得到维持和增加流动资本中货币占有的那部分。虽然在一般的商业活动中，这部分不像其他三部分那样，一定会被抽出转作另外两种资财，但是像其他物质一样，货币会在使用中有损耗，有时甚至遗失或输往国外，因此持续的补充仍是必要的，尽管没有其他三部分多。

土地、矿山和渔业都需要固定资本和流动资本的参与。因此，这几项事业的运营都需要用自己的产品偿还投资所用的资本，此外，还必须将利润带给投资者，同时清偿应当返还社会的其他各项资本消耗，例如：每年制造业者消费的食品和材料由农民提供补充；每年农民消费的工业品由制造业者为之补充。这两个阶级虽很少以制造品和农产品直接交换，但他们之间年年进行交换的实际情况就是如此。我们知道，农民生产谷物、牲畜、亚麻、羊毛，他同时需要衣服、家具、工具。买谷物、牲畜、亚麻、羊毛的人与卖衣服、家具、工具的人往往不是同一种人。所以，农民用货币作为中介，先将自家的土地产品易手，然后他就可以自由地选购自己所需要的工业制造品。土地中的产物对渔业和矿业的经营也能提供资本方面的补充。

在同等的自然生产力情况下，土地、矿山和渔场的生产量的多少都和投资数量的大小与资金运用的好坏成正比。在资本数量和投资方法相同的情况下，产量多少便和它们的自然生产力的大小成正比。

在比较安定的国家里，有常识的人无不愿用可供他使用的资财来寻求直接享乐或寻求未来利润。用作寻求直接享乐的是留供直接消费的资财。如果要将这些资财用来寻求未来利润，那么方法无非是把资财留在手中作为固定资本，或是用作投资作为流动资本。如果生命财产无虞，任何心智健全的人都会把自己所能够支配的一切资财（无论自有的还是借用他人的）投入到其中某一项用途中去。

的确，如果国家是不幸的专制国家，人们是暴君的臣民，那么为了保护自己的财产不受暴君的掠夺，人们自然会选择将大部分的资财妥加藏匿，一旦情况有变，他们可以抢在灾害未降临之前，把财物运到别处。据说这种事情在土耳其、印度，以及亚洲其他各国经常发生。在封建暴虐时代，英国似乎也是如此。当时，发掘的宝物被视为欧洲各大国君主的一大宗收入。凡埋藏地下、无从证明所属何人的物品一律为国王所有。除非国王钦准，否则这些物品既不属于发现者也不属于地主。这些宝藏在当时极受重视，金银矿产的地位也不过如此——除非有明确的法令授予这种权利，否则金银之类的矿产不能依照一般土地所有权的规定加以采掘。像铅、铜、锡、煤一类的矿产也属于这种情况，只是因为它们相对不那么重要，所以政府在这些东西上面，对民间的采掘也就听之任之。

第二章 论作为社会总资财一个特殊部门的货币，或论维持国民资本的支出

我已在第一篇指出：大部分商品的价格都可分为三个部分，即劳动工资、资本利润和土地地租。劳动、资本与土地都用于生产商品，并将其送入市场。的确，有些商品的价格只有劳动工资和资本利润两个组成部分，甚至极少数商品的价格单单由劳动工资构成。然而，每种商品的价格总是由上述三个部分的全部或者一两部分构成的；既非地租也非工资的部分必然要归于某人的利润。

正如我已经指出的那样：分而言之，这就是单个商品的情况；合起来看，构成全国土地和劳动的年产品的全部商品也是如此。一国年产品的总价格或总交换价值也必然可以被分解成这三个部分，并作为劳动工资、资本利润或者地租分配给国内的居民。

一国土地和劳动的年产品的全部价值，就这样被分配并成为各个居民的收入。不过，就像私有土地的地租可以分为总地租和纯地租一样，大国所有居民的收入也可如此划分。

私有土地的总地租包括农场主付出的一切地租。纯地租则是从总地租中去除管理、修缮的各项必要开支后的剩余部分。只要无损地产的生

产力，地主可以任意支配纯地租用在消费的各个方面，购置衣食、修葺住宅或者供应自己的享乐。地主的真实财富因此与其纯地租而非总地租成正比。

一个大国全体居民的总收入包含他们土地和劳动的全部年产品。纯收入是从总收入中去除固定资本和流动资本两项之后，留供居民自由使用的剩余部分。只要无损本国资本的生产力，居民可以任意使用纯收入，将这种资财用作直接的消费，购买为解决生活必需、提供方便或者娱乐的产品。国民真实财富也是与纯收入成正比，而非同总收入成正比。

显而易见，社会纯收入不包括那种用来维持固定资本的支出费用。绝不能把有用的机器和生产工具、有利可图的房屋等所用的原材料，以及加工这些原材料的劳动产品计入纯收入。当然，从事这种劳动的工人可能会把工资的全部价值作为供直接消费的资财，从而使这种劳动的价格有可能成为纯收入的一部分。但就别种劳动来说，不仅劳动的价格，就连劳动的产品也都可以作为这种资财；劳动价格作为工人直接消费的资财，劳动产品则作为他人直接消费的资财。别人的生活必需品、便利品和娱乐品也都因为这些工人的劳动而有所增加。

使用固定资本是为了提高劳动生产力，即让同样数量的工人能够完成更大量的工作。耕地的面积、肥瘠程度，参加劳动的人数与牲畜的数目都相同的两个农场，设施完善且拥有必要的建筑物、围墙、水沟和道路的那个农场产出的物品数量必然要比另一个大得多。设备精良的与设备不够精良的工厂相比，即便工人数量相同，设备精良者的生产量也一定更大。适当地花在固定资本上面的任何费用，一定都能很快带回很大利润，增加的年产品价值也会远大于改良所必要的维持费用。不过，由于这种维持费要动用年产品的一部分，原来可直接用于改进食品、衣料、住所等各种必需品和便利品的材料和人工的一部分，就会改作他用。这项新的用途当然是很有利的，只是与原来不同。技术改良之后，机器设备的购入价格比以前低廉，而且操作比以前更加容易，使得同等数量的工人可以用它完成同等数量的工作，那么先前用以维护机器的人工和材料就可以节省下来，而去增加这种或其他机器专门生产的产品数量。新机器可以提高产品的数量，这对于社会是一件好事。譬如，大制造厂主原来每年必须用1000镑来修理机器，现在如果能够减为500镑，剩下的500镑就可用以购买更多的材料和雇用更多的工人。这样一来，机器的产量也就自然会增加，而由这些产品产生的全部社会福利也就随之增加。

大国维持固定资本的支出也可同私人地产的养护费相比。养护费用通常是为了维持地产的产出，从而维持地主的总地租和纯地租所必要的。可是，如果采用更为合适的办法，能使养护费减少而生产物不减少，则总地租至少保持不变，而纯地租则必然增加。

与固定资本不同，流动资本的维持费可被归入社会纯收入的范围。上文说过，构成流动资本的货币、食物、材料和制成品四个部分中的后三者经常从流动资本中独立出来，或作为社会中的固定资本，或留下以供直接的消费，非此即彼。而那些不变为固定资本的消费品，就变作供直接消费的资财，属于社会的纯收入。因此，除了维持固定资本所需之外，维持这三部分流动资本并没从社会纯收入提取任何年产品。

社会流动资本与个人流动资本是不同的。个人流动资本完全被排除在个人纯收入以外，个人纯收入必须完全由他的利润组成。但是，虽然每一个人的流动资本都是他所属的社会流动资本的一部分，社会流动资本却并不因此被完全排除在社会纯收入以外。一个商人店铺中的全部货物绝非供他自己直接消费的资财，却可以是供他人直接消费的资财。他人从其他来源获得收入，可以经常为商人替换货物的价值并支付利润，而商人或其他人的资本均不会减少。

所以，社会流动资本中仅有一个部分，投入资本加以维持，社会纯收入必会减少，这一部分就是货币。

就其对社会收入的影响而言，固定资本和由货币构成的那部分流动资本非常相似。

第一，制造与维持生产上使用的机器和工具会占用一笔支出。这笔支出属于社会总收入，但是和货币一样，都是取自社会的纯收入。货币的收集与维持也需要一定的支出，这种支出虽然是社会总收入的一部分，但也是从社会纯收入中扣除得来。一定数量的非常有价值的原料，例如黄金和白银，以及一定数量的精巧劳动，不是用来增加直接消费的资财，即个人的生活资料、便利品和娱乐品，而是用来维持这种用途无穷而造价昂贵的商业工具；社会上每一个人通过它来得到经常按适当的比例分配给他的生活资料、便利品和娱乐品。

第二，无论就个人还是社会来说，作为固定资本在经营中使用的机器和工具，都不属于总收入或纯收入。同样，虽然社会的全部收入要依赖货币才能经常分配给社会各成员，但货币不是社会收入的一部分。货币只是货物借以流通的巨轮，和凭借它流通的货物大不相同。社会的收入完全是由这些货物组成的，而不是由使它们流通的巨轮组成的。在计算社会的总收入或纯收入时，我们永远必须从货币和货物每年的流通总量中扣除货币的全部价值，在总收入或纯收入中连一个法新的货币也不能算在里面。

在读者看来，这个论点有些矛盾。这是文字表达含糊不清的缘故。通过适当的解释与正确的理解后，它就几乎是显而易见的了。

当我们谈到一定数目的货币时，我们有时仅指构成它的金钱，有时又指它能购买的货物或它赋予持有者的购买力。例如，当说英格兰的流通货币为 1800 万镑时，我们只想表示某些作者所计算的或者他们认为在该国流通的金钱数量。但是，当我们说一个人一年收入 50 或 100 镑时，我们普通要说的不只是每年付给他这么多金钱，而且也是他每年所能购买或消费的货物价值。我们通常是要确定，他的生活方式是什么或应当是什么，或他所能正当享受的生活必需品和便利品的数量和质量。

当我们用某具体数目的货币不仅表示它构成的金钱数量，而且暗指它能购得的货物时，它表示的财富或收入只等于用同一个词笼统地表示的两种价值之一。说它等于后者比说它等于前者更合适，也就是说，说它等于货币的价值比说它等于货币本身更恰当。

比如，一个人每星期领 1 基尼养老金，他可以在这一周内用这 1 基尼购买一定数量的生活品、便利品和娱乐品。他每星期的真实收入，即他的真实财富，就和这个数量成正比。他每星期的收入，绝不能同时既等于 1 基尼，又等于这 1 基尼能购买的货物。它只能等于二者之一。实际上，与其说它等于这 1 基尼，不如说它等于这 1 基尼的价值更为恰当。

因为，如果这人的养老金不是以基尼金币形式而是以代表 1 基尼的票据支付，那么他的收入的价值显然不能是这片纸，而是这片纸所能换购的货物。1 基尼可以看作一张票据，有了这张票据，他就可以从邻近各个商人那里换取一定数量的必需品和便利品。构成被付给基尼币的人的收入的，与其说是金币，不如说是他因占有这枚基尼金币而能够换得的货物。如果这枚基尼金币不能换得任何物品，那它的价值就会像对破产者所开的票据那样没有价值，不过是废纸一张。

一国全体居民每星期或每年的收入固然是以货币的形式支付，然而他们真实财富的大小，或者说，他们全体每星期或每年的真实收入的大小，只能通过他们全体用货币所能购买的消费品数量的大小去衡量。显而易见，他们的全部收入，不能既等于这些货币，又等于这消费品数量，而只能两者取一；而与其说它等于前一价值，不如说它等于后一价值更为恰当。

因此，虽然我们常常用每年付给一个人的金钱数量来表示他的收入，这是因为这些金钱的数量规定着他的购买力或他每年所能消费的货物价值，但是，我们仍然认为，他的收入在于这种购买力或消费力，而不是表达购买力的金钱。

这个道理如果对个人来说已经足够明显，对社会来说就更是如此。每年付给一个人的金钱数量总是等于他的收入，因此也是其收入价值的最简明的表达方式。但在一个社会中流通的金钱数量绝不可能等于它所有成员的收入。因为，作为每星期养老金支付的同一枚基尼金币，今天可以付给甲，明天可以付给乙，后天可以付给丙。所以，每年在一个国家流通的金钱数量，其价值必然小于每年以货币的形式支付给他们的全部养老金。所有以货币的形式陆续支付的养老金的购买力，或用它所能购得的货物，必然等于所有养老金的价值，也必然是所有领取养老金者的收入。所以，这种收入不可能是由这些金钱组成的，因为它们的数目远远少于该收入的价值，而只是由购买力，或者说，由这些金钱陆陆续续地从一个人转到另一个人手中时所能购得的货物组成的。

货币这个流通的巨轮是伟大的商业工具。和其他生产工具一样，它也是资本的一部分，并且极具价值。构成货币的金钱虽然每年在流通的过程中分配了应当属于每个人的收入，但是这些金钱本身却不构成收入。

第三，也是最后一点，构成固定资本的机器和工具等，和由货币构成的那部分流动资本还有一点相似。在不降低劳动生产力的情况下，建造和维持机器支出方面每一笔节约下来的费用，也都是社会纯收入的一种增加；同样，在收集和维持由货币构成的那部分流动资本的支出方面每一笔节约下来的费用也是如此。

为什么维持固定资本支出的每一笔节约下来的费用都是社会纯收入的增加，这道理十分清楚，并且也已经做过部分解释。每项工程的经营者的全部资本，必然可以划分为固定资本和流动资本。当他的全部资本保持不变时，一部分占比小些，另一部分占比肯定就大些。提供了原料和劳动工资，并推动了劳动的是流动资本。因此，在不降低劳动生产力的情况下，固定资本维持费的每一笔节约就一定会增加推动劳动的资本，从而增加土地和劳动的年产品，并增加社会的真实收入。

以纸币代替金银币虽然是以一种低廉的商业工具来代替另一种极其昂贵的商业工具的过程，然而就便利性而言却并没有差别。流通只是用一种新轮子来进行，它比旧轮子的建造和维持所费较少，但是这种作用是用什么方式完成的，它又怎样增加了社会的总收入或纯收入，这道理却并不十分明白，需要做进一步的解释。

纸币有许多种，而以银行和银行家的流通券最为人熟知，也是最适于这里解释目的的一种。当一国人民对于某银行家的财产、正直和谨慎具有信心，相信他会随时兑现接到的他自己所发行的本票，这些票据就会和金币银币一样流通。因为，人们深信用它们可以随时兑换金银货币。

　　假设一位银行家要把面值 10 万英镑的本票贷给他的顾客，由于本票在流通中的作用和货币相同，顾客自然应该为这些本票支付与借贷货币相同的利息。这利息就是银行家的利润。银行家发出去的票据是 10 万英镑，但只需要 2 万英镑金银币的储备就足够应付不时的兑现。这是因为，虽然发出去的票据中有一部分会不断回来兑现，但是总还有一部分不断地在社会上流通。这种本票的发行也就使 2 万英镑金银币获得了 10 万英镑金银币的功用。同一数量消费品的周转和分配也可通过用这 10 万英镑票据进行的交易实现，与通用的 10 万英镑金银的作用相同。所以，国内流通就可省下 8 万英镑的金银。如果国内同时有许多银行都经营这样的业务，那么这时流通国内货物所需的金银货币的数量就只需以前的 1/5 即可。

　　例如：让我们假定，一国的全部流通货币为 100 万英镑时，就足以使其土地和劳动的全部年产品得以流通；我们再假定，以后有许多银行和银行家发行凭票支付的本票共 100 万英镑，而在他们的金柜中只保持 20 万英镑金银币来应付临时的兑现请求。因此，在流通中就有 80 万英镑金银币和 100 万英镑的银行券，即 180 万英镑纸币和硬币。但是，该国土地和劳动的年产品以前只需要 100 万英镑来流通并分配到最终的消费者手中，而年产品是不能通过银行业的这种做法立即增加的。因此，100 万英镑就足以使之流通。买卖的货物和从前完全一样，同样数量的货币也足以买卖它们。流通渠道——如果我可以使用这个词的话——将依然和以前完全相同。我们假定 100 万英镑足以充满这个渠道，那么注入的超过此数的货币就无法在其中流动，而只能溢出。现在注入了 180 万英镑，一定会有 80 万英镑溢出，它即超过了该国流通中所能使用的货币的数目。但是，虽然不能在本国使用，这个数目的货币却仍是极有价值的，因此不能任其闲置。于是，它将被送往国外，寻找它在本国不能找到的有利润的用途。但是，纸币不能运往国外，因为如果纸币远离发行它的银行，本票远离可以用法律强制兑现它的国家，人们就会在日常支付中拒绝接受它。因此，80 万英镑的金银币将被送往国外，充满本国的流通渠道将是 100 万英镑纸币，而不是以前充满它的 100 万英镑金银币。

不过，这巨额的金银并非白白送给外国，我们不应认为这是毫无所得的，或是其持有者把它当作礼物送给外国。这金银将用来交换各种外国货物，以便供他国或本国消费。

如果用它来在甲国购买货物以供乙国消费，那么这就是所谓的转口贸易，所得的利润将增加本国的纯收入。这就像一笔新创造的基金，可以用来进行一种新的贸易。本国的业务现在用纸币来经营，金银则变成了新贸易基金。

如果用它来购买外国货物以供本国消费，那么：第一，可以购买不事生产的闲人消费的货物，如外国葡萄酒、外国丝绸，等等；第二，可以购买额外的原料、工具和食物，以便维持和雇用更多勤劳的人，他们会再生产出他们每年消费的价值，并带来利润。

第一种货物会助长挥霍之风，增加开支和消费而不增加生产，或者说，不能形成一种永久性基金来支持这种开支，这在各方面均对社会有害。

第二种货物会鼓励勤勉，虽然增加了社会的消费，却也提供了一种永久性基金来支持这种消费，消费者再生产出他们每年消费的全部价值，并带来利润。社会的总收入，即它的土地和劳动的年产品的增加额，等于这些工人的劳动在其加工的原料上所增添的全部价值；社会纯收入的增加额，等于这个价值扣除维持机器和生产工具的必要开支后剩余的部分。

由于银行的这种运作而被迫送往国外的金银币，当被用来购买外国货物以供本国消费时，事实上大部分是用来购买第二类货物。这不但是可能的，而且几乎是必然的。某些人收入根本不增加，却有时也可能大大增加支出。但是，我们可以肯定，从来没有哪个阶级的人全都这样。因为，一般的谨慎的原则虽然不能支配每一个人的行为，却总是会影响每一阶级的大多数人的行为。但是，若把闲人视为一个阶级，他们的收入也不能由银行业的这种运作得到任何增加，其一般支出也不会因此大为增加；尽管他们中少数人的支出可能增加，并且实际上有时增加了。因此，闲人对外国货物的需求还和从前一样，或者说差不多一样。由于银行业运作而被迫送往国外的货币中用来购买外国货物供本国消费之用的那些，只有很小一部分用来购买供闲人使用的货物。而其中大部分自然会用于雇用勤劳人民，而不是维持懒惰。

当我们计算任何社会的流动资本雇用的劳动数量时，我们只应考虑由食物、原料和制成品组成的那一部分流动资本，而将货币组成的另一部分扣除；因为它的作用只是使三者流通。有三种东西是推动劳动生产必不可少的：供制作的原料、用来制作的工具，以及使工作得以完成的工资或报酬。货币既不是供制作的原料，又不是制作的工具。工人的工资一般是用货币来支付，但他的真实收入也像其他所有者的真实收入那样——不是货币，而是货币的价值；不是金块，而是金块所能买到的东西。

任何资本所能雇用的劳动数量，显然必须等于它能以原料、工具，还有与工作性质相称的维持费雇用的工人数。为了购买原料和生产工具，并维持工人的生活，货币是必需的。但是，整个资本所能雇用的劳动数量肯定不能既等于用于购买的货币，又等于用货币购到的原料、工具和维持费，而只能是二者之一。而且说等于后者比说前者更恰当。

当用纸币代替金银币时，整个流动资本能提供的原料、食物和维持费数量就会增加，其价值等于过去用来购买它们的金银币的全部价值；也就是说，流通和分配巨轮的全部价值，被加在用它来流通和分配的货物上面了。在某种程度上，这类似某种大企业的经营者，他由于某种机械学方面的改进拆除旧机器，将旧机器与新机器价格的差额加在他的流动资本上，即加在他用来供应原料和提供工人工资的基金上。

究竟一国的流通货币与用它来流通的年产品的全部价值保持着什么样的比例，这很可能无法确定。经不同的作者计算，前者可占后者的 1/5、1/10、1/20 乃至 1/30 不等。不过，不管流通货币占年产品全部价值的比例多么小，由于只有一部分，而且常常是很小一部分年产品被指定为劳动的维持费，货币占这一部分的比例一定很大。因此，当被纸币代替以后，流通所必要的金银币就降到了以前数量的 1/5；如果其他 4/5 的大部分价值被加在用来维持劳动的基金上，那就会使这种劳动的数量大为增加，从而使土地和劳动年产品的价值大为增加。

在最近的二三十年间，银行业遍布苏格兰所有的大城市，其业务范围甚至覆盖到穷乡僻壤，效果正如上文描述过的一样。纸币支撑着国内所有商业中的购买支付。除了兑换 20 先令的钞票，银币很少见，金币更少见。尽管银行并非个个奉公守法，由议会立法实施管理也确有必要，可是国家从银行业得到好处之大，人所共见。我所了解的情况是，自银行创立以来，格拉斯哥的商业贸易量在十五年间竟翻了一番；而整个苏格兰的商业自两家公立银行（一家叫苏格兰银行，1695年由议会决议创立；一家叫皇家银行，1727年以国王敕令设立）在爱丁堡创立以来，则增加了不只三倍。在这么短的时期内，整个苏格兰的商业或格拉斯哥一地的商业贸易量是否真的增加了这么多，我不敢妄加评断。如果真的增加到了这个比例，那么创立银行的效果就未免太大。不过，我们仍然可以确信，在这个时期，银行业大大促进了苏格兰贸易和产业的增长。

原本在苏格兰境内流通的银币，于1707年苏格兰和英格兰合并之后，被送到苏格兰的造币厂重新铸造，其总值是411117英镑10先令9便士。金币虽然缺乏记录，但据苏格兰造币厂旧时的账簿，其总值略大于银币。当时有许多人唯恐收不回银币，所以始终将银币没有拿到苏格兰银行。此外，还有若干流通的英格兰银币并未被要求重铸。所以，在与英格兰合并之前，苏格兰流通的金银币的价值合计就不下于100万英镑。这个数额似乎是当时苏格兰全部的通货余额；因为虽然当时苏格兰银行没有竞争者，发行了大量的钞票，但这在全部通货余额中也只是占极小部分。而现在的苏格兰，通货总值不下200万英镑，金银币大大减少，占比不超过1/4，可是苏格兰的产业并没有衰退反而繁荣了，它的财富没有损失反而增加了。这只需看一下每年农业、制造业和贸易，以及土地和劳动产品的增加量，就可以知道。

大多数的银行采用汇票贴现的方式发行本票，也就是说，在汇票到期以前，顾客就可以持本票向银行提前借取现金。银行方面会计算到期应收的利息，然后将其在全部贷额中扣除。到期后，汇票兑付的款项既可偿还银行预贷出去的价值，还会带来利息。银行向贴现商人预付的不是金银币，而是他们自己的本票；其好处是，他可以通过贴现来增加他的本票发行量。银行家可以根据经验，尽量在可能的范围内把本票付给出去，那么他就能从较大的发行量中获得更多利息。

苏格兰的银行还发明了另一种发行本票的方法。这就是所谓的现金账户。求贷者只需得到两个信用良好并且拥有实际地产的人作为保人，并且答应在银行提出要求的时候偿清所有借款及其利息，银行就会准许他借贷若干数额的款项（如两三千英镑）。一般来说，这种放贷方法在世界各处银行都有，然而对于苏格兰，意义不止于此。苏格兰目前的商业还说不上繁荣，当上文所说的两家银行创立之初，其运营的规模更微不足道。如果这两家银行的业务限于汇票贴现，生意的惨淡是不必说的。而以目前实际的情况来看，他们的银行业生意兴隆，整个苏格兰受益良多，这种方法的采用应该说是主要的原因。

只要符合上述条件，一个苏格兰人便可用这个方法向银行借贷。比如，借 1000 英镑，而以每次还二三十英镑的方式分期还款。而银行方面则会将每次的还款数额在全部金额的利息中扣除，直到清偿为止。这种方法因其便利促进了银行的业务增长。商人们对此大力支持，不但欣然接受顾客以银行本票付款，还劝他自己能影响到的人们也接受这种方式。在客户借贷货币时，银行大都以自己的本票付给。商人以本票购买制造者的货物，制造者以本票购买农场主的食品、原料，农场主以本票付给地主地租，地主以本票向商人购买各种便利品与奢侈品，商人最后又把本票还给银行以抵销借款。这样做的结果是，整个国内的货币业务都借助银行本票流通，而银行的生意自然日益兴旺。

这种现金账户促进了商人们开展业务，因为在这种方式下，商人们会更加谨慎。假设有两个商人，分别在伦敦和爱丁堡，他们所经营的生意相同，所投下的资本相等。爱丁堡商人因有现金账户，所以营业规模能够做得较大，人员能够用得较多而不致有危险。伦敦商人没有现金账户，为应付索求赊购贷款的人，他往往不得不在金柜中备有大量的金银货币，而这样做是要损失利息的。假定他必须备有 500 英镑，那么和不必如此的情况比较，其仓库内货物的价值就会少 500 英镑。假设商人的存货一般每年脱销一次，那么较之不必保有滞财的情况，其每年售出货物的价值就会因为必须备有这笔滞财少 500 英镑。这样，和可以多卖 500 英镑货物的情况相比，他每年能够得到的利润和他能够雇来经办销售的雇员，一定都会少些。而爱丁堡的那位同行却完全没有这些麻烦。他可以使用现金账户从银行贷款，以应付不时之需，而还款可以分期完成。和伦敦商人相比，在可以动用的资本相同的情况下，爱丁堡商人可以储备更多的货物，取得更大的利润，为那些备办货物以供应市场的劳动者们创造更多的机会。而且，国家也可以从银行的这种业务中受益良多。

当然，也许有人认为，英格兰银行通过汇票贴现给予英格兰商人的便利可能等于现金账户给予苏格兰商人的便利。但要记住，苏格兰商人也可以和英格兰商人一样容易地拿汇票到银行贴现。除此之外，苏格兰银行还有现金账户，所以对商人来说更加方便。

在任何国家，各种纸币可以毫无阻碍地到处流通的全部金额绝不可能超过它所代表之金银的价值，或（在商业状况不变的条件下）在没有这些纸币的情况下所必需的金银币价值。例如：假设面额最小的苏格兰通用纸币是 20 先令纸币，那么它能在全苏格兰流通的总额绝不可能超过国内每年价值在 20 先令及以上的交易通常所需的金银数额。如果超过了这个数额，那过剩的部分就既不能行流通于国内，也不能输往国外，结果就是马上回到银行去兑换金银。持有纸币的人会立即觉得他们所持的纸币超过了国内交易所需。既然纸币不能到国外用，他们就会马上拿它到银行要求兑换成金银币。因为这些过剩的纸币一经换作金银就可以拿到国外用，但以纸币的形式留在国内则毫无用处。因此，人们就会立即向银行挤兑超额纸币，如果银行表现出困难或迟缓，回流到银行的纸币就会更多。因为由此引起的心理恐慌必然会使挤兑要求更为强烈。

各种行业的普通开支都少不了房租和雇员、会计等人的工资。除此之外，银行还有两类主要开支：第一，在金库内必须备有的无利息可得的巨额资金，以应付自己发行本票的持有者不时的兑现要求；第二，因应付不时要求而面临枯竭的金库所需的补充资金。

如果一家银行发行的纸币多到超过国内流通所需，不能流通的过剩部分必将不断转来兑换金银币。在此情况下，银行的金库必须增加备有的金银币量，增加的比例不能仅等于纸币过剩的比例，而是要大于这一比例。这是因为纸币回流的速度比发行过剩扩大的要快得多。所以，上述银行的第一类开支不能仅按被迫增加的比例而增加，而是要按比它更大的比例增加。此外，和银行业务限于较合理范围时相比，钱币流出的速度会更快，因此这种银行的金库在补充钱币时的开支不但应当更加大，而且应当更频繁。但这样不断地由金库流出来的大量金银币并不能在国内流通。这种金银币原本就是为兑换超过流通需要的纸币而流出的，所以也不是流通所需。但是，金银币是不会被人们闲置的，它在国内没有用处，就会以这种或那种形态输往外国，以寻求有利用途。金银币的不断输出，又加大了银行觅取金银币以补充金库的难度，从而进一步增加了银行这方面的开支。所以，这样的银行也必须根据不得不增加的业务比例增加第二类开支，其增加幅度要比第一类更大。

假设某银行发行的全部纸币为 4 万镑，而这正是国内流通容易吸收和使用的数目；为应付随时兑现的需要起见，银行金库须备有 1 万镑金银币。假使这银行想要发行 44000 英镑纸币，那增加的 4000 镑就是超过国内流通容易吸收使用的数目，一经发出必将迅速流回到银行。这样一来，为应付不时兑现之需，银行金库应该储存的款项就不仅是 1 万英镑，而是 14000 英镑。这样一来，不仅 4000 英镑过剩的纸币将毫无利息可得，而且银行还要负担不断收集 4000 英镑金银币的全部损失。这些金银币一收进来，马上又要流出。

如果所有银行都理解而且注意自身利益，流通中就不会有纸币过剩的问题。但实际上，未必所有银行都理解自身利益，因此流通中纸币过剩的现象就司空见惯了。

多年以来，由于发行纸币量过大，其过剩部分不断回流以兑换金银币。英格兰银行每年必须铸造的金币数量为 80 万～100 万镑不等。平均计算，每年大约须铸币 85 万镑。由于数年前金币已磨损不堪，因此为了大铸金币，银行常常必须以每盎司 4 镑的高价购买金块，铸成后却以每盎司 3 镑 17 先令 $10\frac{1}{2}$ 便士的价格发行，损失高达 2.5%～3%。虽然银行免付铸币税，造币的一切费用全由政府负担，但政府的慷慨并不能使银行免于损失。

因为纸币发行过多，苏格兰银行也不得不常常委托伦敦代理人替他们收集金银币，其费用很少低于 1.5% 或 2%。收集到的货币通常由马车送来，保险费每百镑抽取 15 先令，即 0.75%。但代理人往往还是不能及时补足银行金库中流出过快的金银币。在这种情况下，苏格兰银行就得向伦敦的通汇银行开出汇票，以筹集所需数额。到期后，伦敦银行持该汇票向他们兑现并索取利息和佣金时，一些苏格兰银行由于发行过剩而苦于应付，无法立即兑现，就不得不向原债权人或伦敦其他通汇银行开出第二批汇票。同一金额，或者说同一金额的好几张汇票，有时会在伦敦和爱丁堡间往返两三次以上。这样累积起来的全部金额的利息和佣金，都必须由债务银行付给。就算苏格兰各家银行向来都不会过于冒险，有时却也不得不采取这种方法。

为收回在国内流通中过剩的纸币而付出的金币，在国内流通中同样无法使用，于是就以金币或熔成金块的形式被送往国外。有时会在被熔成金块后，按每盎司4镑的高价卖给英格兰银行。被送往国外或熔成金块的，都是那些从全部金币中精选出来的最新、最重、最好的金币。在国内，铸币形态下较重的金币并不比轻的更有价值。但重币在国外或者在本国被熔成金块之后就会更有价值。英格兰银行虽然年年大量铸币，却仍然惊奇地发现，铸币的稀少还是年年如一：虽然每年有大量优质的新币发行，铸币的状况非但没有逐年好转，反而年年变糟。他们发现，每年不得不铸造和头一年同一数量的金币。由于金块的价格不断上升，以及铸币不断的磨损和剪铰，铸造的开支就一年比一年大。我必须指出，英格兰银行为了自己的金库供应铸币，也间接地为整个王国供应了经常以各种方式从金库中流到全国各地的铸币。因此，在英格兰、苏格兰，不管纸币过剩需要多少铸币，也不管发行纸币造成王国铸币多么短缺，英格兰银行都必须予以供应。苏格兰各银行为自己的鲁莽大意付出了高昂的代价。而英格兰银行，不仅因为自己不谨慎地超额发行纸币的行为而付出了代价，也因为几乎所有苏格兰银行更加不谨慎的行为遭到了连累。

联合王国这两个地区某些大胆投机分子贸易扩张过度，是造成纸币超额流通的诱因。

银行可以适当地向任何商人或经营者支付的，不应是他从事贸易的全部资本，甚至不应是这种资本的任何重要部分；而只应是他不得不保有以应付不时之需的那一部分现款。如果银行支付的纸币从不超过这个价值，那发行出去的纸币额也绝不会超过国内无纸币时流通所需的金银额，也就是绝不会数量过剩，以致超过国内流通能吸收和使用的数量。

假设银行给商人贴现的，乃是由真实债权人向真实债务人开出，而且到期时后者会立即兑付的汇票，那么银行付给的，就只是商人以现钱形式保留着以备不时之需的这部分价值。汇票到期后兑付的，就等于向银行偿还了银行付给出去的价值与利息。如果银行只同这种顾客做生意，它的金库就像一个水池，虽然不断有水流出，但也有水不断注入，彼此流量完全相等。因此，水池总是保持或接近充满的水位，而不需额外的关心或注意。这样的银行也就不需要多少开支，甚至完全不需要开支来补充自己的金库。

即使没有汇票要贴现，一个不过度扩张贸易的商人也常需保持一定数量的现款。如果一家银行除了贴现他的汇票以外，还给他开设现金账户，按苏格兰银行的宽松条件，允许他随时用出售货物得到的货币分期还款，那么他完全没有必要保留一部分现款以应不时之需了。因为当这种需要实际发生时，他可以用自己的现金账户应付。可是，银行在同这种客户往来时应当十分留心，看一个短时期（例如四个月、五个月、六个月或八个月）内，银行通常收到的还款数目是否等于银行通常垫付的数目。如果这期间客户的还款数目在大多数情况等于银行垫付的数目，它就可以放心同这种客户往来。在这种情况下，虽然从银行金库流出的钱币数量很大，但是经常流入的钱币数量也很大，所以也就无须特别留心，金库里的钱总是充足或几乎充足的，不需要任何额外的开支去补充它。反之，如果客户的还款数目通常远低于银行垫付的数目，银行就不能放心与其来往，至少在这些客户继续如此时是这样。这时，从银行金库不断流出的钱币数量必然大于流入的钱币数量，若不是用大量的开支不断补充，金库不久就会完全枯竭。

因此，苏格兰各银行公司在过去很长一段时间就非常注意，要求所有客户定期正常还款，而不愿同任何被他们称作不务正业者往来，不管他的财产或信用如何。这样做，银行不但几乎完全节省了补充金库时的异常开支，还得到了两种很大的好处。

第一，除自己账簿外，银行方面不必另去搜集别的证据，便能相当准确地判断债务人的经济情况。债务人偿债情况是否正常，大都取决于其经济状况的好坏。私人放债时，债户少则数家，多不过数十家。要想察知债务人的行为和经济情况，委托一个经理人即可，有时甚至不必要经理人。但银行动辄放数百家的债，还要不断留心许多别的事情。除自己账簿上提供的资料外，它们对大多数债务人的行为不可能经常了解。苏格兰各银行要求债务人必须定期正常还款，也许就是考虑到了这一好处。

第二，银行不致发行过剩的、社会流通不能吸收的纸币。如果客户在较短时期内还款数目大都等于银行垫付的数目，那就可证明银行贷给他的纸币量并没有超过他在无银行借贷的情况下必须为应付不时之需所保留的金银量，从而可以证明银行发行的纸币量也未曾超过国内在无纸币的情况下流通的金银量。债务人还款的频率和金额，足以表明银行贷出去的数额并没有超过他在无借贷时必须以金银币形式保留应付不时之需的那一部分资本，也就是说，并没有超过他在无借贷时必须以现金形式保留的，而且使得他的其余资本可继续正常运作的那一部分资本。在

268

这种情况下，只有这一部分客户的资本，在一定期间内不断以铸币或纸币的形态时进时出。银行的借贷如果超过这一部分，客户在一定时期内的还款数目一定不等于银行垫付的数目。流入银行金库的钱币必然不等于流出的钱币。纸币的发行量超过了无纸币发行时顾客备以应急的金银量，意味着马上会超过无纸币发行时国内流通的金银量，因而马上会超过无纸币发行时国内流通能够吸收的数量。于是，过剩的纸币马上会回银行来兑换现金。这第二种好处同样是真实的，但是苏格兰各银行对它的了解却不像对第一种好处那样透彻。

当部分利用汇票贴现的便利，部分利用现金账户的便利，任何一国有信用的商人就没必要再闲置一部分现金备以应急时，那么他们从银行和银行家那里所能期待的合理帮助也就不会有更多了。为了自身的利益和安全，银行和银行家只能到此为止。从自己的利益出发，银行不能向一个商人支付他所运用的全部或大部分流动资本。因为，商人的流动资本虽然继续以货币的形式时出时入，但因为全部收回的时候已经距全部付出的时候太远，要在短期内满足银行的利益，且使还款数目等于银行垫付的数目，是不可能的。银行更不可能支付一个商人的大部分固定资本。例如：借钱给铁厂老板，让他去建造他的厂房、铁炉、货仓、工人宿舍等；借钱给矿主，让他去掘竖坑、建造抽水机、修筑道路和轨道等；借钱给地主，让他去进行清理、排水、圈围、施肥、开垦荒地、建造农舍，以及其他一切必要的附属设施，如畜舍、谷仓等。在几乎所有情况下，固定资本的回收都要比流动资本慢得多；即使是经过非常谨慎的判断进行的投资，也要经过许多年才能回到经营者手中。这漫长的时间对银行来说很不方便。无疑，商人和其他的经营者可以很适当地利用借款来实施许多他们的计划。可是，为了公平对待他们的债权人，他们在这种情况下，应使自有的资本足以保证（如果我可以这样说的话）债权人的资本，也就是说，即使结果远远不如预期，也要使这些债权人免受损失。即使如此小心翼翼，要等几年才能偿还的借款仍然不应向银行借贷，而应以债券或抵押的方式求助于私人。这些人靠自己的货币利息为生，不想费心去运用资本，因此愿意向信用良好者出借款项，甚至出借好几年。的确，对上述商人和经营者来说，一家不必开立债券或抵押、不必缴纳印花税或支付律师费而发放货币贷款的银行，或者一家按苏格兰银行业的宽松条件接受还款的银行，无疑是非常方便的债权人。但是对这种银行来说，这些商人和经营者却肯定不是最方便的债务人。

苏格兰各银行二十五年来所发行的纸币，至少也完全等于国内流通所能容纳的数量了。银行对于苏格兰各种商人与经营者已仁至义尽。为本身利益计，他们只能做到这些。事实上，他们的生意扩张已经有些过度了。银行方面也因此受到了损失，至少他们的利润减少了。只要银行业的经营规模有一点过度，这种结果就在所难免。然而，商人与经营者们已经从银行得到了那么多好处，却仍然想得到更多。他们以为，银行可任意推广信贷事业，这除了增加少数纸张费以外，用不着增添什么费用。他们埋怨银行理事们鼠目寸光、态度怯懦。他们说什么银行信贷事业还未扩张到和国内各种贸易扩张相称的程度。很明显，他们所谓的贸易扩张，不是指别的，而是指超过他们自己的资本，或能够凭借抵押品向私人借得的资本所能经营的范围。他们以为，银行有义务填补他们短缺的资本，或者说，银行有义务供给他们所希望得到的全部资本。但银行方面的意见却截然不同。在银行拒绝扩大信贷之际，有些经营者想出了一个办法。这个办法有一段时期对他们很适用，虽然所费不赀，但其效果却相当于极度地扩大银行信贷。这就是大家都知道的"循环出票筹资法"。濒于破产的商人往往会采用这个办法。英格兰商人通过这种办法获取资金行之已久。在上次战争期间，因为各种生意利润极大，商人们往往不度量自己的能力，极力用这个办法扩张贸易。后来，这办法又由英格兰传入苏格兰。因为苏格兰的商业贸易和资本本来就极为有限，所以这种办法就更加流行。

所有商人都熟知这种循环出票筹资法，似乎没有再加说明的必要。但本书读者未必都是商人，而且商人也似乎不大了解这种办法对于银行的影响，所以我将尽可能地予以解释。

欧洲原始的法律并不强制商人契约的执行。在过去两个世纪中，由此形成的商业习惯已经被所有欧洲国家纳入法律，并使商业汇票具有这样的特权：用商业汇票借款比用其他借据更容易，尤其是期限不超过两三个月的短期汇票。如果到期后承兑人见票不立即付款，他就会信誉扫地。汇票被拒付后会到出票人那里，如果他不立即付款，他也会信誉扫地。如果汇票在落到持票人手中以前，曾经过多人之手，这些人用它来借款或者购货时会按顺序在汇票背书，即在汇票背面签名，那么这些背书人也有承兑汇票的义务。如果有人不能付款，他也会信誉扫地。尽管出票人、承兑人、背书人的信用也许全都有问题，但这种很短的期限仍然会给持票人以某种安全感。虽然他们全都可能破产，但是也不至于都如此迅速地全部破产。正如一个疲惫的旅行者自言自语地说，这房子已经倾斜，快要塌了，可是也不见得今晚就塌吧，我姑且冒险住上一晚。这个比喻正好可以形容汇票持有者的心理。

假设爱丁堡商人 A 向伦敦商人 B 开出限期两月的汇票，要 B 付银若干。伦敦商人 B 并未欠爱丁堡商人 A 的钱。他所以愿承兑 A 的汇票，是因为两方协商好在付款期限未到以前，B 也可向 A 出一张数额相等的汇票，此外加上利息与佣钱，期限也为两月。在两个月的限期未满以前，B向A开出一张汇票，A又在新汇票满期以前再向B出第二张汇票。在第二张汇票未到期以前，B再照样向A开出汇票，都以两个月为期。这样循环下去，可持续数月甚至数年。不过B向A开出的一切汇票累积下来的利息和佣钱都要算入其中。利息照例为每年5%，佣钱每次至少0.5%。如果每年来往6次，靠这种办法筹款的A每年付出的代价就至少要在8%以上。如果佣钱高涨，或对以前汇票的利息和佣钱不得不支付复利，那么代价就更为高昂。这就是所谓的循环出票筹资法。

据说，国内大部分商业投资的普通利润都介于6%～10%。如果用这样的方法募得投资需要的款项，除了偿还所借下的钱，还能获得超额利润，那一定是非常走运的投机生意。可是，仍然有许多笔大生意，除了指望这种昂贵的方法筹集资金，别无他法。计划人在黄粱梦中无疑看到了非常鲜明的关于巨大利润的幻象。但是我相信，当他们做完生意或无力继续经营下去的梦醒时分，美梦成真的人寥寥无几。

爱丁堡的A向伦敦的B开出的汇票，经常由A于到期前两个月拿到爱丁堡某家银行贴现。伦敦的B随后向A开出的汇票，也经常由B拿到英格兰银行或伦敦其他的银行贴现。银行贴现这些循环汇票所付出的大都是纸币。爱丁堡付苏格兰银行的钞票，伦敦付英格兰银行的钞票。固然贴现的汇票在到期之时都照兑不误，不过为贴现第一张汇票而实际付出去的价值却没有实际归还贴现它的银行。因为在第一张汇票将到期的时候，第二张汇票又已经开出，而且数额更大。没有这第二张汇票，第一张汇票根本不可能兑付。这种兑付全是虚假的。这种循环汇票的流转，使银行金库里的钱币在流出之后永远不会真正流回。

在许多场合，在这种循环汇票上发行的纸币数额，等于某些客户预定用于农业、商业或制造业方面大规模投资所需的全部基金，而不只是等于在没有纸币时他们备以应急的那部分资金的数目。银行发行的这些纸币大部分不能被社会流通吸收，即超过国内在无纸币的情况下流通中的金银价值。过剩的部分马上会回到银行，要求兑换金银。银行必须尽其所能地寻求这些金银。这是这些充满野心的客户挖空心思从银行提取的资本。银行不但不知情或慎重考虑后予以同意，甚至可能在一些时候根本没有发现曾贷给他们这些资本。

如果有两个人经常对开汇票，并且向同一银行贴现，银行方面当然不久就能发觉，看出他们没有营业的资本，而依赖从银行借来全部资本。假如他们不常在一家银行贴现，时而这家时而那家，并且两人不是一直对开汇票，而是串通了许多其他企业经营者，这些企业经营者又因为利益互相帮忙，最后其中一个人向需要的人开出汇票，那么在这种情况下就很难辨认哪一张是真实的汇票，哪一张是虚假的汇票了，即哪一张是真实债务人开向真实债权人的汇票，哪一张是没有真实债权人而只有贴现银行，或者没有真实债务人而只有套现的空头企业经营者的那种汇票。即使银行最终察觉了这点，也可能是为时已晚，巨大的金额已经贴现给这样的汇票了。银行如果这时拒绝他们，不再给予贴现，必然会使空头企业经营者全都破产；他们破产意味着银行也会随之破产。为了自身利益与安全，在这危险的境况中，银行也许只好再冒险继续贴现一段时间，然后开始刁难，使贴现一天天变得困难，迫使债务人逐渐转向其他银行，从而尽快从这个圈套中脱身。但就在已经贴现太多的英格兰银行、伦敦各家主要银行，以及一向谨慎的苏格兰银行开始对贴现提出比较苛刻的条件时，这班空头企业经营者不仅吃惊而且愤怒起来。这些人的困难无疑直接来自银行慎重和必要的措施，但他们竟把自己的困难说成国家的困难。他们说，这种国家的困难完全是由于银行方面目光短浅、行为胆怯；他们还说，自己努力使国家繁荣富裕，银行却没有慷慨相助。他们似乎认为，按照他们希望的借款期限和借款利息借给他们资金是银行的义务。然而，银行拒绝给予借款过多的人信贷，这是挽救银行信用和国家信用唯一可行的办法。因为过去已经给予他们太多了。

在这喧嚣困扰之中，苏格兰开设了一家新银行，其目的据称是解决国家的困难。它的计划慷慨大方，执行却极不慎重，而且似乎并不了解它所企图解决的困难的性质与起因。无论就现金账户还是就贴现汇票而言，这家银行的贷借条件都比其他银行宽松。就贴现汇票来说，这家银行几乎不问是真实汇票还是循环汇票，一律予以贴现。这家银行曾明白地宣布，只要有相当的保证，即便是需要非常长的时间才能偿还（如改良土地）的资本，也全部可以向该银行借取。他们甚至宣称，促进土地改良是设立银行的公益目的之一。由于对现金账户和汇票贴现采取了过于宽松的政策，银行发行了大量纸币，其中过剩的部分不易被社会流通吸收，一经发出就会流回银行用以兑换金银币。银行金库本来就不是很充实，虽然银行通过两次招股募到的股金共计 16 万英镑，但是只收进了 80%，而且是分期缴纳的。第一次缴入股金后，大部分股东即向银行用现金账户借贷。银行理事先生们以为股东借款应与其他客户受到同样宽松的待遇，所以大部分股东缴了第一阶段的股金以后，其余各期缴入的几乎全是在现金账户下借出的款项。他们后来缴纳的股金就相当于把从银行某一个金库提出的款项放入银行的另一个金库。这样一来，即使原本充实的银行金库也因为过度发行很快耗竭。除了向伦敦银行开出汇票，期满时再加上利息和佣钱的数目开出新的汇票兑付前一汇票之外，这家苏格兰的新银行没有其他方法能及时补充金库消耗的钱款。该银行的金库原来就不是很充实，据说它在营业不过数月后就不得不借助这个办法。幸而各股东的田产价值不下数百万英镑，他们认购股份时实际上等于用这些田产担保银行的一切债务。有如此充实的担保作为银行信用的后盾，所以即便借贷政策如此宽松，银行营业仍维持了两年有余。到不得不停业时，其发出的纸币额已接近 20 万英镑。这种纸币一经发出便立即回来兑现，所以为了让这些纸币流通，这家苏格兰的新银行屡向伦敦各银行开出汇票。汇票的数额与价值不断增加，到了该银行不得不倒闭的时候，汇票价值已经超过 60 万英镑。在两年多的时间里，该银行借出了 80 万英镑以上，利息为 5%。对用纸币借出去的 20 万英镑放款来说，所收的 5% 利息也许可视为纯利润，因为除了管理费外没有其他扣除；但对向伦敦开出汇票的 60 多万英镑来说，其利息和佣钱等却在 8% 以上，因而其 3/4 以上的业务的损失超过了 3%。

这家银行经营的结果和创办人的本意正好相反。他们本想支持国内那些他们认为有勇敢进取精神的事业，同时把苏格兰各银行，尤其是在贴现方面被指摘为过于畏缩的爱丁堡各家银行排挤掉，从而把整个银行业务集于一身。该银行无疑曾暂时地解决了空头企业经营者的困难，使他们多撑了两年左右，但最后却使他们债台高筑。这些人的企业一旦倒闭，他们和债权人的损失会更加惨重。所以，该银行不但没有彻底解决空头企业经营者给他们自己及国家带来的困难，反而使他们的负担更为沉重。如果他们中大多数人被迫在两年以前就停止营业，结果都要好得多。不过该银行对空头企业家暂时的救助，倒促成了对苏格兰其他银行永久的救赎。在苏格兰其他银行不肯贴现循环汇票的时候，这家新银行向开出循环汇票的人伸出双手欢迎。所以，其他银行终于摆脱了恶性循环，不然他们肯定身陷其中遭受巨大的财产损失，甚或在一定程度上还要遭受信誉损失。

可见，从长期来看，这家银行加剧了它宣称要解决的国家困难，但却使它要取而代之的各竞争银行免遭大难。

这家银行成立之初，有些人认为银行金库虽然容易枯竭，但来借贷纸币的都提供了担保，可以用担保取得资金来补充金库。但我认为，不久经验就告诉他们，通过这种方式筹款太慢，根本无法达到目的。如此不充实且容易枯竭的金库，除了采用向伦敦各银行开出汇票这种毁灭性办法之外，别无出路。汇票到期时再开出一次汇票，这样累积的利息和佣钱会越来越多。即使这种办法可使它在需要款项的时候立刻借到，但其结果不仅无利可图，而且会遭受不可避免的损失。最终结果只能是银行自取灭亡，虽然灭亡的过程没有像开汇票那么快。但无论如何，他们仍不能从所发纸币的利息取得利润，因为纸币超过了国内流通所能吸收和使用的数量，一经发行就会回来换取金银币。为了兑换，银行方面须不断地借债。借债的全部费用，如雇用代理人探听谁有钱出借、和有钱人谈判、书写债券、订立契约等，都须由银行负担。在他们的账簿上，这是一笔纯粹的损失。用这方法补充金库，好比叫人拿着水桶，到若干英里之外的地方汲水来补充只有流出而无流入的水池，从而希望可以将这水池充满一样。

就算这种办法对这作为营利机构的银行可行而且有利，国家却不仅不能从中获益，而且一定会遭受更大的损失。这种办法丝毫不能增加国内出贷的货币量，而只能使全国的借贷事项都集中在这家银行身上，使它成为全国总借贷处。要借钱的人将不向有钱出借的私人借贷，而都来向这家银行借。私人借贷一般不过数人或数十人，债权人理应熟悉债务

276

人的行为是否谨慎与诚实，以便判断选择。一家银行或许要向 500 个人贷款，其中大部分人都是银行董事们不熟悉的。比起只借钱给少数几个行为稳重、值得信任的熟人的私人来，银行在选择债务人方面无法做出精准的判断。这样一家银行（我已对其行事作风略加描述）的债务人可能大多数都是异想天开的空头企业经营者，他们不断地开出循环汇票，将钱用在奢侈浪费的事情上。就算被给予一切可能的帮助，他们也很可能无法完成要做的事情。即使完成了，也不能偿还他们的实际成本，更不要说提供一笔基金，使所能维持的劳动数量与花费的劳动数量相等。反之，私人贷款人的债务人行为稳重、值得信任，更有可能将借来的钱用于与之相称的事业。这些事业虽然不是那么宏伟而惊人，却更加稳健且有利可图，不但能偿还开支并带来更大的利润，而且会提供一笔基金，维持比花费的劳动数量更多的劳动。所以，即使新银行的计划成功，最终结果也丝毫不能增加国内的资本，只是使大部分资本从稳健有利的事业中撤出，转而投到冒进且赔钱的事业上去。

大名鼎鼎的劳先生认为，缺少货币支持是苏格兰产业不振的原因。他提议设立一个特别银行，发行与全国土地总价值相等的纸币，即可挽救货币短缺的局面。在他最初提出这个计划的时候，苏格兰议会认为不可采纳，略加修正，被法兰西摄政王奥尔良公爵采纳。这就是所谓密西西比计划的真实基础，该计划认为可任意增加纸币量到无穷大，实乃关于银行业和股票生意的闻所未闻的荒唐计划。对这一计划，杜弗尼先生在其《对杜托特先生〈关于商业与财政的政治观察〉的评论》中已经做了详细说明，这里不再赘述。该计划的理论基础已经由劳先生说明，最初提出这个计划时，他就在苏格兰发表了一篇关于货币与贸易的论文。在该文及某些其他论述中，劳先生对这一理论的论证，至今仍令许多人印象深刻。最近因过度发行纸币而受人诉病的苏格兰及其他银行，恐怕也多少受了他的影响。

英格兰银行在欧洲是最大的通汇银行。该银行是根据议会通过的法案，持盖有大印玺的特许状，于 1694 年 7 月 27 日成立的。它借给政府 120 万镑，每年可向政府支取 10 万镑，其中 96000 镑作为利息（年利 8%），4000 镑作为每年的管理费。我们可以认为，通过光荣革命建立的新政府信用一定很差，所以银行不得不设置这样高的利息。

1697 年，银行被允许增加资本 1001171 镑 10 先令，这时其总资本达 2201171 镑 10 先令，这次增资据说旨在支持政府信用。1696 年，国债券要以 40%、50% 和 60% 的折扣发行，银行纸币要以 20% 的折扣发行。当时正在进行银币大改铸，银行认为应该暂时停止纸币兑现业务，而这必然会影响银行信用。

按照安妮女王统治的第七年的第 7 号法令，银行向国库借出了 40 万镑，总计贷给政府的金额为 160 万镑，仍然按原来的定额，每年向国家收取 96000 镑的利息和 4000 镑的管理费。由此可见，1708 年政府信用已经达到了私人信用的水平，因为政府能以 6% 的利息率借到款项，这正是当时市场上普通的利息率。按照同一法令，银行又注销了利息为 6% 的政府汇票，合计 1775027 镑 17 先令 $10\frac{1}{2}$ 便士，同时被允许招股将资本再增加一倍。1708 年，银行资本就达到了 4402343 镑，贷给政府的总额达到了 3375027 镑 17 先令 $10\frac{1}{2}$ 便士。

1709 年，英格兰银行按照 15% 的比例收股金 656204 镑 1 先令 9 便士。1710 年，又按照 10% 的比例收股金 501448 镑 12 先令 11 便士。两次收股金后，银行资本达到了 5559995 镑 14 先令 8 便士。

按乔治一世统治的第三年的第 8 号法令，英格兰银行又注销了 200

万镑的政府汇票。因此，这时银行贷给政府的金额已有 5375027 镑 17 先令 $10^1/_2$ 便士。按乔治一世统治的第八年的第 21 号法令，银行购买南海公司股票 400 万镑。1722 年，该行为了能进行这项购买而招股，银行资本增加了 340 万镑。这时总算下来，银行贷给政府的金额达 9375027 镑 17 先令 $10^1/_2$ 便士，但其资本总额却不过 8959995 镑 14 先令 8 便士。两方对比，银行贷给政府的有息贷款已多于其母本，或者说已多于其要对股东分派红利的资金了。换言之，银行已开始有不分红利的资本，而这种资本已多于分红的资本。这种情况一直继续至今。1746 年，银行陆续贷给政府 11686800 镑，银行陆续募集的分红资本也达到了 1078 万镑。迄今为止这两项数额都没有改变。按乔治三世统治的第四年的第 25 号法令，银行同意付给政府 11 万镑，不取利息也不需偿还，只是作为延长特许状的代价持有。所以，这笔钱并不会增加上述两项数额。

英格兰银行红利时有高低，其变化视各时期银行对政府贷款利息的高低及其他情况而定。贷款利息率已由 8% 逐渐减至 3%。英格兰银行红利在过去几年间常为 5.5%。

只要英国政府稳定，英格兰银行也就稳定。只要贷给政府的金额不损失，银行债权人也就不会有所损失。英格兰没有第二家银行由议会立法设立，或有六人以上的股东。所以，英格兰银行远非普通银行可比，它已经是一个国家机关了。它接受和支付每年应向国家债权人支付的利息，它发行国债券。它向政府垫支每年的土地税和麦芽税，这些税款往往要等几年才会被还清。在这种情况下，出于对国家的职责，英格兰银行也不免发行过多的纸币。而这并非董事们的过错。它还贴现商人汇票。有时就连汉堡、荷兰的巨商也求它贷借。据说，1763 年，英格兰银行曾在一星期内贷出了将近 160 万镑，大部分还是金块。不过，我不敢妄断数额是否真的如此巨大，时间真的如此短暂。但在其他情况下，这家大银行却不得不用 6 便士的银币来应付各种支出。

银行业明智而稳健的运作可以促进国家的产业活动，这并不是由于它能增加国家的资本，而是由于它能将大部分本无所用的资本变成积极的生产性资本。商人不得不保留以应付不时之需的现款是死资本，只要它继续处于这种状况，就不能为商人和国家生产任何东西。银行业的明智而稳健的运作能使这种死资本变成积极的生产性资本，即变成加工原料、生产工具、维持劳动者的食物和生活资料，也就是变成能为商人和国家生产东西的资本。在一国流通的金银币，能使它的土地和劳动的年产品流通，并分配到真正消费者手中，但它也像商人手中的现款一样是死资本。它是国家资本的非常有价值的部分，但不能为国家生产什么。银行业明智而稳健的运作用纸币代替了大部分的金银币，就使国家把这种死资本的大部分变成积极的生产性资本，也就是变成能给国家生产东西的资本。一国流通的金银币可以非常恰当地被比作一条公路，它能使国内生产的全部草料和谷物流通并进入市场，而自身却不能生产任何草料和谷物。如果我可以这样夸张地比喻，银行业明智而稳健的运作能提供一种空中轨道，使国家能将它的大部分公路变成良好的牧场和谷地，从而大大增加土地和劳动的年产品。可是，必须承认，国家的工商业活动虽然能因此略有增加，但它们也是悬在纸币这一极为复杂的双翼之上，因此也就不像在金银币这种坚实的地面上旅行那样安全：除了遭遇由于纸币的经营者因经验技巧缺乏所造成的各种意外事故，它们还会遭受其他意外事故。不管这些经营者如何谨慎或技巧娴熟，这些事故都无法避免。

例如，战争失败，敌军占领首都并攫取维持纸币信用的国库财宝。

在这种情况下，比起大部分靠金银来流通的国家，全靠纸币进行国内流通的国家会发生更大的混乱。平常的通商手段一旦丧失价值，除了物物交换和赊欠，无法进行其他的交易。一切赋税通常都以纸币缴纳，君主也就无法支付军饷和充实军火库。于是，比起大部分用金银流通的国家，全用纸币的国家更加难以收拾混乱的局面。因此，一个想把国家随时保持在易于防守状态的君主，就不仅要严防纸币发行过多使银行本身遭受毁灭，还要严防纸币发行过多以致其充斥国家大部分的流通渠道。

国内货物的流通可分成两部分：一是商人间的流通，二是商人与消费者间的流通。虽然同一货币，不论纸币或金属币，有时用于前一种流通，有时用于后一种流通，但因两种流通经常同时进行，所以每一种都需要一定数量的某种货币来进行。商人之间流通的货物的价值，绝不可能超过商人与消费者之间流通的货物的价值；凡是商人买进之物，最终都要出售给消费者。商人之间的流通一般通过批发进行，所以每一笔交易都需要大量货币。反之，商人与消费者之间的交易一般通过零售来进行，只需要小量货币，常常 1 先令甚至 1/2 便士就足够。但是，小额流通比大额流通要快得多。1 先令比 1 基尼更常易主，1/2 便士又比 1 基尼更快。因此，消费者每年购买的物品价值至少等于商人每年购买的物品价值，但消费者每年购买物品所需的货币量却相对小得多。而由于流通速度较快，同一货币，作为消费者购买手段的次数要远远多于作为商人购买手段的次数。

纸币的使用范围可以被规定为仅限在商人之间流通，也可推广到商人与消费者之间的大部分流通。在发行的纸币面额都在 10 镑以上的地方，像在伦敦，纸币就仅限在商人之间流通。消费者收到一张 10 镑的纸币，他一般不得不在购买 5 先令货物的第一家商店把它兑换掉。所以，这张纸币常常在被用去 1/40 以前，早早回到了商人手中。苏格兰各银行发行的纸币中有小至 20 先令的，在这种情况下纸币的使用范围自然就会扩大到商人与消费者间的大部分流通。在议会禁止流通 10 先令和 5 先令的纸币以前，消费者常使用小额纸币购物。北美洲会发行小至 1 先令的纸币，所以纸币几乎充满了商人与消费者之间的流通。约克郡的纸币面额甚至有小到 6 便士的。

在允许而且普遍发行这种小额纸币的地方，许多吝啬的人也有能力并被鼓励去开银行。一个签 5 镑或 1 镑本票会被每一个人拒绝的人，如果签出的 6 便士本票，大家却不会拒绝。这些乞丐般的银行家当然很容易破产，结果可能给接受他们纸币的贫民带来很大的麻烦，甚至极大的灾难。

如果把全国各地银行纸币的最低面额限为 5 镑，也许是较好的办法。这样，各地银行发行的纸币大抵就会只在商人彼此间流通，像在伦敦一样。在伦敦发行的纸币的面值不得小于 10 镑，5 镑所能购得的货物仅等于 10 镑的一半，但在英格兰其他各地，人们对 5 镑的珍惜程度正像富有的伦敦人对待 10 镑那样，一次花掉 5 镑像伦敦人一次花掉 10 镑那样少见。

如果纸币像伦敦那样主要在商人间流通，市面上就总会有充足的金银币。如果像苏格兰或北美洲那样，纸币的流通扩大到商人与消费者间交易的大部分，它几乎就会在国内完全排挤掉金银币，国内商业的普通交易则只会用纸币进行。在苏格兰禁发 5 先令和 10 先令的纸币以后，市面上金银币短缺的局面曾略微得到缓解；若再禁发 20 先令的纸币，这种局面也许会得到更大的缓解。听说美洲自从禁发若干种纸币以来，金银已经比较充足了。在纸币未曾发行以前，听说美洲的金银更加充足。

虽然纸币应当限于商人之间的流通，但银行和银行家仍能给予国家工商业几乎相同的援助，像纸币几乎充斥全部流通时他们所做的那样。因为商人备以应急的现款本来就是只在商人之间流通的。在商人与消费者交易时，商人没有储存现款的必要，因为这种交易只会给商人带来现款，却不会从他那里取走现款。虽然银行除了商人之间流通的数额之外，不发行任何纸币，但是它部分通过贴现真实的汇票，部分通过开立现金账户贷款，仍可能解决商人的大部分困难，使之不必保留应付不时之需的现款；也就是说，银行仍可以照常向商人提供它能给予的最大援助。

也许有人会说，银行发行的钞票，无论数额大小，只要私人愿意接受就应得到许可。对之加以禁止明显地侵犯了上天赋予的自由，法律的本职不是去侵犯这种自由，而是要去保护它。这种限制的确是侵犯自由之举；但是，如果少数人的自由可能危害全社会的安全，这种自由就应受到一切政府的法律制裁，无论是最民主的政府或最专制的政府皆然。法律强迫人民建筑隔墙以预防火灾蔓延，这种规定侵犯了上天赋予的自由，但却是必要的。我们主张以法律限制银行活动，与此理无异。

纸币只要由信用坚实的人发行，可以随时不附带任何条件地兑现，那么无论从哪方面来看，它的价值都等于金银币，因为它随时可以换得金银。用这种纸币买卖任何货物，必然和用金银币所能买卖的东西一样便宜。

有人说，纸币的增加提高了全部通货量，因此必然降低它的价值，也必然抬高商品的货币价格。但是，如果在通货中取走的金银币量总是等于在通货中加进的纸币数量，纸币就并不一定提高通货量。一个世纪以来，苏格兰粮食价格在1759年达到了最低水平。那时因发行了5先令和10先令的银行钞票，苏格兰的纸币数量多过如今。现在苏格兰粮食价格和英格兰粮食价格的比例，与苏格兰银行增多以前完全相同。在大多数时候，谷物在英格兰和在法国同样便宜，虽然在英格兰有大量纸币，而在法国则少有。在休谟发表《政治论文集》的1751年和1752年，以及在苏格兰大量发行纸币之后不久，粮食价格上涨极其明显。但这并不是因为纸币大行其道，而是因为天时恶劣。

但是，由下述本票构成的纸币，情况就肯定不同：从任何方面来说，它能否立即兑现，或以发行人的诚意为转移，或取决于持票人是否能满足他未必能满足的条件，或者要多年之后才能兑现，在此期间并不支付利息。这种纸币的价值无疑会跌在金银价值之下，其程度根据立即兑现的困难程度或不确定因素，或者兑现期限的长短而定。

数年前，苏格兰各银行在它们的银行券上加印了一个所谓的"任选条款"，允许用两种办法向持票人兑现：或是见票立即兑付，或是见票后六个月连同六个月的法定利息一并支付。有些银行的董事先生利用这个条款威胁持有大量银行券兑换金银币的人同意延后支付，否则就只能兑现一部分。当时，这些苏格兰银行的本票构成了苏格兰通货的绝大部分，能否兑现的不确定性必然使其价值比金银更低。在这种条款存在期间（尤其是1762年～1764年），卡莱尔和伦敦之间实行平价汇兑，敦夫里斯距卡莱尔不到30英里，但对伦敦的汇兑却有时要由敦夫里斯贴水4％。在卡莱尔，本票用金银币兑付，敦夫里斯则用苏格兰银行钞票兑付。银行券兑换金银币的不确定性使它的价值比金银币的价值低4％。后来，禁止10先令和5先令银行券流通的那项议会法律，也同时禁止了这种任选条款，从而使英格兰与苏格兰之间的汇兑回到其自然汇率，即由贸易和汇兑情况自然形成的那一汇率。

约克郡竟有 6 便士这么小面值的纸币，但按规定，持票人要攒到 1 基尼才可要求兑现。持有 6 便士纸币的人往往很难满足这种条件，故这种通货的价值也会降低到金银币的价值之下。后来，议会宣布这种规定不合法，将其废止，并且像苏格兰一样，禁止发行 20 先令以下的纸币。

北美洲纸币不是由银行发行的，也不能随时兑现。它由殖民地政府发行，非经若干年份不能兑现。殖民地政府虽然不付给持票人任何利息，但曾宣告纸币为法定货币，须按面值作为支付手段。但是，即使殖民地政府地位非常稳固，一个地方的一般利息是 6%，100 镑纸币如果十五年后才能支付，其价值也只是和 40 镑金银币大致相当。所以，强迫债权人接受 100 镑纸币作为清偿以金银币借出的 100 镑债务未免太不公平，任何竞相以自由标榜的政府大概都很少尝试。显然，就像诚实坦率的道格拉斯博士所说，这是不诚实的债务人欺骗债权人的一种勾当。1772 年宾夕法尼亚州第一次发行纸币时，想要令纸币价值与金银相等，就通过立法规定，对出售货物时区别对待殖民地纸币和金银币的人加以惩罚。这个法令是专横的，它也难以达到目的。一条成文法可以使 1 先令在法律上等于 1 基尼，因为它可以指使法院在债务人提出 1 先令时就免除他 1 基尼的债务；但是，它却不能强迫一个出售货物的人把 1 先令当作 1 基尼，因为他有出售与否的自由。所以，大不列颠对这些殖民地的汇兑，100 镑汇票有时等于 130 镑纸币，有时竟可以等于 1100 镑纸币，法令虽在也无可奈何。其中原因，就是因为各殖民地发行的纸币数量极不相等，纸币兑现期限长短不一，而且兑现可能性也大小不同。

没有一条法令比议会如下这一法令更加公平，它宣布：殖民地将来发行的一切纸币均不可以作为支付中的法定货币。然而，这一法令却在各殖民地受到不公正的指责。

宾夕法尼亚在发行纸币时往往比英国其他殖民地更为慎重。据说，那里的纸币价值从来没有降低到未发纸币以前流通的金银价值以下。在第一次发行纸币以前，宾夕法尼亚已提高殖民地铸币的单位面值，通过议会立法，规定英币 5 先令在该殖民地流通时可以当作 6 先令 3 便士，后又提高至 6 先令 8 便士。因此，殖民地金银币通货 1 镑比英币 1 镑的价值低 30% 以上；当这种通货变成纸币时，其价值很少高于 1 镑英币的 30%。提高铸币单位面值的原因是使等量金属在殖民地代表的货币数量比在宗主国更大，以防止金银输出。然而，事实上，殖民地铸币的单位面值提高后，由宗主国运来的货物的价格也必按比例提高，金银币输出还是与从前一样迅速。

每一个殖民地的纸币都能够以面额缴纳主要赋税，这就必然使它增添一些价值，超过了它实际上可预期在很久以后才能兑换的时值。这种增添价值的大小，要看本州发行的纸币数量超过本州缴税所需纸币数量的多少而定。纸币数量在所有的殖民地都大大超过了这个数量。

如果君主用法律规定，他的税收的一定部分必须用某种纸币缴纳，这就可能增加这种纸币的价值，即使它的最后兑现期限完全取决于君主的个人意志。如果发行这种纸币的银行小心翼翼地使发行量总是略低于缴税所需的数量，人们对它的需求甚至可能给它带来升水，即它的价值可能略超过其面额，换到更多的金银币。有人就是这样来解释阿姆斯特丹银行的纸币升水或纸币相对于金银币的优越性的，尽管他们也说，这种纸币不能由所有者随意带出银行。大部分外国汇票须以银行纸币兑付，换言之，须在银行账户上转账。他们说银行的董事先生们总是使银行纸币发行量不够应付缴税所需的数量，由于这个原因，阿姆斯特丹银行纸币在出售时升水，常常比面额所示的金银币价值高出4%甚至5%。但我们将在后面看到，这种有关阿姆斯特丹银行的说法大都不实。

纸币价值落到金银币价值以下并不会因此降低金银币的价值，或使等量金银币所交换的其他货物数量变少。在所有情况下，金银币价值与其他货物价值的比例，都并不取决于国内流通的某种纸币的性质或数量，而是取决于当时向世界市场供应金银的矿山的丰瘠程度。它取决于以下两种劳动量之间的比例：一个是将一定量的金银送往市场所必要的劳动量，另一个则是将一定量的其他货物送往市场所必要的劳动量。

如果银行被禁止发行一定数量以下的流通钞票或凭票兑现的票据，并且承担一经提出就立即无条件支付的义务，他们的业务就可以在其他方面自由经营，而不致妨碍社会安全。近年来，英格兰和苏格兰两地银行的数目增多，许多人非常担忧；但这不会降低反而会提高公共安全。在竞争者增多的情况下，为提防同业进行恶意的挤兑，各银行必然慎重经营，所发行纸币的数量也必然要与库存现金额保持适当的比例。这种竞争可使各银行的纸币被限制在较狭小的范围内流通，并且减少到很小的数量。全部纸币既然在许多部分流通，任何一家银行倒闭——这必然会发生——对于公众的影响都会较小。同时，这种自由竞争又迫使银行给客户的条件更为宽松，否则同行肯定会把客户抢走。一般说来，如果任何商业部门或劳动分工对公众有利，那么竞争越自由、越普遍，对公众就更加有利。

第三章　论资本积累，或论生产性劳动与非生产性劳动

　　有一种劳动，施加于劳动对象上能增加劳动对象的价值；另一种劳动却没有这种效果。前者由于可以生产价值，可称为生产性劳动；后者可称为非生产性劳动。制造业工人的劳动一般会把维持他自身生活所需的价值与产生雇主利润的价值增加到其加工的原料的价值之上。反之，仆人们的劳动则不能增加什么价值。制造业工人的工资虽由雇主付给，但事实上却并没让雇主花费什么，因为制造业工人把劳动施加于劳动对象上，劳动对象的价值就增加了，于是就偿还了工资的价值，并产生了利润。仆人的维持费却是不能收回的。雇用许多工人是致富的方法，维持许多仆人却会致贫。但仆人的劳动也有它本身的价值，也像制造工人的劳动一样应当得到报酬。不过，制造业工人的劳动可以固定，并且体现在某种劳动对象或可售商品上，能够持续一段时间而不是立刻消失。这仿佛是把一部分劳动保存起来，在必要时再拿出来使用。而那个劳动对象或它的价值（二者是一回事）在必要时可以推动的劳动数量就等于最初生产它的劳动量。反之，仆人的劳动却不固定也不体现在劳动对象或可售商品上，而且在劳动之后会立刻消失无踪，要把它的价值保存起来供日后雇用等量劳动之用，是很困难的。

　　社会上等阶层的某些人士的劳动也和仆人的劳动一样，不生产任

何价值，不固定或体现在任何耐久的劳动对象或可售商品上，也不能保存起来供日后雇用等量劳动之用。例如，君主及其官吏，以及所有的海陆军就都是非生产性劳动者。他们是公仆，其生计由他人劳动年产品的一部分来维持。他们的职务，无论是怎样高贵，怎样有用和必要，也只是随生即灭，不能留到日后来获得等量的服务。他们治理国事、保卫国家，功劳当然不小，但今年的功劳买不到明年的功劳，今年的安全也买不到明年的安全。这一类中还必须包括某些极其庄严、重要的职业，以及某些极其不重要的职业。前者如牧师、律师、医师、文人等；后者如演员、歌手、舞蹈家等。即使是最低级的劳动，也有某种价值，同样受到支配其他各种劳动的原则的支配。但这一类劳动中，就连最高尚、最有用的劳动也不能生产可以供日后购买等量劳动的东西。像演员的对白、雄辩家的演说、音乐家的歌唱之类的劳动，都是在生产之后随即消失无迹的。

生产性劳动者和非生产性劳动者，以及根本不劳动者，都靠土地和劳动的年产品维持生活。年产品不管数量多么巨大，也总有一定的限度。因此，用以维持非生产性人手的部分愈大，用以维持生产性人手的部分必然愈小，从而次年产品也必然愈少。反之，用以维持非生产性人手的部分愈小，用以维持生产性人手的部分必然愈大，从而次年产品也必然愈多。除了土地产物，一切年产品都是生产性劳动的结果。

虽然一国土地和劳动的全部年产品都是用来供给国内居民消费，以及给国内居民提供收入的，但是当它出自土地或生产性劳动者之手时，它就自然分成两个部分：第一部分常常是最大的一部分，首先用来补偿资本，或更新从资本中取出来的食物、原料和制成品；第二部分，则或以利润形式成为资本所有者的收入，或以地租形式成为地主的收入。就土地产物而言，一部分用来补偿农场主的资本，另一部分用来支付利润，从而构成农场主的资本利润和某些其他人的土地地租。一家大工厂的生产物也同样分成两部分：一部分（往往是最大的一部分）用以偿还经营者的资本；另一部分则支付利润，构成资本所有者的收入。

用来补偿资本的那一部分年产品，从来就不会直接用以维持非生产性劳动者，而是用以支付生产性劳动者的工资。至于一开始即指定作为利润或地租收入的部分，既可能用来维持生产性劳动者，也可能用来维持非生产性劳动者。

一个人把一部分资财当作资本，就无不希望收回这资本并赚取利润。因此，他只用它来维持生产性劳动者。这部分资本首先对其所有者发挥了资本的作用，然后又构成生产性劳动者的收入。一旦他用一部分资财来维持任何一种非生产性劳动者，这一部分资财就不算是他的资本，而是供直接消费了。

非生产性劳动者和不劳动者全都要依赖构成收入的那部分全国产出物来维持生活。这里的收入可分为两种：第一，本将作为某些人的地租收入或利润收入的一部分年产品；第二，在年产品中又有一部分，原是用来补偿资本和雇用生产性劳动者的，但是到了他们手中之后，超过必要的生产资料的那一部分，可以不加区别地用来维持生产性劳动者或非生产性劳动者。不仅是大地主和富商，就连普通工人，在工资高的情况下也会雇上个仆人，或是偶尔看场话剧或木偶戏。这样，他就是在拿一部分收入来维持非生产性劳动者了。而且，他也会纳一些税，从而有助于维持另一部分人，这些人虽然体面得多，但同样是不生产的。不过按照常情，原想用来补偿资本的那部分年产品，在其完成推动生产性劳动的作用以前，绝不会用来维持非生产性劳动者。工人必须先通过做工去赚得自己的工资，然后才能将一部分花在非生产性的用途上。这部分往往只是很小一部分他节省下来的收入；因为就生产性劳动者的情况来说，无论怎样也节省不了太多，虽然他们总有少量积蓄。就纳税阶层来说，他们人数较多，在某种程度上可以补偿每个人微小的纳税数额。无论在什么地方，土地的地租和资本的利润都是非生产性劳动者生活主要的生活来源。这两种收入最容易节省，它们的所有者可以用它来维持生产性劳动者或非生产性劳动者。但是大体上，他们似乎特别喜欢用在后者身上。大领主的支出通常更多地用于供养非生产性劳动者之人，而非供养勤劳之士。虽然富商的资本只用来雇用勤劳之人，但像大领主一样，他的个人收入也往往用来供养非生产性劳动者。

我们说过，土地和生产性劳动者的年产品从一开始就有一部分用来补偿资本，还有一部分作为地租或利润的收入。我们如今又知道，无论在哪个国家，生产性劳动者与非生产性劳动者的比例在很大程度上就取决于这两部分的比例。而且，这一比例在贫国和富国又极不相同。

如今欧洲最富裕的国家，绝大部分的土地产物往往用来补偿独立富农的资本，其余则用以支付他的利润与地主的地租。在从前封建政府林立之时，极小部分的年产品就已经足够补偿耕作的资本。那时候耕作所需的资本一般不过几头老牛疲马，它们以荒地上的天然产物为食，因此也可被看作天然产物的一部分。这些牲畜一般属于地主，地主把它们借给土地耕作者。土地的其余产物或作为土地的地租，或作为这一资本的利润，当然也归地主所有。耕者大都是地主的隶农，他们的身家同样都是地主的财产。不是隶农的耕者是地主可以随意令其退租的佃户，虽然他们缴纳的地租名义上常常不过是免役租，实际上却是土地的全部产物。地主可以要求他们在平时劳动，在战时去服兵役。他们虽然住得离地主较远，地位却与仆人无异。他们都须听地主支配，他们劳动的产物当然全部属于地主。现在，欧洲的情况大不相同了。在全部土地产物中，地租所占的比例很少超过 1/3，有时还不到 1/4。但从数量上来说，改良的土地的地租却大都已经增加到以往的三倍或四倍；即现今在年产品中的 1/3 或 1/4 就相当于过去的三倍或四倍之多。在农业日益进步的时代，地租就数量说是增加了，但就对土地产物的比例来说则是逐渐减少了。

就欧洲各富国说，现今大量的资本都投在商业和制造业上。古代，商业很少，制造业简陋，所需的资本也极少，可这些资本一定提供了极大的利润。当时利息率很少低于 10%，他们的利润必定足够支付这么多的利息。现在欧洲各进步国家的利息率很少超过 6%；在某些最进步的国家，利息率有时甚至低至 4%、3% 或 2%。富国居民从资本利润得来的那一部分收入总是要比在贫国大得多；然而，就利润与资本的比例而言，这部分收入就比贫国少得多了。

与贫国比较，富国土地和劳动的年产品用来补偿资本的那部分要大得多，占直接构成收入，即归作地租和利润的部分比较，也大得多。也就是说，与贫国比较，富国用于生产性劳动的年产品要大得多，但是也不仅如此。因为一国的年产品除了这部分，还有一部分用来雇用生产性或非生产性劳动者，但通常是用在后者上。而富国用于生产性劳动的年产品与用来雇用生产性或非生产性劳动者的年产品比较，也要大得多。

这两者之间的比例，必然决定一国人民普遍勤劳还是懒惰。和二三百年前比较，我们用来维持勤劳人民的资财要比用来维持懒惰人民的资财大得多，因此我们比我们的祖先更勤劳。因为没受到勤劳的充分奖励，我们的祖先就很懒惰。俗话说，劳而无功，不如戏而无益。在资本决定一切的工商业城市，下层居民大都勤劳、认真，其生计也是比较兴旺的。英国和荷兰的大城市便是很好的例证。而在主要依靠君主或临时驻节来维持的都市，下层居民的生计主要依赖国家收入的开支来维持，他们多懒惰、堕落而且贫穷。罗马、凡尔赛、贡比涅、枫丹白露便是很好的例证。除了里昂、波尔多两市，法国省会的工商业都不值一提。一般下层居民的生计都依靠法院人员和来法院打官司的富人的支出来维持，因此他们大多都懒惰而贫穷。里昂、波尔多两市则因地势关系，商业颇为发达。无论物品是由外国输入或由沿海省份运来，里昂必然是巴黎所需物品的集散地，波尔多则为加龙河流域所产葡萄酒的集散地；这些地方是世界闻名的产酒地，出口量很大。地势如此有利，当然会吸引大量资本，而这正是这两个城市人民勤劳的原因。在其他法国城市，人们投下资本几乎只为维持本市的消费，换言之，投下的资本数量几乎不会超过本市所能使用的限度。巴黎、马德里、维也纳的情形也都是如此。在这三个城市中，巴黎居民要算最勤劳的，但巴黎就是本市制造品的主要销售市场，巴黎本城的消费者就是一切营业的主要对象。欧洲只有伦敦、里斯本和哥本哈根这三个城市，既为宫廷所在地，又可视为工商要地；既为本市消费而营业，又为外地及外国消费而营业。这三个城市所处的位置都适合作为大部分运往远方的消费物品的集散地点。但在一个花费大量国家收入的城市，除把资本用于供应本地的消费外，就有利地使用资本这一点而言，并不像在下层居民专靠运用资本来维持生计的工商大城市那么容易。因为大部分人们靠花费国家收入来维持生计，游手好闲惯了，一些应该勤勉做事的人也不免受到不良影响。所以，在这种地方使用资本自然比在其他地方更不容易获利。苏格兰和英格兰未合并之前，爱丁堡的工商业很不发达。后来，苏格兰议会解散了，王公贵族不住在那里了，爱丁堡才稍稍有了一些工商业。但苏格兰的大法院、税务机构等未曾迁移，所以仍花费了不少国家收入。因此就工商业说，爱丁堡不及格拉斯哥，因为后者的居民大都依靠资本的运用维持生计。有时我们也看到，曾在制造业方面很有进展的大村镇居民，往往由于大地主定居于此而变得懒惰和贫困。

无论在什么地方，资本与收入的比例似乎都支配勤劳者与懒惰者的比例。资本占优势的地方，人多勤劳；收入占优势的地方，人多懒惰。因此，资本的每一次增加或者减少，自然会使实际劳动数量、生产性劳动者的人数增加或者减少，从而使一国土地和劳动年产品的交换价值增加或者减少，一国人民的真实财富与收入也随之增加或者减少。

资本由于节俭而增加，由于奢侈与行为不当而减少。一个人节省了多少收入就增加了多少资本。他可以用这个增多的资本来雇用更多的生产性劳动者，也可以有利息地借给别人，使其能雇用更多的生产性劳动者。个人的资本既然只能通过节省每年收入或每年利益而增加，由个人构成的社会的资本也就只能通过同一个方法增加。

资本增加的直接原因是节俭而非勤劳。诚然，勤劳提供了节俭可以积累的东西。但是，不管勤劳能得到什么，如果没有节俭，就会有所得而无保留，资本就绝无可能增加。

节俭增加了维持生产性劳动者的资财，从而增加了生产性劳动者的人数。所以，节俭又会倾向于增加一国土地和劳动的年产品的交换价值。节俭推动了更大的劳动量，而后者又可以增加年产品的价值。

每年节省下来的东西会被正常消费掉，而且几乎是同时被消费掉。富人每年花费的收入大都供懒惰的客人和仆人消费掉了，消费完了也没有什么报偿留下。至于他每年节省下来为了牟利而直接转为资本的部分，也几乎同时被人消费掉，但消费的人是劳动者、制造工人与技工，他们会再生产他们每年消费掉的价值，并提供利润。现在假定富人的收入都是货币，如果他把它全部花掉，用全部收入购买食品、衣服和住所，那就是分配给前一种人；如果他节省一部分收入直接转作资本亲自投用，或借给别人投用以牟利，那么由这节省部分购得的食品、衣服和住所就将分配给后一种人。所以，他的收入不论如何都会被消费掉。只是使用方式不同，消费者就不同。

节俭者每年所省的收入不但可在近期内供养更多的生产性劳动者，他还像济贫院的创办人一样，建立了一种永久性基金，将来随便什么时候都可维持同样多的生产性劳动者。这种基金如何分派？将用到什么地方？法律没有明文规定，也就没有信托契约或永久保管契约加以保护。不过，它总是受到一个强大原理的保障，即所有者清楚明白的个人利益。它的任何部分都必须而且只能用于维持生产性劳动者，而滥用该基金者必将遭受明显的损失。

奢侈者不量入为出，结果侵蚀了资本。就像一个把某种敬神基金的收入转做渎神之用的人一样，他用父辈节省下来用来供养勤劳者的基金拿来养了许多游手好闲之人。由于雇用生产性劳动的基金减少了，所雇用的能增加物品价值的劳动量必然减少。全国的土地和劳动的年产品的价值因此减少，全国居民的真实财富和收入也必然减少。奢侈者夺取勤劳者的面包来养活懒惰者。如果另一部分人的节俭不足以抵偿这一部分人的奢侈，奢侈者之所为就不但会陷他自身于贫穷，也将陷全国于穷困之中。

纵使奢侈者的花费全是购买国产商品而并非外国货，它对社会生产基金的影响也是一样的。每年总有一定数量本该用来维持生产性劳动者的食品和衣服，用在了维持非生产性劳动者身上。因此，一国年产品的价值仍然不免少于所应有的价值。

有人认为，这种花费并未用来购买外国货，没有造成金银币的输出，同量的货币仍然会像从前一样留在本国。但是，如果原该由非生产性劳动者消费的食物和衣服总量被分配给生产性劳动者，他们不仅可以再生产出他们消费掉的全部价值，而且还有利润。在这种情况下，同量的货币同样会留在国内，另外还有同等价值的消费品的再生产。这样，最终就会有两个价值，而不是一个。

此外，在一个年产品减少的国家，同量的货币不可能长久地留在国内。货币的唯一用途，就是使消费品流通。通过它，食品、原料与制成品才可实行买卖，分配给正当的消费者。因此，每年能在任何一国使用的货币数量，一定是由每年在该国流通的消费品的价值决定的。这些消费品或是本国土地和劳动的直接产物，或是用本国生产物购来的物品。因此，当这种直接产物的价值减少时，每年在国内流通的消费品的价值也必减少，使之流通的货币数量也就减少。货币因生产物逐年减少而退出国内流通领域，但绝不会闲置。出于个人利益，货币所有者绝不愿自己的货币放着不用。国内没有用途，他就会不顾法律禁令，将其送往外国，用来购买在国内有用的各种消费物品。每年的货币输出将在一段时间内继续，使国内人民每年的消费额超过他们本国年产品的价值。国家在繁荣时期从年产品中储存的用来购买金银的东西，会有助于在生产衰退时期短暂维持国内的消费水平。但此时金银输出不是生产衰退的原因，而是它的结果。实际上，这种输出甚至可以暂时减轻生产衰退造成的痛苦。

反之，一国年产品的价值增加时，货币量也自然增加。每年在国内流通的消费品价值增加了，使之流通的货币数量也就大一些。因此，有一部分增加的生产物必定会被用来在有金银的地方购买额外数量的金银，以供流通之用。此时，贵金属的增加只是社会繁荣的结果，而不是其原因。无论在什么地方，购买金银的方式都是这样，而从矿山开采出来再运到市集上，总需要一定数量的劳动和资本。做这件事情的人在衣、食、住方面必然需要一定数量的供给，除此之外，他还必须得到一定数量的收入，这就是购买金银的价格。在英格兰和秘鲁，购买金银都是这样。只要出得起这个价格，国家就不会长期缺乏所需的金银，而不需要的金银也不会长期留在国内。

明白合理的观点认为，构成一国真实财富与收入的是一国劳动和土地的年产品的价值；通俗的看法则认为，构成一国真实财富与收入的是国内的贵金属数量。不论如何，所有观点都认为，奢侈是公众的敌人，节俭是社会的恩人。

我们现在讨论错误运用资本。错误运用资本的结果和奢侈相同。对雇用生产性劳动的资财来说，农业、矿业、渔业、商业，以及工业上一切不谨慎、无成功希望的计划都会使之减少。当然，投在这种计划上的资本也只由生产性劳动者消费，但由于雇主没有正确地运用这些人的劳动力，他们消费的价值就不能全部得到再生产，因此总不免减少社会生产性资财。

幸而，对大国来说，个人的奢侈与错误运用资本的行为却不会有多大影响；因为另一部分人的俭朴或慎重总能够抵消这一部分人的行为后果而仍有余。

就奢侈而言，一个人浪费，当然因为他有追求及时享乐的欲望。这种欲望之强烈有时简直难于抑制，但一般说来又总是暂时的和偶然的。

然而，一个人节俭的动力则是改善自身状况的愿望，这愿望虽然是冷静的、沉着的，但却是我们从生至死从没一刻放弃过的愿望。几乎没有一个人会有一刻对自己的处境完全满意，因而不求进步、不想改善。一般人都觉得，增加财产是最通俗、最明确的必要手段。而增加财产最适当的方法，就是在常年的收入或特殊的收入中节省一部分，积攒起来。虽然每个人都不免时有浪费的欲望，有些人甚至无时不有这欲望，但就平均来看，大多数人的一生节俭的心理不仅常占优势，而且大占优势。

说到错误运用资本，无论哪里，慎重经营和成功的事业总占大多数，鲁莽经营和失败的事业总占极少数。虽然我们常常听说破产事件，但在无数经营商业的人中，失败的总是极小数，也许不到千分之一。对一个清白守法的人来说，破产也许是最大和最难堪的灾祸。因此，大多数人都着意避之。当然，也有人不知道避开它，就像有人不知道避开绞刑架一样。

大国固然不会因个人的奢侈或错误运用资本而变得贫穷，但政府的浪费与不当举措却可使国家如此。许多国家全部或几乎全部的公共收入都是用来维持举措生产性劳动者的。朝廷上的王公大臣、教会中的神职人员就是这类人，海陆军亦然。他们在平时既不从事生产，在战时也得不到物品来补偿他们的维持费，不得不依赖别人劳动的产物来维持生计。如果他们的人数增加到不必要的数目，他们可能在某一年消费掉过多的产物，以致没有足够余量来维持能在次年有所再生产的生产性劳动者。于是，下一年的再生产一定不及上一年。如果这种混乱的情形继续下去，第三年的再生产又一定不及第二年。那些只应拿人民的一部分剩余收入来维持生活的非生产性劳动者，可能消费了人民全部收入这样大的部分，从而使这么多人民不得不侵蚀他们的资本，即用来维持生产性劳动的资财，以致个人不论如何节俭慎重，也照样无法补偿政府造成的如此巨大的浪费。

然而，就经验来看，在大多数情况下个人的节俭和慎重似乎不仅可以补偿个人的奢侈和错误投资，而且可以弥补政府的浪费。每个人改善自身境况连续不断的努力是社会财富、国民财富，以及私人财富所赖以产生的重大因素。这不断的努力，常常强大得足以抵消政府的浪费，足以挽救行政的大错，使事情日趋改善。这就像虽然人间有各种疾病和庸医开出的荒唐处方，人身上却仿佛总是有一种力量，可以战胜困难，恢复原来的健康和精力。

增加一国土地和劳动的年产品的价值有两种方式：或者增加生产性劳动者的数目，或者提高受雇劳动者的生产力。要增加生产性劳动者的数目，必先增加资本，增加维持生产性劳动者的资财。要提高同数受雇劳动者的生产力，唯有增加和改良那些方便和节省劳动的机器和工具，或者使工作的分配更为适当。但无论怎样，都要有更多的资本。要改良机器，少不了增加资本；要调整工作的分配，也少不了增加资本。把工作分成许多部分，使每个工人专做一种工作，必然会比由一个人兼任各种工作增加不少资本。我们比较同一国不同的历史时期，如果发现后一时期比前一时期的土地和劳动的年产品更多了，其土地耕作状况进步了，工业扩大了、繁盛了，商业推广了，我们就可断言，该国的资本在此期间必定增加了不少，一部分人民节俭和慎重所增加的资本数额一定多于另一部分人行为不当和政府浪费所侵蚀的资本数额。不过，我们会发现，在所有和平安宁的年代，所有国家的情况都是如此，即使政府并不节俭慎重的国家也是。要正确判定这种进步，我们不应比较两个相离太近的时代。进步并非一蹴而就。如果加以比较的两个时期距离太近，改良就不易被察觉。而且，当发现某种产业凋零或某一地方衰退，即使国家已经普遍改良了，我们往往也会怀疑全国的财富与产业都在衰退。

较之一百多年前查理二世复辟时代，现在英格兰土地和劳动的年产品当然是多得多了。现在对此表示怀疑的人固然不多，但在这一百多年，几乎每隔五年就有几本书或小册子出现，说国家财富正在锐减，人口减少、农业退步、工业凋零、贸易衰落。这类书册并不全是党派造谣诽谤的宣传品，它们有许多出自极诚实、极聪明的学者之手，他们只写自己相信之事，只因为深信才会下笔。

此外，在英格兰土地和劳动的年产品方面，查理二世复辟时代必然比二百年前伊丽莎白登基时多得多；和三百年前约克家族与兰开斯特家族争霸时代末期比较，伊丽莎白时代必然又多得多；再往上溯，约克家族与兰开斯特家族争霸时代当然胜于诺曼征服时代；诺曼征服时代又胜于撒克逊七国时代。这时的英格兰当然不能说是一个先进的国家，但与尤利乌斯·恺撒侵略时代比较，已算有很大的进步了，因为那时英格兰居民的状况几乎等同于北美野蛮人。

在以上各个时期中，个人和政府都有很多浪费，而且发生了多次所费甚巨的无谓战争，以致许多用来维持生产性劳动者的年产品被用来维持非生产性劳动者。我们可以假定，在国家一片混乱的时期里，这种对资本的破坏不仅妨碍财富的自然蓄积（实际上也的确是如此），而且也使国家在这时期之末陷于比这时期之初更为贫困的境地。查理二世复辟以后的英格兰算是最幸福、最富裕的了，但那时又有多少骚乱和不幸事件发生啊！如果可以预见，那时的人们一定不仅会担心英格兰要陷于贫困，而且要担心它彻底毁灭。想想看，伦敦大火与大疫，两次英荷战争，对爱尔兰的战争，1688 年、1702 年、1742 年和 1756 年四次耗费巨大的对法大战，再有 1715 年和 1745 年两次叛乱。单就四次英法大战的结果来说，英格兰欠下来的债务就在 1.45 亿镑以上；加上战争所引起的各种特殊支出，总共恐怕不下 2 亿。自光荣革命以来，英国年产品中总有一大的部分用来维持数量庞大的非生产性劳动者。假使当时没有战争，这些资本中的大部分就会用来雇用生产性劳动者。如果生产性劳动者既能再生产他们消费的全部价值又能提供利润，每年英国土地和劳动年产品的价值的增加就会很可观，而这又必能使下一年增加得更多。如果没有战争，当时建造起来的房屋一定更多，改良的土地一定更广阔，已改良土地的耕作一定更加完善，制造业一定更多，已有的制造业的规模将更为扩大。至于国民真实财富与收入将会提高到怎样的程度，也许会超出我们的想象。

政府的浪费虽然无疑阻碍了英格兰在财富与改良方面的自然发展，但也并未使它停止发展。与复辟时代或革命时期比较，现在英格兰土地和劳动的年产品都多得多。所以，英格兰每年用以耕作土地和维持农业劳动的资本也一定比过去多得多。虽然有政府的横征暴敛，却也有无数个人在那里努力改善自己的处境，慎重而节俭地经营，一步一步地把资本累积起来。正是这种努力，在法律的保障之下，自由地通过最有利的方式发展，使英格兰几乎在过去任何时期都能日趋富裕和进步。我们希望在未来也会如此。可是，英格兰从来没有过很节俭的政府，因此居民也没有节俭的特性。由此可见，英格兰的王公大臣们倡言监督私人经济，要通过节俭法令或禁止外国奢侈品输入来限制人们的开支，实在是专横无礼之举。他们不知道自己从来都是社会最大的败家子。请他们好好注意自己的开支吧！他们大可放心，人们会打理好自己的生活开支。如果王公大臣们的浪费不会使国家灭亡，人民的浪费更不会。

节俭增加社会资本，浪费减少社会资本，而支出等于收入的人，既不蓄积资本也不侵蚀资本，也就是既不增加资本也不减少资本。不过，在各种支出方式中，有的比其他方式更加有助于社会财富的增长。

个人的收入可以用来购买直接被消费掉的、无法减轻或支持另一天开支的东西，也可以用来购买比较耐久、可以蓄积，可以减轻或支持另一天支出的东西。有些富翁可以用其收入举办奢华的宴席、养着大量的仆从或犬马，也可以满足于粗茶淡饭和少量仆从，而将大部分收入用于其住宅与乡间别墅，用于实用或装饰性的建筑与家具，用于收藏书画雕刻，或用于珠宝、玩物、各种奇妙的小玩意儿等琐碎之物；还有人喜欢收集精美的衣服，就如前几年去世的某国王的宠臣那样。如果两人财产相当，一个人用其大部分收入来购买比较耐久的商品，另一个则用其大部分收入购买直接使用的消费品，那么，前者境况必能日渐改进，因为其今日的支出多少可以支持另一天的支出，后者的境况却不会比原先更好。前者最后将会比后者更富，因为他有若干货物留存，虽然其价值已经抵不上当时的支出，但多少总有价值；而后者的花费就连痕迹也没留下来，十年或二十年浪费的结果就是两手空空，好像什么都不曾存在一般。

对个人财富有益的消费方式也对国家财富有益。富人的房屋、家具、衣服转瞬即可变成对中下层人民有用之物。在上层人玩厌了的时候，中下层人民可以把它们买来，所以在富人普遍都是这样使用钱财的时候，全体人民的一般生活状况也就会逐渐得到改进。在一个富裕已久的国家，下层人民往往拥有完备的房屋、使用上等家具，可是他们不可能自己出资建造房屋，也不能自己制造上等家具。往日西摩家族宅邸，现今已经成为巴斯道上的旅店；而詹姆斯一世的婚床，几年前已经陈列在邓弗姆林的酒店变成装饰品，虽然那是新娘从丹麦带来的嫁妆，是两国通婚的礼物。在有些无进步也无退步，或已稍稍没落的古城，我们有时可发现，几乎没有一所房屋是为如今的住家而建的。如果你进里面去，还可见到许多陈旧却仍然精美适用的家具，它们也绝不可能是专为他们定制的。王宫别墅、书籍图画，以及各种珍奇异宝，通常不仅是当地而且也是所在国家的荣耀与装饰。凡尔赛宫是法兰西的装饰和荣耀，斯托和威尔顿则是英格兰的。意大利仍然以拥有不少这种不朽建筑而令人尊崇，尽管创造它们的财富已经流散，设计它们的天才似乎也已销声匿迹（也许因为没有用武之地）。

把收入花费在比较耐久的物品上不仅较有利于积累，而且有利于节俭。如果一个人在这方面花费得过多，他很容易改正，而不致遭受社会讥评。然而，如果突然大大减少仆从，饮食标准由铺张改为节俭，拆除原来的华丽陈设，这样的变化不仅不免被邻人共见，还无异于承认自己往昔的劣行。除非由于破产，否则像这样花费的人很少有勇气改变习惯。但是，在任何时候，如果他发现自己在房屋、家具、书籍或图画方面开销过大而改弦易辙，别人并不会说他过去不够审慎，因为这类物品在购置以后就无须再行购置。在别人看来，他改变习性似乎并不是因为财力不济，而是因为已经兴味索然。

一般说来，花在耐久性物品上的钱要比用在奢侈招待上的钱维持更多人的生计。有时一次晚宴就能耗费二三百磅食物，可能其中的一半都要倒进垃圾堆，形成巨大的浪费。但如果用这宴会的花费来雇用泥水匠、木工、装饰工与机械师等，这些钱就会在更多人之中分配。工人们将一便士一便士、一磅一磅地分次购买食物，一点也不会浪费。此外，后一种花费用以维持生产性劳动者，能增加一国土地和劳动的年产品的交换价值；前一种花费则用以维持非生产性劳动者，不能增加一国土地和劳动的年产品的交换价值。

但是，读者不要以为，将开支用于耐久性物品就是良好行为，而用于待客就是恶劣之举。一个富人把他的收入主要用于款待宾客时，他就是在同他们分享其大部分财富；但是，当他用这些财富来购买耐久性物品时，他就是将其用于自身，而不会无代价地给予他人。因此，后一种花费，特别是用于购买珠宝、衣饰等琐碎东西的花费，就常常表现出这个富人卑鄙自私的性格。我上面的意思不过是说，将钱财花费于耐久性物品有助于有价值物品的积累，也能鼓励个人节俭的习惯，也就比较有利于社会资本的积累。由于它所维持的是生产性劳动者而不是非生产性劳动者，所以也就更加有利于社会财富的增长。

第四章　论贷出取息的资财

出贷人总是将贷出取息的资财视作自己的资本，希望到期就能收回，并希望借用人支付一定的年租作为使用的价格。这样的一笔资财，在借用人手里既可以用作资本，也可以用作日常消费的资财。如果用作资本，就是用来维持生产性劳动，再生产价值，提供利润。在这种情况下，借用人不用花费或挪用其他收入来源便能偿还该资本及其利息。如果用作日常消费的资财，他就成了浪费者，夺去了维持勤劳者的资财，来维持惰民的生活。除非他挪用某种收入来源，如地产或地租，否则他就无法偿还资本及其利息。

毫无疑问，贷出取息的资财有时可以用作日常消费，但大多用作资本。借钱挥霍的人难以维持现状，债主们事后也会为自己见事不明而悔恨不已。除非高利贷，否则这样的借贷对双方都绝不是好事。天下之大，这样的事情固不能全免，可是人无不自利，我们可以相信它不会如我们所想象的那样常见。找一个谨慎的富人，问他愿以大部分资财贷给牟利的人还是浪费的人，他会笑话你问了这样一个答案显而易见的问题。即使在不是最节俭的借用人中间，节俭勤劳者也要远多于奢侈懒惰者。

只有乡绅借了钱只为花费而不为用来牟利。乡绅借款通常有财产为抵押，所以出贷人不会在意借款是否用于牟利。乡绅借来的钱款通常不是用来消费，往往刚到手就花出去了；因为乡绅日常消费多是向商人赊账，以致不得不用有息款项来还清账目。乡绅们所借的资本实是用来填补商人资本的亏空，因为他们所收的地租不够抵偿它，所以需要大借外债。这时他借钱就不是为了花费，而是为了补足先前已经消耗的资本。

几乎所有的生息贷款都是以纸币或金银的形式借出，但借用人需要而债权人供给的，实际上不是货币，而是货币的价值，换言之，是货币能购买的货物。如果他需要的是日常消费的资财，那么他借贷的便是能够即时消费的货物。如果他需要的是兴家立业的资本，他借贷的便是维持劳动者必需的工具、原料与食品。借贷这件事实际就是出贷人把自己一定部分土地和劳动的年产品的使用权出让给借用人，任其使用。

因此，在任何国家，能够生息的资财或通常所谓的资产数量并不是由货币（纸币或铸币）决定的。货币只是充当借贷的手段而已。资财的数量是由特定部分的年产品价值决定的。当这部分年产品从土地或生产性劳动者那里离开时，它就被指定当作资本使用，并且是其所有者不愿亲自运用的资本。由于该资本通常都是以货币贷出并偿还，这样就构成了所谓的货币权益。它不同于土地权益，也不同于贸易与制造业权益，这两种权益的所有者都是亲自运用自己的资本的。但是，即使在货币权益方面，货币也不过像一张转让契约，A把无意自用的资本转让给B。和作为转让手段的货币的数量相比，这样转让的资本的数量不知大出多少倍。同一枚铸币或同一张纸币可进行许多次的购买，也可连续进行许多次的借贷。A借1000镑给B，B马上用它买了C手上值1000镑的货物。C不需货币，于是这1000镑又借给D，而D又立即用这1000镑和E交易，购进值1000镑的货物。E同样不需要货币，这1000镑又被借给F，F再立即向G购1000镑货物。这样一来，同一货币（纸币或铸币）

在几天之内已经充当了三次借贷和购买的手段。每一次的交易都和这笔货币的价值相等，都等于这种购买力。A、C、E这三个人所贷出的资财，等于这笔货币所能购买的货物的价值，这三次借贷所借出的资财，其实三倍于购买货物所需货币的价值。如果借用人所购的货物应用适当，能在借款到期时偿还所借的价值及其利息，这种借贷就十分可靠。就如同同一货币能这样充当其价值三倍甚至三十倍贷款的手段一样，它也可以连续充当偿还债务的手段。

用这种方式贷出资本以求利息，可以看作出贷人以一定部分的年产品转让给借用人。条件如下：借用人须在借用期内取出一部分的年产品转让给出贷人，这一回报便是利息；在借款期满后，以与原来出贷人让给他的那部分年产品相等的价值转让给出贷人，称作还本。在转让利息这较小部分和还本这较大部分的过程中，货币虽然都作为转让证，但和其所让与的东西完全不同。

当从土地生出或从生产性劳动者手上造出即被指定用作补偿资本的那一部分年产品增加了，所谓货币权益也自然随而增加。资本总体上增加了，所有者无意自留使用但指望从中取得某一种收入的资本也必增加。换言之，总资财增加了，贷出生息的资财也必逐渐增加。

借出以求利息的资财增加了，使用这种资财所必须支付的价格，即利息必然降低。其原因并非只是商品多则价低这个一般原因，还有几个特殊原因。首先，一国的资本增加了，投资的利润会相应地减少。这样，要想找出一种在国内投资并牟利的方法将越来越困难。资本间的竞争就这样发生了，资本所有者往往互相倾轧，努力排挤原先的投资人。但要如此的话，他自己也得降低条件，不但要低价售出货物，有时还甚至不得不高价购入货物。其次，用以支持生产性劳动的资财既已上升，对生产性劳动的需求势必也与日俱增。劳动者不愁没有工作，资本家却担心雇不到劳动者。资本家间的竞争提高了劳动的工资，降低了资本的利润。但是，当使用资本获得的利润减少时，为使用资本而付给的代价，即利息率也必然随之减少。

洛克、劳氏、孟德斯鸠，以及其他许多学者都认为，由于西属西印度群岛的发现而导致的金银数量的增加，是造成欧洲大部分地区利息降低的真实原因。他们认为，这两种金属本身的价值减少了，它们特定部分在使用中便也只能具有较小的价值。这个观点似是而非。休谟已经充分揭露了它的错误，我们或许不必再作解释，但下面的简要议论或许可以进一步剖析迷惑了这几位先生的谬见。

西属西印度群岛被发现以前，欧洲大部分地区的普通利息率好像是10%。从那时候起，各国的普通利息率开始下降，现在已降到6%、5%、4%，甚至3%。我们且假定某一国银价的降低同这一国利息率的降低成一定比例。例如，在利息率由10%减至5%的地方，现在用等量的银能购买的货物量，只等于从前的一半。这种假设是否符合各国实际？我相信绝非如此，但这种假设对我现今要考察的观点却十分有利。不过，即使根据这个假设，我们也绝不能推出结论说，银的价值的降低多少会降低利息率。假若现今100镑的价值只等于昔日50镑的价值，则今日10镑的价值也只等于昔日5镑的价值。无论资本价值减少的原因是什么，同一原因也必降低利息的价值，并且是按照同一比例降低。资本价值与利息价值的比例不变，利息率就也不会变。如果利息率真有变化，这两个价值之间的比例就不能不变。如果现今100镑的价值，只等于昔日50镑的价值，那么现今5镑的价值，也只等于昔日2镑10先令的价值。在资本价值折剩一半的时候，若利息率由10%减至5%，就使用资本所付的利息的价值而言，就只剩从前利息价值的 1/4 了。

白银数量增加，而靠白银流通的商品数量却没有增加，结果只能是白银价值减少。这时各种商品的名义价值会大一些，而真实价值却保持不变。它们可换得较多的银币，但它们所能支配的劳动量，以及所能维持和雇用的劳动者人数保持不变。移转等量资本由 A 到 B 所需要的银量可能增加了，但全国资本却没有增加。这时，转让证像委托书一样变得冗长累赘，但转让的物品却与从前无二，只能带来同样的效果。支持生产性劳动的资财既然不变，对生产性劳动的需求自然也不变。生产性劳动的价格或工资，名义上虽然增大了，实际上却是没有变动。虽然以所付银币数量计算的工资加大了，但是以所能购买的货物量计算的工资却不变。资本利润的情况却不同，它不由所得银量的多寡计算。计算利润的时候，我们只计算所得银量与所投资本的比例。例如，在某一国家，普通劳动工资为每周 5 先令，普通资本利润为 10%。既然国内所有的资本一如从前，国内个人资本的竞争必然也一如从前。运用这些不同资本的有利或不利条件也全然相同。因此，资本对利润的一般比例照旧，而货币的一般利息亦然。使用货币一般能支付的利息，必然受使用货币一般所得利润的支配。

在每年国内流通中货币量不变、流通的商品量增加的情况下，除了货币价值会提高外，还会产生其他重要影响。一国资本虽然名义上没变，实际上却已增加。它可能仍继续由同量货币表示，却支配着更大的劳动量。它所能支持和雇用的生产性劳动量增加了，劳动的需求因此也增加。工资自将随劳动需求的增加而提高，可是表面却可能是下跌的情形。这时劳动者所得作为工资的货币数量可能少于以前，但这较少的货币所能购买的物品数量却多于从前较多货币所能购买的物品数量。但资本的利润无论在实际上和名义上都会减少。既然国内所有的资本总量已增加，资本间的竞争自然也增加，资本家们就不得不满足于各自所雇佣劳动较小的产出。货币借贷的利息总是与资本的利润同步变化，虽然货币的价值或者一定量货币所能购买的物品量大增，但货币的利息仍然可能大减。

有些国家的法律禁止货币借贷收取利息。但是，由于在任何地方使用资本都会取得利润，所以在任何地方使用资本都应有利息为酬。经验告诉我们，这种法律不但不能遏制重利盘剥的罪恶，反而会助长它；因为借用人不但要支付使用货币的报酬，还要对出贷人冒险接受这种报酬支付另一笔费用，或者可以说，要给出贷人保险，使其免于遭受对重利盘剥的惩罚。

在允许收取利息的国家，为了禁止重利盘剥，往往立法规定最高的利息率。这个最高利息率总要稍微高于最低市场利息率，即那些能够提供绝对可靠担保的借用人通常所付的价格。这个法定的最高利息率不能低于最低市场利息率，否则将无异于全然禁止放债取利。如果取得的报酬少于货币使用之所值，那么没肯借钱出去，所以借用人得为出贷人冒险接受货币使用之所值而再支付一笔费用。如果法定最高利息率恰等于最低市场利息率，那么没有可靠担保的人便不能从遵守国法的人那里借到钱，而只好受高利贷者的盘剥。在如今大不列颠这样的国家，贷款给政府的年息为3％，贷款给有可靠担保的个人的年息则为4％或4.5％。因此，现行法定最高利息率规定5％或许最为适当。

我们必须注意的是，法定最高利息率虽然应略高于最低市场利息率，但也不应高出过多。如果英格兰法定的最高利息率为8％或10％，就会有大部分可以供贷出的货币流入挥霍者和投机分子的手中，因为只有这一类人愿意出这样高的利息。遵纪守法且妥善运用资本的人，只能从使用货币所获利润中取出一部分作为使用货币的报酬，当然不敢和这些人竞争。这样，一国的资本中将有一大部分离开遵纪守法且妥善运用资本的人，流入浪费或摧毁资本的人手中。反之，在法定最高利息率仅略高于最低市场利息率的情况下，有钱出借的人更愿意借给遵纪守法且妥善运用资本的人，而不愿借给浪费或摧毁资本的人和投机分子。因为借给前者所得的利息和借给后者所收取的利息几乎相同，而钱在前者手上自然更为稳妥。这样一来，国家大部分的资本就会掌握在妥善运用它的人们手中了。

没有任何法律能把利息普遍降到低于当时最低市场利息率。1766年，法兰西国王曾经规定利息率须由5%减至4%，但人民通过各种方法规避这法律，法国民间利息率仍然保持为5%。

应当指出，土地的普通市场价格在各地都由普通市场利息率决定。有些拥有资本的人不愿意亲自使用资本，又希望从中得到一笔收入，就会反复盘算究竟该购置土地，还是将其贷出取息。土地财产是极稳定可靠的，此外一般还有几种好处。比较起来，虽然把钱贷给别人收取利息所得更多，但人们却通常宁愿获得购买土地所得的较少收入。这些好处可以抵偿一定的收入差额，但也十分有限。如果土地地租远不如货币利息丰厚，那就不会有谁愿意购买土地，土地的普通价格必然因此下降。反之，如果这些好处抵偿这差额后还有余，那么谁都愿购买土地，土地的普通价格就会因此提高。在利息率为10%时，土地售价常为年租的10倍或12倍；利息率减至6%、5%、4%时，土地售价就会上升到年租的20倍、25倍直至30倍。法国市场利息率高于英格兰，法国土地的普通价格则低于英格兰。英格兰土地售价经常是年租的30倍，而法国土地售价则是年租的20倍。

第五章　论资本的各种用途

所有的资本都是用以维持生产性劳动的，但等量资本所能推动的生产性劳动量，以及它增加的土地和劳动的年产品价值，都根据资本的用途而有所不同。

资本有四种不同用途。第一，用以生产或获取社会上每年所需使用和消费的初级产品；第二，用以制造和加工这些初级产品，以应付使用和消费；第三，用以将初级产品或者制造品从有余量的地区运往缺乏这类产品的地区；第四，将一定部分的初级产品或者制造品分成较小的部分，以便适应需求者临时需要的数量。第一种是经营农业、矿业、渔业的资本用途；第二种是制造业资本的用途；第三种是批发商资本的用途；第四种是零售商资本的用途。我很难想到还有什么用途不能归入这四种用法之中。

这四种用途关系密切，缺一种则其他三种不能独存或扩大；对社会普通福利来说，它们也是缺一不可的。

若没有资本所提供的相当丰富的初级产品，任何制造业和商业恐怕都不能存在。

初级产品有一部分往往要加工制造后才适于使用或消费。假设没有资本投入制造业中对它进行加工，这一部分的产品永远没有被生产出来的机会，因为没有人需要它。如果它是天然生长的，不经过制造也就不会有任何价值，不能增加社会财富。

初级产品及制造品需要资本，以将产品从有余量的地方运往缺乏的地方。假设没有这种投在运输业中的资本，这种运输便不可能完成，于是它们的生产量便不能超过本地消费需要的量。批发商的资本使一地的剩余产品与另一地的剩余产品交换，既鼓励了生产活动，又促进了两地的消费。

零售商也需要资本，以便把大批初级产品和制造品分成较小的部分，从而满足需要者的一时所需的量，否则所有人都要以超过自身所需的数量将货物购进。例如，如果没有屠户，大家就非一次购买整牛整羊不可。富人必然感觉不便，贫民则大受困苦。贫穷劳动者如果要勉强一次购买一个月或半年的粮食，那他就必须将本来用作购买工具和店铺设备的资本的很大部分留作资财，以供应直接消费，这中间一定有原本可以提供收入的部分被迫变得无法提供收入。对这种人来说，最方便的办法是按一天甚至一小时需要的量购进生活必需品。这样，他可以把差不多所有的资财用作资本，那么产品价值就会得到扩大，而他以此所获的利润，也将足以在抵去零售商的利润对货物价格所增加的数目且仍有剩余。有些政论家对零售商有成见，这完全没有道理。零售商增多，或许互相互之间有妨害，却丝毫无损于社会利益。所以，不需要对他们课税，也不必限制他们的人数。例如，某一城市及其邻近地带对杂货的需求量限制着该市杂货的销售量，因此，投入杂货商业的资本绝不可能超过足以购买这数量杂货所必需的数额。如果将这种有限的资本分给两个杂货商运用，这两人间的竞争就会使双方都把售价压到比一个人独营的情况更低的水平。如果分给二十个杂货商运用，他们间的竞争将更加激烈，而他们联合起来抬高价格的可能性则微乎其微。他们的竞争也许会使他们中一些人破产，但那是他们自己的事，可以随他们自己处理。因为这不会妨害消费者，也不会妨害生产者。较之整个行业只握在一两个人之手的情形，现在零售商人多了，他们只好贵买而贱卖。他们中也许有人会诱骗顾客购买自己根本不需要的货物。不过，这种损害太小，根本不值得公众注意。而且，即使限制从业者人数也不一定能根治此弊端。最明显的例子就是，社会上有饮酒的风尚并非因为有许多酒馆，而是由于其他原因使社会上饮酒成风，才出现了许多酒馆。

把资本投在这四种用途上的人都是生产性劳动者。如果使用得当，他们的劳动就可以固定而且体现在劳动对象或可售商品上，至少也可把维持他们自身和被他们自身消费掉的价值加在劳动对象或可售商品的价格上。农场主、制造业主、批发商、零售商的利润，都来自前两者所生产及后两者所售卖的货物的价格。不过，在这四种不同的用途上，等量资本所直接推动的生产性劳动量却不相同，增加的社会土地和劳动年产品价值的比例也不相同。

零售商向批发商购货，从而补偿了批发商的资本，并给他带来利润，使批发商得以继续他的事业。零售商的资本雇用了他自己这个唯一的生产性劳动者，其利润就是这项资本在社会土地和劳动年产品上面所增加的价值。

批发商的资本补偿了生产他购买的初级产品和制造品的农场主和制造业主的资本和利润，使他们能继续其事业。这样，批发商间接维持社会的生产性劳动，增加社会年产品的价值。此外，他的资本同时雇用了运输货物的水手和搬运工，因此资本在这种货物的价格上面所增加的，并非仅有批发商自己利润的价值，还有水手和搬运工工资的价值。它所直接雇用的生产性劳动不过如此，直接增加的年产品价值也不过如此。

总体看来，批发商的资本在这方面起到的作用，要比零售商的资本大得多。

制造业主的资本中的一部分被用作固定资本，投入到他的产业所需的工具中，以便补偿出售这些工具的其他制造业主的资本，并给他们提供利润。剩下就是流动资本。流动资本中的一部分用来购买材料，这部分补偿供给这些材料的农场主和矿商的资本，并给他们提供利润。但是，大部分的流动资本会在外循环一年或者更短的时间后分配到他的雇佣工人身上。这部分资本在材料上增加的价值，包括雇工的工资，还有雇主投资支付工资和购买材料工具应得的利润。较之批发商的同量资本，制造业主的资本直接推动的生产性劳动量大多了，增加的社会土地和劳动年产品的价值也大多了。

以同量的资本所能够推动的生产性劳动的数量而论，农场主资本的最大。农场主的工人和牲畜都是生产性劳动者。在农业中，大自然也和人一起劳动。大自然的劳动虽然不需要代价，它的产物却和最昂贵的工人生产的物品一样具有价值。农业最重要的作用，与其说是增加大自然的生产力（虽然农业确实使这种生产力有所增加），不如说是引导大自然的生产力，使其生出对人类最有利的产物。荆棘丛生之地，常常也可以产出大量作物，就像耕作最好的葡萄园或谷田一样。耕耘，与其说是增益自然的生产力，不如说是引导大自然的生产力。人工以外的大部分工作非依靠自然的力量不可。农业上雇用的工人与牲畜不仅像制造业工人一样，重新生产出他们消费掉的价值（或者说，重新生产出雇用他们的资本）及资本家的利润，还生产出更大的价值。他们除了再生产农场主的资本及利润外，通常还要再生产地主的地租。这种地租可以说成是地主借给农场主使用大自然力量的产出。地租的大小取决于想象中大自然力量的大小，或者说，取决于想象中土地的自然生产力或土地改良后的生产力的大小。因此，减除一切人的劳作之后，余下是自然的劳作。它在全部产品中很少占到 1/4 以下，多数时候占到 1/3 以上。同量的生产性劳动投入任何制造业，都不能再生产这么大一份价值。在制造业中，大自然发挥不了什么作用，全是人的功劳，再生产的大小也必然和生产力量的大小成正比。所以，和投在制造业上的同量资本相比，投在农业上的资本不仅推动的生产性劳动数量较大，就这些生产性劳动数量而言，它增加的土地和劳动年产品价值和社会真实财富与收入更大。在所有资本用途中，农业投资对社会最为有利。

任何社会在农业和零售业中使用的资本必定总是留在该社会内部。它们的使用几乎总是局限于某个固定的地方，例如农场或零售业的商店。它们的所有者大都是本社会的居民，尽管也有例外。

批发商的资本，却似乎并不固定在某个地方，而且也没有必要。它从一处流向另一处，为的只是可以贱买贵卖。

制造业主的资本当然必须留在制造的场所。但在何处制造却不一定。它常常会远离原料生产地或者制成品的消费地区。里昂制造业的材料就是从很远的地方运来，其制成品也要运到远处才有人消费。西西里岛时髦人物的衣料是外国制造的丝绸，造丝绸的原料却又是西西里岛出产的。西班牙的部分羊毛在英格兰加工制作，随后又有一部分毛织品返销西班牙。

在任何社会中，运用资本以出口剩余产品的批发商究竟是本国人还是外国人，这无关紧要。如果是外国人，英国受雇的生产性劳动者人数也只是少了他一个；英国的年产品价值也只是少了这一个人的利润。至于所雇用的水手和搬运工是不是本国人，则与这个商人是不是本国人无关；本国人也可以雇用外国的水手和搬运工。无论是外国人或是本国人的资本，都一样能输出国内剩余产品来交换国内需要的物品，从而使这些剩余产品具有了价值。它同样使生产这剩余产品的人的资本得以偿还，使生产这剩余产品的人得以继续经营下去。批发商的主要贡献在于，它维持本国生产性劳动，并增加本国土地和劳动年产品的价值。

比较重要的是，制造业主的资本应留在国内。这样一来，本国受到推动的生产性劳动量必然比较大，本国土地和劳动的年产品所能增加的价值也必然比较大。不过，即便不留在本国境内，制造业主的资本也能对本国产生效果。英国亚麻制造业主年年投资从波罗的海沿岸进口亚麻来加工。这种资本虽然非产麻国所有，但对产麻国有利这一点也是显而易见。这些亚麻只是产麻国的一部分剩余产品，假如不是每年出口以交换本地所需的各种物品，它便没有价值可言，其生产也将立即停止。出口商补偿了生产人的资本，从而鼓励他们继续生产；而英国的制造业主又补偿了出口商的资本，使他们继续从事出口生意。

如同个人一样，国家也常会资本不足，以致不能既把一切土地改良和耕种，又把全部初级产品加工以供直接消费及使用，把剩余的初级产品及制造品运往远方的市场换取国内所需的物品。大不列颠许多地方的居民没有足够资本来改良和耕种他们全部的土地。苏格兰南部产的大部分羊毛，因为当地缺乏资本，不得不在崎岖的道路上长途颠簸，运到约克郡去加工。英格兰有许多小工业城市的人民没有足够的资本把产品运到需要它们的远方市场去销售。他们中间纵然有批发商，也只做大商业城市中的大富商的代理人而已。

要是一国的资本不够同时兼顾这三者，那么投入农业的资本越多，推动的国内生产性劳动量就越大，增加的社会土地和劳动的年产品的价值也越大；其次是投入制造业的资本；而投入出口商业的资本在此三者之中效果最小。

当然，全部资本还不足兼顾上述三者的国家，其富裕实在还没有达到自然所允许的水平。无论对个人还是社会来说，试图以不充足的资本在时机未成熟时兼营这三种事业，都不是取得充足资本的最佳途径。正像一个人的资本有一定的限度一样，国内全体人民的资本也有一定的限度，只够用于某几方面。增加国民资本和增加个人资本一样，须从收入中节省且不断积累。资本的用途，若能给国内全体居民提供最大的收入，从而使全体居民都能最大限度地积累资本，那么国民资本就可能飞速地增长。而国内全体居民收入的大小，必取决于国民土地和劳动的年产品数量的大小。

英属美洲殖民地快速走向富强的主要原因，就是把几乎所有的资本都投入农业。那里除了一些粗糙的家庭手工业以外，几乎没有任何制造业。这些家庭工业是随农业发展自然产生的，通常是由家庭中的妇女儿童从事的。出口业和航运业的经营权则主要地掌握在居住在大不列颠的投资商手中。甚至在某些州，尤其是弗吉尼亚和马里兰，那里的零售店铺也多为居住在大不列颠的商人所有。零售业不由本地商人出资经营的事例很少见，而这却是一个例子。假使美洲人联合起来，或者诉诸其他激进方式，阻止欧洲制造业产品的进口，垄断这一制造业，并将本地大部分资本转投到制造业上来，其结果必然不但不能促进他们年产品价值的增长，恐怕还会阻碍他们走向真正的富强。如果他们想垄断整个出口业，恐怕后果更是不堪设想。

确实，人类的繁荣之路似乎从来未曾持久到可以使任何一个大国能够获得足够的资本来兼营以上三种事业，除非我们认为关于中国、古埃及、印度的富庶和农业情况的那些奇闻并非无稽之谈。在所有历史记载中，这三个国家被推为世界上最富之国，可它们也只是擅长农业与制造业，他们的对外贸易并不繁盛。古埃及人对海洋有一种迷信的畏惧，印度人也是如此，中国的对外贸易则向来不发达。这三个国家的大部分剩余产品都由外国人运到外国去，换回他们所需的其他东西——往往是金银。

所以，一国同量资本在国内推动劳动量的大小，以及增加的土地和劳动年产品价值的大小，全依其投在农业、工业、批发业上的比例大小而不同。同是批发业，投资结果也将因经营种类不同而差异极大。

凡是批发贸易，或者凡是大量购入从而大量售出的贸易，可以分作三类：国内贸易、消费品的对外贸易和消费品的中间商贸易。国内贸易是从国内某地购入货物，再在国内另一地将其售出，包括内陆贸易和沿海贸易。消费品的对外贸易是购买外国货物以供本国消费。中间商贸易，是从事各外国之间的贸易，即将外国甲的剩余产品运往外国乙。

投资国内贸易的资本，即购买国内一地产品运往另一地售卖的资本，每次交易就可以抵偿投在本国农业或制造业上的两种资本，从而就可以使本国的农业和制造业得以继续。如果该资本从商人驻地把一定价值的商品运出去，一般都会带回同等价值的别种商品。如果两者全是本国产业的产品，结果当然可以抵偿本国两个用来维持生产性劳动的资本，使其能继续用来支持生产性劳动。把苏格兰制成品运到伦敦，再把英格兰谷物或制成品运到爱丁堡来的资本，每一次都无疑可以补偿两笔投在英国制造业或农业上的资本。

而用来购买外国商品供本国国内消费的资本，如果是以本国产业的产品来购买，则每次也会补偿两笔不同的资本，不过其中只有一笔是支持本国产业的。例如，把英格兰货物运至葡萄牙，再把葡萄牙货物运至英格兰的资本，每次只能补偿一笔英格兰资本，另一笔是葡萄牙的。即使这种贸易能像国内贸易那样迅捷地赚回资本，它能给予本国产业的鼓励也只是国内贸易一半。

对外贸易很少能像国内贸易那么迅捷地赚回资本。国内贸易的资本一般每年能赚回一次，有时甚至三四次；而对外贸易的资本很少能每年赚回一次，有时要两三年才能收回。因此，投在国内贸易上的资本有时已经运用了十二次，即付出而又收回了十二次，而投在对外贸易上的资本只运用了一次。于是，若是两种用途的资本数量相同，前者在给予劳动的鼓励和支持方面就是后者的二十四倍。

供应本国消费的外国货物，有时并不是用本国产品而是用一些外国货物来购买的。但是，这种外国货物却必然是直接用本国产品，或者是用这种产品换来的外国货物购买的。除非在战争或征服的情况下，否则除了用本国产品去直接交换，或用本国产品交换两三次得来的外国货物去交换之外，就无法得到任何外国货物。和最直接地用于对外贸易的资本比较，这种被如此迂回地投入对外贸易的资本，除去因最后收回之前一定有两到三次对外贸易资本的收回，从而耗时较多以外，在任何方面都具有相同的性质。假如商人以大不列颠制造品换购弗吉尼亚的烟草，再用弗吉尼亚的烟草换购里加的大麻和亚麻，则资本必定要在经过两次对外贸易之后，才能返到商人手上，再用来购买等量的大不列颠的制造品。若弗吉尼亚的烟草不是用大不列颠的制造品购买，而是用由大不列颠制造品购买的牙买加的糖与甜酒购买的，他就必须等待三次贸易都处理完毕后才能回收资本。而如果这两三次对外贸易是由两三个商人进行，第二个购买第一个进口的货物，第三个则购买第二个人的以将其出口，那么，每个商人回收自己资本的速度就确实比较快一些。但是，在贸易中使用的全部资本的回收最终还是像以前一样缓慢。在这种迂回贸易中使用的全部资本究竟属于一个还是两三个商人，对国家来说是没有什么区别的，对每个商人来说则会有不同。较之制造品与亚麻、大麻的直接交换，这样间接用一定价值的大不列颠产品来交换一定量外国的亚麻和大麻就需要三倍的资本。因此，一般说来，和同一种直接贸易的等量资本相比，用于这种迂回的对外贸易的全部资本对国家生产性劳动的鼓励和支持要小一些。

无论用哪种外国商品来购买国内消费的外国货物，对外贸易的性质及其对本国生产性劳动所能提供的鼓励与支持都不可能有本质区别。例如，如果是用巴西的金、秘鲁的银来购买的，这金银就像弗吉尼亚的烟草一样，必然是用某种本国产业的产品或由本国产品换购的物品购买的。因此，就本国的生产性劳动而言，以金银为手段的消费品对外贸易，无论有利或不便，在抵偿直接用来维持该生产性劳动的资本方面，和任何其他同样迂回的消费品对外贸易一样。不过，以金银为手段的消费品对外贸易似乎比其他同样迂回的对外贸易多一个优点：它们体积小、价值大，异地之间的运费也不像其他等值的外国货物那么昂贵；运费较低，保险费也不高，而且在运输途中也不容易受到损坏。因此，较之以其他外国货物作为媒介，以金银作为媒介就常常可以用较少的本国劳动产品来交换等量的外国产品。同样，较之其他方式，用这种方式也可以使本国的需要得到更加充分的供应，花费也更少。至少这种贸易要不断地输出金银，所以是否会令国家贫困，我将在下文详加考察。

在任何国家，投在中间商贸易上的资本全部都被从本国的生产性劳动中抽出来，转以维持外国的生产性劳动。虽然这种贸易一次可抵偿两笔资本，但却没有一笔是属于本国的。从波兰运谷物到葡萄牙，再将葡萄牙的水果和葡萄酒运到波兰的荷兰商人的资本，确实抵偿了两笔资本，但是这完全不是用来维持荷兰的生产性劳动，而是一笔维持波兰的生产性劳动，另一笔用来维持葡萄牙的。最后流回荷兰去的只是荷兰商人的利润，它也必然构成这种贸易增加的荷兰土地和劳动年产品的量。当然，如果中间商贸易所用的船舶与水手是本国的，那么为支付运费而使用的那一部分资本则是在该国一定数量的生产性劳动者中分配的，也就是用来推动本国生产性劳动的。事实上，几乎所有进行大量中间商贸易的国家都是以这种方式运作的。也许这便是"中间商贸易"这个的名称的来源，因为这样国家的人民成了其他国家的搬运工。不过，这种贸易的性质并非总如此。比如说，经营波兰与葡萄牙中间商贸易的荷兰商人，可以使用荷兰船舶，也可以使用大不列颠的船舶。我们可以看到，他在某些情况下正是这样做的。正因为这个缘故，人们认为，中间商贸易对大不列颠这种国家特别有利，因为它的国防与安全取决于船舶与水手的数目。但是，同等的资本在对外消费贸易甚至在国内贸易中（如果由沿海船舶进行）照样可以雇用和中间商贸易一样多的船舶与水手。一定量的资本所能雇用的船舶与水手的数量并非取决于贸易的性质，而是一方面取决于货物容积与货物价值的比例，在另一方面取决于运输海港间的距离，而前者尤其重要。例如，纽卡斯尔与伦敦相距不远，但是，这两地海港之间煤炭贸易使用的船舶和水手数量却比英格兰全部中间商贸易使用的还多。因此，通过特别奖励使一国用于中间商贸易的资本数量超过自然应有的量，也并不一定会促进该国的航运业。

因此，总体来说，与投在消费品对外贸易上的等量资本比较，任何一国投在国内贸易上的资本所维持和鼓励的生产性劳动量比较大，增加的本国土地和劳动年产品的价值也比较大。但是，将资本投入消费品的对外贸易比将同量的资本投入中间商贸易，更有利于提升本国生产性劳动和产出价值。每个国家的财富与实力（就实力取决于财富来说）必定是与其年产品成正比的，也总是与税收最后支付的资财成正比的。因此，国家就不应该照顾或特别鼓励对外消费品贸易和中间商贸易，也不应强迫或诱使资本的较大份额进入这两种贸易渠道，而是应该令其自然流入其中。

然而，如果这三种贸易都是顺应事物的趋势自然而然地发展起来，未曾受到任何的约束与压力，那么它们对国家就不仅是有利的，而且是必要的、不可避免的。

当特定工业部门的产品超过本国需要时，剩余部分一定会被送往国外，以交换国内需要的物品。没有这种输出，本国的部分生产性劳动必然停止，其年产产值也将减少。大不列颠的谷物、毛织品、金属制品，通常会超过国内市场所需，所以其剩余的部分必定要被运往国外，以交换国内所需。正是由于这种输出，剩余的部分才可以通过销售换取充分的收入，并抵偿生产它时所费的劳动与其他开销。通航河道和大海沿岸宜于产业活动，就是因为剩余的产品易于运输以交换本地所需的货物。

如果用本国剩余产品购得的外国货物也超过了国内市场所需，剩余部分也必须再次运往国外，以交换国内更为需要的东西。大不列颠每年用本国剩余产品的一部分在弗吉尼亚、马里兰购买的烟草将近96000桶，而大不列颠所需不到14000桶，其余82000桶若不能送往国外以交换国内需要的物品，烟草的进口就必然会立即停止，而大不列颠居民的一部分生产性劳动也必然随之停止——因为他们现在制造的货物，就是用来交换这82000桶烟草的。这些货物是大不列颠土地和劳动产品的一部分，它原在国内没有市场，如果在国外的市场被夺走，就要停产。因此，在某些情况下，最迂回的对外消费贸易对支持本国生产性劳动和增加土地年产品价值也是不可缺少的，就像最直接的对外消费贸易一样。

一国资本若是增加到不能全都用来供应本国消费、支持本国生产性劳动的程度，其剩余部分就会自然地流入中间商贸易中去，在他国发挥同样的作用。中间商贸易是国民财富巨大的自然结果与象征，但却不是其自然原因。政治家们倾向对其大加鼓励，这就好像有点把结果与现象错当成原因与本质了。从平均土地面积和人口的比例来看，荷兰是欧洲首富，因此，它在欧洲中间商贸易中占有最大的部分。大不列颠或许是第二富国，也在欧洲中间商贸易中占据极大部分，它的中间商贸易则只是迂回的对外贸易。这也就是我们从东印度、西印度和美洲向欧洲各市场运送货物所进行的大部分贸易。这些货物一般用大不列颠产业的产物直接购买，或者用这种货物所交换的东西购买；这种贸易最后购买来的货物一般也是在大不列颠使用或消费的。只有大不列颠轮船在地中海各港间的贸易，还有大不列颠商人在印度各港进行的贸易，才是大不列颠真正中间商贸易的主干。

在国内贸易中所用的资本量自然受到国土面积剩余产品价值相互交换的可能性所限，而在对外消费贸易中所运用的资本量则受到整个国家剩余产品价值，以及能够用它购买之物的价值的限制。在中间商贸易中所能运用的资本量，只受到世界所有国家的剩余产品价值的限制。因此，较之其他两种贸易，中间商贸易的发展空间就可以说是无限的，吸引的资本也最多。

对个人利润的考虑是决定资本投入农业、工业，还是投入批发商业、零售商业的唯一动因。资本投入这些不同用途时推动的生产性劳动量的不同，还有其增加的社会土地和劳动年产品的价值的不同，从来都不是资本所有者关心的东西。所以，在农业是最有利可图的行业的国家，在耕作与改良是获得巨大财富的捷径的国家，个人资本也自然会以最有利于社会的方式来运用。然而，在欧洲的任何地方，农业利润都不如其他资本用途优越。的确，这几年来，欧洲各地有许多空头企业经营者曾经用耕作与改良土地所得利润之高炒作；可是，只要我们稍一留意，就会知道他们的计算结果是完全错误的。我们在日常生活中常常看到，有些商人与制造业主仅靠自己这一代的经营便成为巨富，而这些财富常常是借微薄的资本甚至白手起家得来的。可是，在本世纪的欧洲，用少量资本经营农业而发财的却没有一个。在欧洲所有大国中，仍有许多无人耕作的优良土地，已经耕作的土地也没有得到充分改良。所以，几乎任何地方的农业都还可以吸收比已经投入的更多资本。至于欧洲各国到底有些什么政策，使得在城市经营产业的利益远远超过在农村的，从而使个人宁愿投资到亚洲、美洲那样远的地方，也不愿投资开垦就近的最肥沃的土地，我将在以下两篇中详加讨论。

第三篇

论不同国家财富的不同发展

第一章　论财富的自然发展

　　每一个文明社会中的主要商业活动，都是在城市居民和农村居民之间进行的。在这种商业中，人们有时用天然产物和制成品进行直接的交换，有时也使用货币甚至代表货币的媒介进行。农村为城市提供生活资料和制造原料，又从城市那里取得一部分的制成品作为回馈。城市是既不生产也不能够再生产生活资料的；可以说，城市完全依靠农村为它提供所有的财富和生活资料。不过，这并不能说城市获得的利益就是农村的损失。实际上，两者利害相关。它们的利益是共同的和相互的，劳动分工的存在使双方的从业居民都得到了好处，这一点和在其他方面的情况也都是一样的。农村居民从城市购买制成品，不需自己制造就可以用少量的劳动产品换得相对大量的制造业产品。同时，城市又为农村剩余产品提供市场，农民把剩余产品拿到市场上进行交易，以取得自己所需。城市居民的数量越多、收入越高，农村剩余产品的市场就越大。这个市场越大，大众的好处也越大。离城市 1 英里的地方生产的谷物，和离城市 20 英里的地方生产的谷物售价相同。然而，后者的售价不但要补偿其生产费用和上市费用，而且要为农场主提供农业的普通利润。所以，城市附近的农场主和耕作者就从谷物价格中节约了从远方运来出售谷物的运费，还省下了从城市购回货物的价格中的运费。如果我们比较一下城市周围的农村和远离城市的农村的种植业，就可以发现城市商业对农村是多么有好处。鼓吹贸易差额的议论比比皆是，可是没有哪种说法敢于宣称城市和农村之间的贸易为两方带来了祸患。

根据常理，生活资料要优先于便利品和奢侈品，因此生产前者的产业自然也优先于生产后者的产业。所以，提供生活资料的农业耕种和改良也一定是优先于城市的发展，因为农村是提供生活资料的，而城市只提供便利品和奢侈品。构成城市生活资料的只是农村的剩余产品，即超过维持耕作者的部分。城市只有靠这种剩余产品才能发展。不过，城市要取得的生活资料并不总是来自周围的农村，甚至也不总是来自本国；它可以从千里之外的国家进口。虽然这并不违背一般原则，却造成了不同时代与国家在财富增长方面的巨大不同。

对大多数国家的发展来说，先农村后城市的顺序是有必要的。当然，不是所有国家都是如此。但是，在大多数国家中，人类的天性却也都形成了这种发展顺序。如果这种天性从未受到人为制度的阻碍，城市发展就不可能超过其所在地区土地改良与耕作可以支持的限度；至少在所在地的全部土地都得到彻底改良与耕作之前不会如此。在利润相等或者近似的情况下，多数人会倾向于投资土地的改良和开垦，而非工业和对外贸易。人们投资土地，可以更方便地进行控制，其财产就不像商业资本那样容易受到意外的损失。而商人不得不受到狂风巨浪的威胁，以及人类的愚蠢不义这种难以控制的因素的支配，因为他必须把大量的资本托付给遥远国度的人们，而这些人的品质与底细他无法全然了解。反顾地主，其资本与土地同在，安全程度可谓已达到人类事务的极致。此外，田园风光旖旎，生活安静闲适，居民优游自在，只要没有不公正的法律扰乱，农村生活的巨大魅力吸引着每一个人。从古到今，耕种这一人类的原始目标和原始职业一直受到人类的喜爱，并将永远如此。

农民常常需要求助于锻工、木匠、轮匠、犁匠、泥水匠、砖匠、皮革匠、鞋匠和缝匠等，少了他们，农民会遭受极大的不便和不断的困扰。工匠们偶尔也需要互相帮助。因为不需像农民那样各自分开住在某地，他们便自然而然地住到一起来，就渐渐形成了市镇或者小村落。随着屠夫、酒商、面包师和其他工匠、零售商的加入，城市就进一步发展起来。农村居民和城市居民互相提供服务。城市是一个经常性的集市，农村居民不断把天然产物送到那里，换取制成品；城市居民则换取自己需要的工作材料和生活资料。他们卖给农民的制成品有多少，就能够从对方手上买进多少工作材料和食品。因此，除非与农村对制成品的需求增长，否则城市居民的工作材料或生活资料就无法增加，而农村对制成品的需求又和农村耕作和改良事业的发展相一致。若是人为制度从未干预自然进程，则在无论哪种社会中，城市财富的增加和城市的扩大都必然是其周围土地或农村地区改良和耕作的结果，并与之保持相同的比例。

英属北美殖民地的荒地仍然能以非常宽松的条件获得，因此那里的市镇还没有建立任何以远方贸易为目的的制造业。如果那里的工匠得到资本，在自己职业所需之外尚且略有盈余时，他不会拿这资本来建立为了远方贸易的制造业，而会用来购买和改良土地。他会从工匠变作农场主，当地向工匠提供的高薪或轻松生活都不能吸引他为别人而不是为他本人工作。他认为，手艺人是顾客的奴仆，仰承顾客的鼻息，靠顾客的赏赐过活；而身为农场主，耕种着自己的土地，从自己的手中得到衣食，在世上自力更生，才是真正的主人。

反之，在没有荒地或无法以宽松条件获得土地的国家，自己获得的所有资本超过了本行所需的工匠都为了在远方贸易而努力工作。锻工将建立铁厂，织工将建立麻织厂、毛织厂。时移世易，各种制造业将缓慢进行细密的分工，并借助各种方法实施改良。这也是可以理解的，无须详述。

如果利润大致相当，人们选择投资的用途时，制造业自然要优先于对外贸易；其理由和农业相对于制造业的优先地位一样。就像地主或农场主的资本比制造业者安全一样，制造业者的资本也要比外贸商安全，因为资本可随时受到他的支配。当然，在所有社会时期，天然产物和制成品的剩余部分，也就是国内没有需求的部分，必须送到国外来换取本国所需。然而，这一将剩余产品送到国外的资本是外国资本还是本国资本却无关紧要。若一社会没有足够的资本来耕作其土地，并将所有天然产物完整地变为制成品，由外国资本来输出部分天然产物甚至就会有一个巨大好处，因为社会的全部资本就可以投入最有用处的方面了。这一点，中国、印度、古埃及便是很好的例子，证明了哪怕一国的大部分出口贸易由外国人经营，此国仍然可以达到高度的富足。假如当地的资本得不到外国资本的帮助，英属北美殖民地和西印度群岛殖民地的发展步伐一定不会那么迅速。

凡事物都有一种自然的趋势。在一个进步的社会中，大部分资本应当首先被投入农业，然后是工业，最后才是对外贸易，这是顺理成章的次序。我相信，在所有拥有领土的社会都可以看到它在某种程度上遵守这一次序。总须先有屯垦，此后才能建立城市；总须先有粗糙的制造业，此后才有人投身对外贸易。

然而，这种事物的自然次序虽然必定在某种程度上存在于所有的社会，但在欧洲的所有现代国家，它却在许多方面被完全颠倒了。这些国家某些城市的对外贸易引进了所有精良制造业，即适于在远方销售产品的制造业，然后这些制造业又与对外贸易业一起促成了农业的大改良。这些国家原来的统治者建立的风习，在经历了重大变革之后仍然得以保留，所以必然迫使这些国家的财富发展有这种不自然的、倒逆的次序。

第二章　论罗马帝国灭亡后农业发展在欧洲旧状态下所受的阻碍

日耳曼民族和塞西亚民族侵扰罗马帝国的西部各省，这一巨变产生的浩劫持续了数个世纪。蛮族对居民的侵扰迫害打断了城乡之间的贸易。城市无人，农村废弃，繁荣的西欧瞬间转入赤贫和野蛮的状态。在这一动荡中，蛮族的头目们将大部分土地据为己有。虽然大部分土地抛荒，却处处都有了主人。土地被吞并尽了，大多进入了少数大地主的私囊。

这种对未耕地的独占为祸尤烈，却也不过是一时之患。这些土地可能不久就会被再次分割，通过继承或转让而分成若干小块。长子继承法限制了大土地在继承过程中的分割，限嗣继承法又阻止了大土地以转让的形式进行分割。

当土地像动产一样只被视作生活与享受的手段时，自然继承法就将其在家庭的子女中进行分割，如同动产一般。每个子女的生计享乐都同样受到父亲的关心。因此，自然继承法产生于罗马人中间，他们在土地继承方面是不分年纪大小或男女之别的，如同我们对动产那样。但是，当土地不只被视为生活的手段，更是权力与庇护的手段时，人们就认为，最好是将其整个地传给一个人。在动荡年代里，每一个大地主都是小君主，其佃户就是臣民，他是他们的法官。在某些方面，大地主平时是佃户的立法者，战时则是其首领。他可以随意发动战争，无论对其邻近地主或国王皆然。所以，地产的安全，以及地产所有者对居于其上之人的庇护就都取决于地产的大小了。分割地产就是毁坏地产，使其每一部分在邻近地主入侵时受到吞并。因此，长子继承法并非突然产生的，而是渐渐地在地产继承中产生的，其原因和君主国的继承一样，尽管在英国建国之初并非如此。为了使君主国的权力和安全不因分割而削弱，就必定要将它完整地传给一个子女。如此重大之恩宠必须根据某种普遍性规则进行，该规则不得以个人优缺点等可能被质疑的特性为基础，而要以某种无可争议的绝对特性为基础。而在一个家庭的子女中，除了性别和年龄，再没有什么无可争议的区别了。一般认为，男性优先于女性。若条件相等，年长者优先于年幼者。所以，就产生了长子继承法，产生了所谓的直系继承。

在使这些法律产生并看似合理有据的情况不复存在时，这些法律却常常继续有效。在如今的欧洲，1 英亩土地所有者和 10 万英亩所有者一样，享有同样安全的所有权。然而，长子继承法依然受到尊重，因为它最适于保持家庭的荣耀，可能还会持续数世纪不灭。而在其他方面，这种为了一个人富裕却必须陷其余子女于贫穷的礼法对多子女家庭的实际利益十分不利。

限嗣继承法是长子继承法的自然结果。采用限嗣继承法就是为了保持长子继承法生出的那种直接继承，阻止原地产的任一部分由于继承人的乱行或不幸而被通过赠予、遗赠或转让落入外人之手。罗马人根本不知道什么限嗣继承法；他们的预定继承人或遗嘱指定受赠人跟限嗣继承法毫无相似之处，尽管一些法国的法学家还以今拟古，臆断古人的制度。

不过，当大地产如同大公国时，限嗣继承法可能就不是不合理了。就像某些君主国的所谓基本法那样，它可以使千万人的安全免于独夫妄行之祸或穷奢极欲的威胁。但是，在如今的欧洲，大小地产都一样受到国家法律的保护，也一样安全，限嗣继承法就再荒谬不过了。因为其基础在于：对土地及其所有之物，每个后代没有和祖先相同的权利。如今这代人的财产，还要受到五百年前的死者意志的支配。然而，限嗣继承法在欧洲大部分地区，特别是在贵族血统仍是民事或军事荣誉必要条件的国家里，依然受到尊重。人们认为，它是维持贵族门第特权的必需之物。而这一阶级已经夺取了高于其同胞的那种不正当利益，唯恐自己的贫穷遭人耻笑，所以要求得到另一种利益。据说英格兰的习惯法并不喜欢世袭产业。因此，尽管限嗣继承法在英格兰仍未完全废除，但和欧洲其他君主国相比，它在英格兰已经受到了最大的限制。在今日的苏格兰，仍有 1/5 甚至 1/3 以上的土地严格地遵行着限嗣继承法。

这样一来，不单大片土地被某些家庭吞并，而且重新分割土地的可能也被永远排除了。但是，大地主很少是大改良家。在产生这一野蛮制度的动荡年代，大地主整天忙于保卫自己的领土，或者将其管辖权和势力扩充到邻人的疆域上去。他无暇照看土地的耕作与改良。当法律确立，秩序井然，他也有了闲暇，却又没有耕作或改良的意思了，并且也几乎没有这种才能。若他的家庭与个人支出等于甚或超出其收入（这也是常有的事），他也就没有财力为之了。如果他有经济头脑，他也往往发现，用储蓄去购置新地比改良旧地更加有利。要想从改良土地得利，就要像其他商业那样，注意在细小处节省，锱铢必较，而一个出身富贵之家的人是很难做到这点的，哪怕他天性节俭亦然。这种人必然只留意他喜欢的美饰，而不是去关心并不需要的利润。从少年时起，他就追逐华屋美饰。即使他想改良土地时，这种习惯形成的性情也会暴露出来。他也许会在房屋周围装饰四五百英亩地，开支之大是土地改良后价值的十倍。他会发现，如果以这种方式来改良全部土地，就算他别无他好，在这工程完成十分之一前他就会破产。在大不列颠的两个地区，仍然有些大地产是从封建动荡年代以来就把持在同一家庭之手，从未间断。把这些大地产与邻近的小地产比较一下，你自会明白大地产是多么不利于改良。这一点全无论证的必要。

如果我们不能指望这样的大地主来改良土地，那么那些承租土地的人就更指望不上了。在旧时的欧洲，耕种者都是佃农，地主可以任意退佃。佃农几乎就是奴隶，虽然他们受到的奴役和古希腊、罗马，甚至西印度群岛殖民地的奴隶相比，总要轻一些。人们认为，他们更是直接地隶属于土地的，而非隶属于其主人。因此，他们只能随土地出卖，而不能分开。在得到主人同意后，他们可以结婚，然后主人就不能将男人与其妻子分别卖给两个主人，拆散其婚姻。如果主人将其中一个打残或杀害，他就要受到某种惩罚，尽管一般说来罚得很轻。然而，奴隶不能拥有财产。他们之所得皆属于主人，主人可以随意拿走。所有由奴隶做出的改良实际上都是为主人进行的。费用由主人支付，种子、牲畜和家具也都是主人的。一切都是为了主人的利益。奴隶所得，不过日常生活资料而已。在这种情况下，确切地说，实际是地主承租土地，让农奴耕种。在俄罗斯、波兰、匈牙利、波希米亚、摩拉维亚及德意志的其他省份，这种奴隶制度如今仍然存在。只有在欧洲的西部和西南部，这种制度才逐渐消亡。

但是，如果大地主很少会对土地进行大改良，那么当大地主用奴隶做工时，改良就更没有希望了。我相信，所有时代与国家的经验都证明，虽然从表现看来只是花费其维持费用，奴隶做工终归是最昂贵的。因为奴隶没有资格拥有个人财产，他除了吃得最多、干得最少之外，就再无任何兴趣。他的工作量，除了够换取其个人生活资料外，就只有用暴力才能榨出一点了，因为没有任何原因促使他去干得更多。普利尼与科卢梅拉都曾描述过，由奴隶经营耕种时，古代意大利的谷物种植业衰败到了何种地步，对主人又是何其不利。种植业在古希腊亚里士多德所处的时代也好不到哪去。讲到柏拉图的理想国时，亚里士多德曾说，五千闲惰之民（理想国的护卫者）及其家人奴仆的生计，要靠巴比伦平原那样的一片广袤沃野来维持。

人的骄傲心理使他喜欢统治他人，如果不得不俯就他人，他就会感到耻辱。因此，只要法律许可、工作性质允许时，人们一般宁愿使用奴隶而非自由民来为自己服务。种植甘蔗与烟草已经能够提供使用奴隶耕作的费用；谷物现在似乎还不能够办到这一点。英属殖民地主要生产谷物，其中大部分工作都是由自由人来完成的。宾夕法尼亚的贵格会教徒最近决议释放黑奴，据此我们可以肯定这些黑奴的人数不会很多。如果黑奴是他们很大一部分财产，这种决议就不会被通过。但在以蔗糖为主要产品的英属殖民地，奴隶担任全部工作；在以烟草为主要产品的英属殖民地，奴隶也担任大部分工作。西印度群岛殖民地种植甘蔗的利润尤其巨大，在欧美两洲的种植业中独占鳌头。种植烟草的利润虽然不如甘蔗，但仍然胜过谷物。这两种都能提供使用奴隶耕作的费用，甘蔗更是如此。因此，英国的产糖殖民地和产烟殖民地比起来，黑奴的数目要远多于白人。

在古代奴隶耕作者之后渐渐出现一种农民，在如今的法国被称作"分益佃农"，在拉丁文中叫作 *Coloni Partiarii*；在英格兰，这种农民早已绝迹，所以我无法说出它们的英文名称。地主供给包括种子、牲畜、农具在内的耕作所需的全部资本；在扣除被认为保持原资本所需要的部分之后，剩余部分由地主与农民平分。如果农民离开农场或被驱逐而去，这资本就归还地主。

这种农民耕种的土地是由地主来承担开支的，就像使用奴隶时的情况那样。可是有一个最重要的区别，即分益佃农是自由人，可以拥有财产，也可以享有一定比例的土地产品。总产量越大，他可得的份额也越大，因此他就会为取得更多的利益尽力从事生产。反之，奴隶没有希望拥有财产，只能得到维持自己生活的物品，因此他就会千方百计让自己省力，不想使土地产出超过自身所需的数量。也许，一方面因为这种佃农制度对地主有好处，另一方面因为君主嫉恨大地主，鼓动农民反抗他们，最后使这种奴役给大地主造成麻烦，所以农奴制在欧洲大部分地区逐渐消亡了。至于这次大变革何时发生、如何发生，则是近代史上的一桩疑案。罗马教廷经常自夸在这次大变革中功劳卓著。当然，我们也知道，早在十二世纪，罗马教皇亚历山大三世时代就发出了全面解放奴隶的劝谕；但这似乎不过是个谆谆的劝谕，不遵劝谕的人也不会受到惩罚，所以农奴制照样又持续了几个世纪。最后，直到上述两种利害关系（即地主的利益与君主的利益）共同作用，才逐渐把它废除。一个奴隶已被释放，又准许继续使用土地，但自己没有资本，他就只有借用地主的资本去进行耕作，这样便必然出现如今法国所说的分益佃农。

然而，即使是分益佃农，也绝不可能从他自己节省的微薄财产中拿出一部分用以改良土地；因为这样一来，地主不费分文，却可以分到产品的一半。教会的什一税只是抽取土地产出的 1/10，就已经是土地改良很大的障碍了。所以，当这数额达到一半，那就是极大的障碍了。用地主提供的资财来生产尽可能多的产品，这符合佃农的利益；但是将他自己的资财与地主的混在一起就绝不是那样了。在法国，据说有 5/6 的土地是由这样的耕作者经营的。地主们抱怨说，这些分益佃农千方百计地把主人的牲畜牵去运东西而非耕作，因为这样他们就能得到全部的利润，而不是与主人分享。这样的佃农在苏格兰的某些地方仍然存在，被称作由地主借予种子与家具的佃农。被大贵族吉尔伯特与布莱克斯通博士称为"地主的仆人而非真正的农民"的那种古代英格兰佃农，或许就和分益佃农属于同一类。

分益佃农之后逐渐出现的这种农民才是真正的农民。他们拥有耕田的资本，向地主交纳一定的地租。他们耕种的土地有一定的租期，这让他们觉得值得花费一些资本改良土地，因为他们有望在租约到期完成以前收回投资，并有可能取得很大的利润。但是，农民的这种租地权在很长时期里面是不稳定的，直到今天，欧洲许多地方还是如此。在租约到期以前，他们可以被新地主合法解约；在英格兰，地主甚至可以依照捏造的普通退租法解除租约。如果农民被主人暴力驱赶，他们获得赔偿的法律诉讼程序也极不完善；他们无法重新得到土地，而只是获得一些赔偿，真正的损失却无法弥补。即使在自耕农颇受尊重的英格兰，也是直到亨利七世统治的第十四年才施行改佃诉讼法，使佃农不仅可以得到赔偿，也可以恢复租地权，虽然农民的这种要求不一定一审就有结果。人们发现，这法律极为有效，以致近来地主如要为占有土地发起诉讼，也经常借用其佃户的名义，依据退佃文件起诉，而不是像应该的那样依据权利令状，以本人的名义进行。因此，在英格兰，对佃户的安全保障是不亚于地主的。此外，在英格兰，年租金 40 先令的终身租约是一种终身不动产，承租者有权投票选举下院议员。而大部分自耕农可以拥有这种不动产，这就赋予他们政治上的重要地位，其整个阶级也受到地主的尊重。我相信，除英格兰以外，欧洲任何地区都不可能出现佃农在订立租约之前就在土地上进行改良的情况。这些佃农相信，地主会以人格担保不去侵夺这一重要改良。这种对自耕农如此有利的法律习惯对英格兰如今的伟大光荣做出了极大的贡献，该贡献或许比人们引以为傲的所有商业规章的还要大。

据我的见闻，为了保障享有最长的租期而排除任何土地继承人影响的法律，为大不列颠一国所特有。早在1449年的苏格兰，这项法律就由詹姆斯二世制定了。但是，它的有利影响在诸多方面被限嗣继承法削弱：继承人不能长期出租土地，一般不能超过一年之期。虽然最近一项议会决议略微放宽了这方面的规定，但限制仍然很多。另外，苏格兰的任何租约都没有附带投票选举议员的权利，因此自耕农也就不像在英格兰那样受到地主的尊重。

其他欧洲国家也保护佃农的权利，使之不受土地继承人和购买人的侵害，只是这种保障为期仍嫌过短。比如说，法国过去仅保障从出租之日起九年内的权利，近来已经延长至二十七年；但这期限仍然太短，不足以鼓励佃农实行种种关键性的革新。地主历来就是欧洲各地的立法者，因此关乎土地的立法都是保障这些人的利益的。他们认为，为了地主的利益，其先辈订立的租约不应妨碍他们长期充分享受土地的价值。贪婪蒙住了他们的眼睛，使他们无法预见这种规定必将在很大程度上妨害土地改良，最终妨害他们自己的真实利益。

除了地租，农民历来就被认为有义务为地主服劳役。这种劳役既没在租约中注明，也没有明文规定，只是根据庄园或领地的需要和习惯决定的。这种几乎是随意而定的劳役，使佃农大受苦痛。苏格兰取消了租约中未曾注明的所有劳役，这就在短短数年间大大改善了自耕农的生活。

与私人劳役一样，自耕农要服的公共劳役也是随意决定的。我认为，修筑和养护道路就是处处存在的一种劳役，尽管压迫程度因国家而有异。但是，它还不是唯一的劳役。如果国王的大军、家庭或任何官员过路，自耕农必须为其提供马匹、车辆与粮食，而粮价却是由采粮官决定的。我相信，大不列颠是欧洲唯一完全取消了粮食征购的帝国。法国和德国都是一仍其旧。

和劳役一样，自耕农要缴纳的公共税收也是没有规章的、压迫性的。以往的地主极不愿意以金钱辅助君主，但却任君主向自己的佃农收取一种贡税；他们没有能力预见，这最终会对自己的收入造成何种的影响。法国至今存在的贡税就是这种古代税收的实例之一。这种税是对假定的农民利润征收的，按农民投入到农场的资本来计算。于是，为了自身利益，农民们就尽量装穷，让用在耕作上的资本尽可能的少，不去做任何的土地改良。如果一个法国农民手里有了点资本，贡税就可以说永远禁止他将其投到土地之上。另外，这种税还令缴纳者蒙受耻辱，使其地位降至绅士甚至市民阶层之下；可是凡是租种他人土地者就非要缴纳它不可。没有哪个绅士或有资本的市民愿意忍受这一耻辱。所以，该税就不仅阻止土地上累积起来的资财用于土地改良之上，还将所有的资财从土地上赶走了。从前英格兰的税目中有过什一税和1/15税，就对土地的影响而言，它们似乎都和贡税性质一样。

有了这些阻碍，就不能指望土地承租人做出任何的改良了。哪怕拥有法律赋予的所有自由与安全，这些人在改良土地方面也处于极为不利的地位。农民与地主，就像借钱做生意的人与用自己的钱做生意的人，两人的资本都有可能增加。可是，如果两个人行事同样审慎，农民的资本增加得会比较慢，因为大部分的利润都被借贷利息侵蚀了。同样，在行事同样审慎的条件下，农民耕作土地的改良也要慢于地主，因为大部分的产出被地租侵蚀了。如果农民是地主，他本来可以用这部分钱来改良土地的。另外，农民的地位也肯定低于地主。在欧洲多数地方，自耕农被视为低人一等，甚至低于生活稍好一些的手艺人和匠人。在欧洲所有地方，他们的地位都低于商人与工厂主。因此，一个富人不可能舍弃尊贵，甘心自处于下层社会。于是，就算现在的欧洲，也少有资本从其他行业进入农业，进行土地改良。也许这种情况在大不列颠要比在其他国家多一些，但是即使如此，投向农业的大量资财也多是过去农业经营赚来的；而较之其他行业，这种资财很可能是积累得最慢的一种。不过，在所有国家，除了小地主，就数富有的大地主是主要的改良家了。在欧洲君主国中，英格兰的这种人也许格外多。据说，在荷兰和瑞士伯尔尼，农民的地位也不低于英格兰的农民。

除此之外，欧洲历来的政策都不利于土地的改良与耕作，无论是由地主还是农民进行。它包括：第一，除非持有特许证，谷物一般被禁止出口，这规定极为普遍；第二，由于反垄断、收购和囤积的荒唐法令，以及集市特权，限制了谷物及其他农场产物的国内贸易。前已述及，禁止谷物出口和奖励外国谷物进口是如何损害了古意大利的农业发展，而当时的意大利还是欧洲土地最为肥沃之国，也是世界最大帝国的心脏。对于土地不如意大利膏腴，而地理形势又劣于意大利的国家，这种做法给农业发展造成的阻碍更是难以想象了。

第三章 论罗马帝国灭亡后城市的兴起及其进步

罗马帝国灭亡之后，和农村居民相比，城市居民的境况不见得更好。这时候的城市居民确实已经大大不同于古代希腊和意大利各个共和国的居民。在古代的那些共和国里，居民中的大多数是地主，并且是这些人最初起来瓜分了原属公有的土地。他们有了土地，便觉得如果将各自的房屋建在一处会很方便，又能在周围修筑围墙以共同防卫。然而，罗马帝国灭亡以后的情形却相反，此时的地主们不再聚居在同一个地方，而是零散地居住在各自领地上的城堡中。他们和他们的佃农，以及依附他们的人住在一起。城市的居民则主要是商人和手艺人，他们的地位即使不是奴隶，也相去不远。我们只需找出欧洲古代某些城市居民获得的特许状，看一下赋予他们的是哪些特权，就可以推知他们此前的境况。这些特权包括：不必得到领主的许可，本人可以安排女儿出嫁；本人身后的财产归本人后代而非领主所有；本人可以订立遗嘱，安排身后的财产。获得了这些特权的人们先前无疑是奴隶，其生活处境和处在被奴役状态的农村居民几乎相同。

这些人的生活极端贫困，在社会上的地位也极其卑微。他们每日里车载肩负，穿越市区和农村，从一处集市赶向另一处集市，就像我们今天走街串巷的小贩。那时欧洲各国就像现在亚洲的鞑靼人建立的国家那样，旅行者的人头和他们携带的货物是抽税的对象。有许多的场合可以抽税，可以是在他们路过庄园时，通过某些桥梁时，也可以是他们从某地赶往集市时，甚至在集市上摆摊售货时。这各种各样的税相应地就有了名目，叫作过境税、过桥税、落地税和摊贩税。有些时候，国王或者大领主会特许（后者在某些情况下也拥有这种权力）商人，尤其是那些居住他们领地上的商人，免交这些税。所以，这些商人就被叫作"自由商人"，尽管实际上在其他方面，他们仍然处在奴隶或者准奴隶的状态。以当时的情况论，无论国王还是大领主，若没有回报，是不会保护商人的。商人们接受保护，自然明白这一点，于是他们每年向自己的保护人缴纳一次人头税，既作为一种回报，也补偿了保护人因免除商人们应纳税金而遭受的损失。起初，这种人头税的豁免权只是给予个别人的恩赏，其效力因其保护人的意愿而中断或者维持终身。英格兰的几座城市都存有土地勘察档案，在这并不完整的资料中，我们仍然可以反复读到某一座城市的居民为报答国王或者大领主的这种保护而缴税若干的记录。有些时候，我们只能见到这些税收的总额。

当年城市居民的地位低微，但他们获得独立和自由的时间，恐怕还是要早于在乡间耕地的农民。本来，欧洲各国的国王们经常把他们庄园的税收交给全体的佃农包办，使他们既以个人又以集体的名义对这整个的税务负责，而以什么方式征税，国王是不问的。这样，佃户的税金通过他们自己的代表之手进入国王的府库，佃户们就不必再受国王派来的官吏的欺凌。在当时看来，这项举措意义重大。现在，国王的各种税务收入中既有了这一部分来自城市居民的人头税，他便为这种税定下税率，按照一定的年限包给地方上的行政长官或者其他人，责成他们代行征收。这样一来，市民也往往有足够的信用代理本市的税务，以全体市民的和他本人的名义对此负责。这种做法可以说最适合欧洲各国君主的实际需求。

起初，和交给其他人承包一样，把城市的税收交给城市居民代征是有年限的。然而，时间一长，一切都变成寻常惯例了。市民包税成为一般的做法，税率一经确定即成为永久的，以后不再改变；纳税成为永久的做法，当年特许的豁免权也成为一般的赠予，而不再是某几个商人专有的恩赏。城市成为"自由市"，城市居民成为"自由市民"或者"自由商人"。

除了永久的承包权之外，城市居民普遍地又享有上文已经提及的诸如自主嫁女、财产由儿女继承和通过遗嘱处置财产等各项特权。没有直接的证据，我固然不敢断言这几种特权在从前就是和承包权一并被赐予个别市民的，然而我总觉得事情就是这样。无论如何，他们的身上奴隶的印记已经淡去，此时他们已经变成了我们现在所说的"自由人"。

此外，为了实行自治，城市居民们组成团体有权为自己的城市选举行政长官和组建城市议会。这样的城市有权为了管理内部事务而立法，为了自卫而修筑城墙，为了警戒和防守而要求全体市民接受军事训练，以便在有事的时候，全体市民能够像古时候那样恪尽职守，不分昼夜地保卫城市。英格兰城市居民之间的诉讼，讼状会被呈到市长那里接受裁决。他们一般不受郡法庭管辖。在其他国家，城市居民被赋予的司法自主权还要大得多，所辖范围也广泛得多。

国王既已把代表自己在城市中征税的事务包给了一座城市，似乎就很有必要把某种具有强制力量的司法权也赋予它。凭借着这种强制性的司法权，城市可以迫使自己的市民缴税。这是因为，在那种世道荒乱的年代，如果这种司法权不在当地而是来自这座城市以外的地方，则司法的过程必然受阻。然而，国王赋予城市司法权的做法仍然令人惊讶。欧洲各国的君主们，究竟为什么要用这种方式，放弃一部分的不必费他半分心力、自然而然就会增长的税收，去交换一笔永远不会增加的租金？他们又为什么要用这种方式，自愿在自家领地的中心孕育出一个独立的共和国？

我们不能忘记，在当时的欧洲，当遭到大领主欺压的时候，任何一国居民中的弱小群体都没法指望获得国王有力的保护。这些人既得不到国家法律的保护，本身又无力自卫，若不是托身大领主，受他的保护，做他的奴隶或者农奴，就只能相互结盟，共同防卫。单个城市居民的力量固然弱小；但他们一旦联合，抵抗的力量就不容忽视。领主们蔑视城市居民，不但把他们当作另一个阶层的人，而且还把他们看成被释放的奴隶，简直和自己不是一个种族。领主们垂涎于市民们的财富，怀着满心的嫉妒，机会来临，就横加掠夺，既无怜悯，也不懊悔。城市居民对领主既憎恨又畏惧。国王看待领主也是相同的心理，然而他虽然也鄙视市民，却没有必要憎恨或者畏惧他们。国王和城市居民之间存在共同的利益，这种利益推动他们结成同盟，互相支持，一同抵抗领主。为了维护自己的利益，国王尽其所能地帮助城市居民，使他自己敌人的敌人获得安全和独立。他赋予城市的居民们各项权利，使他们可以选举自己的市长，制定自己的法律以实行自治，建筑起城墙以保卫自己的城市，使市民接受军事训练以捍卫城市的独立。在他权限之内的任何手段，只要有助于市民的安全和独立，国王一律将它们给予市民。要让市民们自发形成的防卫同盟能够提供永久的安全保障，指望他们能够切实有力地支持国王，就必须要有一个完全正规的政府，必须要有一种能够强制市民遵照某种规划或者制度行事的权力。国王把城市的永久包税权赠给市民，扫除了自己想结交成朋友甚至同盟者的人心中的猜忌，使他们不再心怀顾虑，无须担心今后城市税率提高或包税易主。

国王对领主厌恶至极，因此他对市民宽爱之至。英格兰的国王约翰对他的城市向来慷慨。而按照神父丹尼尔的说法，法兰西的国王菲利普一世失去权威，无力驾驭他的领主，到了晚年，他的儿子路易（即后来被叫作"胖路易"的国王）便会同全国的主教，商讨采取什么方式整治胡作非为的领主最为妥当。主教们建议：第一，应当革新行政体系，在国王的辖境内，每一座大城市都要设市长，要成立城市议会；第二，每一座城市都要选拔市民，组成新式的民兵，受市长的指挥，在适当的时候开拔，支持国王。据一些法国历史学家的看法，法兰西市长制度和市议会制度就是在这个时候出现的。同样的情况也发生在德意志。那时的多数自由市也是在施瓦松国日渐衰微的时候获得了各种特权。著名的汉萨同盟，也正是在这个时候崭露头角。

那个时候的城市民兵似乎并不逊于农村民兵，而且一旦有事，城市民兵能比较迅速地集合，因此当本城和邻近的领主发生争执时，城市民兵往往占据上风。意大利和瑞士这一类国家，由于城市往往远离政府的驻地，或者农村天然的力量，或者别的原因，城市往往独立成共和国，压制住地方上的贵族，强令其毁去筑在乡间的城堡，以平民的身份和其他人一同住在城里。伯尔尼和瑞士其他几个城市的历史，大体如此。从十二世纪到十六世纪初，如果不计威尼斯，意大利众多有一定规模的共和国的历史也没有什么不同。

在法兰西和英国这一类国家，王权虽然有时候会极度衰弱，却从来不曾被彻底摧毁，所以那里的城市没有机会获得彻底的独立。但是，各座城市的力量已经相当大，除去它们代替国王征收的城市税种，国王再要向它们征新税种，不得到它们的认可是行不通的。因此，国王请每一座城市都派出代表驻在首都，和僧侣、贵族一起，在国王遇到紧急情况的时候做出决议，为国王提供某种特别的帮助。城市通常非常拥护国王，其代表有时受王权的笼络，也站在国王一边，对抗大领主的权威。今日欧洲各大君主国议会中的城市代表就起源于此。

在城市中，秩序和良好的政府就是在这种方式下建立起来的，随之确立的是个人的自由和安全。反观这时候的农村，耕地者仍然处在大领主暴虐的压迫下。处在这种无助状态下的人从劳动中得到的东西越多，只会使压迫他们的人变得越残暴，因此他们得过且过，仅满足于得到必要的生活资料。而当人们能够真正享受到自己的劳动果实时，当然就会努力劳动来改善自己的生活境况，不但希望得到生活的必需品，而且要求得到生活便利品和娱乐产品。正是由于这个原因，那些以生产生活必需品以外的产品为目的的产业在城市中普及的时间比在农村更早。身份如同奴隶的农村耕种者一旦在手上积累了一点资财，便会小心谨慎地加以隐瞒，免得这一点点的东西被主人夺走。同时，一有机会，他就会从庄园逃走，进城。只要在那里躲上一年，不被原先的主人抓获，那么法律就会保障他成为一个永远自由的人。当时的法律偏袒城市居民，也使用各种方法限制和削弱大领主们欺凌农村居民的权力。因此，那时候的农民都会把积蓄转移进城市，而城市也确实是能够保障他们财产所有权的唯一去处。

尽管城市居民取得的生活资料和他们劳动所需的全部原料和工具，从根本上说，都是农村提供的，但是，处在海边或河道旁的城市，却并非一定要仰仗附近的农村供给这些东西。它们可以从远方的国度得到这些东西。这些城市或者自己制造产品，或者在各国之间从事中间商贸易，从最为广阔的活动领域中取得自己的财富，变得繁荣富强，日新月异。和这样的城市相比，它们附近的农村，还有和它们通商的各国，都还处在贫困的境地。就单个而言，这样的地方能够创造的就业机会和生活物资有限，但合起来看，它们便能够提供数量巨大的生活物资，创造无数个就业的机会，产生巨大的影响。不过，在商业活动范围狭窄的古代，也出现过一些以农村产业为主的繁荣富裕的国家，比如当年的希腊帝国、阿拔斯王朝时的撒拉逊帝国、被土耳其征服之前的埃及、柏柏里海岸的某些地区、摩尔人治下的西班牙各省份也都是这样。

当年处在世界文明进步的中心地区的意大利各座城市，由于经营商业而变得富裕无比。在这方面，它们是全欧洲的先驱。十字军的征伐劳民伤财，伤害了沿途许多人民，阻碍了欧洲多数地区的进步，却为某些意大利城市的兴盛提供了契机。为了争夺圣地，大量的军队从各地开来，正需要威尼斯、热那亚、比萨这些城市的船队把他们运送到各处，还要这些船队为他们运输给养。船队成了军需部。这一场摧毁欧洲的疯狂行动，反而成为这些城市共和国富裕的源泉。

为了满足大地主的虚荣心，商业城市从相对富裕的国家进口制造业产品和奢侈品，拿去交换的则是本国大量的天然产物。当时，欧洲很多地区的贸易都遵循这个模式，使用各自的天然产物去换取较发达国家的制造业产品。英格兰的羊毛通常被用来换取法国产的葡萄酒和佛兰德制造的精纺毛织品；波兰出产的谷物如今也以同样的方式被拿去交换法国产的葡萄酒和白兰地，以及来自法国和意大利的丝绒。

对于精美的高级制造品的喜好，就这样通过对外贸易传入了尚未有这种产业的国家。这种喜好一旦得到普及，形成了巨大的需求，商人为节省运费计，就会尽力把一些同类型的制造业引进本国。罗马帝国灭亡后，西欧各国首批为远方贸易而建立的制造业恐怕就是这样开始的。

我必须指出的一个情况是，没有一个大国会脱离任何类型的制造业而存在。我说脱离制造业的大国，是说它没有比较精细和发达的制造业，或者缺乏为了向远方销售其产品而建立的制造业。大国多数居民身上的衣服和家中的家具都是本国出产的，这在缺乏制造业的穷国，通常是更加普遍的现象。在那些制造业较为发达的富国，情况却并非如此。在富国，你会发现，那里的底层人民所穿的衣服和所用的家具，和穷国相比，外国产品的比例更大。

为了向远方销售其产品而建立的制造业，也许是在两种不同的情况下进入各国的。

在第一种情况下，一些商人和企业家以外国为蓝本，一次性投下巨资，在本国建立某种制造产业。这样的制造业就是产生于对外贸易。十三世纪在卢卡兴起的绸缎、丝绒制造和织锦业就是个例子。由于被马基雅弗利奉为英雄之一的卡斯特鲁乔·卡斯特拉卡尼施行暴政，这些行业的从业者遭到了放逐。1310 年被逐出卢卡的 900 个从业家庭中，有31 家搬到威尼斯，向地方当局提出了兴办丝织业的请求。他们不但得到许可，而且被授予许多特权，开业之初，就达到了 300 名雇工的规模。从前繁荣的佛兰德精纺毛织品制造业，在伊丽莎白统治初期被引进英格兰，也是同样的情况。另外的例子还有现在的里昂和斯皮塔佛德的丝织业。以这种方式引进本国的制造业，由于模仿外国制造业的缘故，所用多是外国产的原料。威尼斯的制造业起步之初，原料都是从西西里和黎凡特远途运来的。历史更为久远的卢卡的制造业同样使用外国产的原料。十六世纪以前，意大利的北部还见不到种桑养蚕的产业，一直要等到查理九世的时代，这种技术方才进入法国。佛兰德采用西班牙和英国产的羊毛，作为其毛织业的原料。虽然英国最初的毛织业没有使用西班牙产的羊毛，然而西班牙的羊毛却供应了英国第一批为远方贸易而兴建的毛织业。里昂的丝绸制造业现在所用的原料有一半是外国丝，当它刚起步的时候，所用的丝几乎全部是外国产的。斯皮塔佛德的制造业，完全不用英格兰的原料。这种制造业往往是在少数人的规划和投资下引进的，它的中心究竟是设在沿海城市还是内陆城市，要由他们的利益、判断随心所欲地来决定。

哪怕是在最贫穷、最落后的国家，粗糙的家庭制造业也一直在进行着。这种粗糙的制造业经过自然的成长和逐步的改进，最后仿佛是自发地孕育出以远方贸易为目的的制造业。这样的制造业通常使用本国的原料，并且好像经常是在内陆或距离海岸很远，甚至远离航道的那些国家首先获得改良并发展起来的。内陆富有肥沃的土地，易于垦殖，土地产物在供应了劳动者的需要之后，还有大量的剩余。由于陆路运输成本高昂，利用河道运输又不够便利，这些剩余产品无法输出到国外，当地食品的价格因此极为低廉，吸引了大量工人在附近定居。这些人发现，以同样的劳动量，在这里能够换来比在别的地方更多的生活必需品和便利品。于是，他们投身加工业，利用本地出产的原料，制造出成品，然后再用这些制成品，或者将这些制成品出售后取得的价格，去交换更多的原料和食品。由于省去了运往水边或者遥远市场的运输成本，剩余那部分天然产物的价值便有所增加，农民就可以从这些人的手上，以更低的价格买到他们所需要的或者喜欢的东西。在农民方面，他们同样可以用剩余的天然产物卖得更高的价格，而当他们购买所需要的其他便利品的时候，却只需付出较低的价格。农民受到这种鼓励，便进一步地改良土地，更加精心地耕种，以增加剩余的天然产物，而他们此时也具备了这种能力。肥沃的土地孕育了制造业，制造业的发达又反作用于土地，使土地更加肥沃。最初的制造业只为近处供货，当它得到改进而趋于完善的时候，就开始供应远方的市场。这是因为，天然产物或者粗加工的制成品往往不抵长途的运费，而对经过改进的和高级的制造业产品来说，这却不难，因为它虽然体积小，价格却高。比如，一匹精纺毛织品，虽然只有 80 磅的重量，却并非只值 80 磅羊毛的价格，它有的时候可以包含几千磅谷物的价格，即维持工人及其雇主的生活资料的价格。因为谷物原本很难以原样出口到国外去，若是用来维持工人及其雇主的生活，当作完全的制成品使用，就好像是以毛织品的形态出口，那么即使是出口到世界上最遥远的角落，也是轻而易举的事。利兹、哈利法克斯、谢菲尔德、伯明翰、伍尔弗汉普顿各处的制造业，似乎就是按照这种方式自然地成长起来的。这样的制造业是农业发展的产物。在欧洲近代史上，这种制造业的扩大和改良滞后于那种从对外贸易中发展起来的制造业。现在各地以外销为目的的制造业正当繁荣，而此前的一百多年，使用西班牙羊毛为原料的精纺毛织品制造业已经使英格兰享有美誉。上述这一部分制造业的扩大和改进，来自农业的扩大和改进。而就对外贸易及其衍生的制造业而言，农业的扩大和改进是它们最终的也是最重大的结果。这一点我将在下文说明。

第四章 论城市商业对农村改良的贡献

工商业城市的繁荣富裕，在三个方面对农村做出贡献：

首先，城市是农村天然产物的一个巨大而便利的市场，农村地区的耕种者受它鼓励，进一步地改良土地。城市的这种积极影响不局限于城市周围的农村地区，任何与城市存有贸易联系的农村都会在不同的程度上受到这种影响。就农村而言，城市是一个市场，它们的天然产物或者制成品的某些部分可以在那里找到销路。这会鼓励农村居民辛勤劳作和改良。城市周围的农村地区，由于最靠近城市，从中得到的利益最多。那里天然产物负担的运费较少，即便商人以较高的价格从耕种者手上购进，当他将产品出售给消费者的时候，仍然可以定出和来自较偏远地区的产品一样低廉的价格。

其次，城市居民获得财富之后，往往在农村购置土地，以供出售。这种土地多半是未经垦殖的。商人们强烈地希望自己有一天成为乡绅，这愿望一旦实现，他们往往会成为最擅长土地改良的人。商人习惯花钱以图利润，而一般的乡绅习惯将钱财用于消费，商人看着钱财出手，希望它回来那天携带着利润，而乡绅花钱后很少会希望它再回来。二者习惯的不同自然会影响他们处理一切事务时候的性情和态度。商人通常是勇敢的经营者，乡绅通常是胆小的业主。商人如果相信一项投资有望按着某个比例增大其价值，就会毅然在那里投下巨资。乡绅即便在小有余资的时候，多半也不敢这样使用。他要是也进行改良，所用的不是一笔原来积累的资本，而是自己每岁收入的节余。有幸在四周农村的土地未经改良的城市居住过的人经常会发现，在这一类的事业上，商人显出的活力远远大于乡绅。除此之外，商人在长年的商业经营中自然地养成了有序、节约和谨慎的习惯，这些习惯使他一旦投身改良，很可能会成功，赢得利润。

最后，商业和制造业将秩序和良好的政府引进农村居民的生活，随后又为他们带来个人的自由和安全。而在此前，这些人对他们的主人如同奴隶一般地依附，对他们的邻人则像敌人一样与之争斗。据我所知，注意到这一点的只有休谟先生。但是，这点确实是城市对农村的所有影响中最重要的一种。

要是一个国家既没有对外的贸易联系，本身又完全不具备比较精良的制造业，那么大地主的土地产物在维持耕种者的生活之外，剩余的部分将无法用于交换。在这种情况下，大地主就会把它们全数用来款待客人。如果这些剩余的产物可以供应一百人或者一千人的食物，他便将它们作为一百人或者一千人的食物；此外，他也确实没有别的途径可以把它们消费掉。于是，大地主随时随地都被仆从和宾客包围着，这些人的生活全仰仗他的恩赐。而这些人既然无以回报，就只好听命于他。这就像士兵从君主那里领得饷银，理应听命于君主一样。在欧洲的商业扩张、制造业普及之前，自国王到富豪权贵款待宾客的规模，都不是我们今天所能够想象的。威廉·鲁弗斯的宾客们常嫌他的餐厅不够宽敞，那可是威斯敏斯特大厅。托马斯·贝克特据说描述过这次惊人之举：由于宾客太多，座位不够，威廉便让人把洁净的干草铺在地板上，以便宾客们席地进餐，并不致弄脏华丽的衣饰。听说，沃里克伯爵在他的庄园里日宴三万人。这固然是大话，但是能够撑起这大话的数字，一定不会小。我们都知道，在几年之前，苏格兰高地一带还流行着类似的风俗。而在缺乏商业和制造业的国家，人们恐怕也是经常可以看到这样的事情。波科克博士说，他见过一位阿拉伯酋长在牲口市场当街邀请所有的路人，包括乞丐，和他坐在一处共享盛宴。

无论就哪方面说，租种大地主土地的佃农都依附于大地主，形同他们的仆从。这种人即便不算奴隶，地主也可以随意要求他退租，因为他交纳的地租与他从土地获得的生活资料不相称。数年前，在苏格兰高地，只需付出一克朗、半克朗、一头羊或者一头小羊的价格，就可以租到一块足够维持一家人生活的土地。直到今天，某些地方的情况还是如此；钱币在那里能够买到的商品也并不比在别处更多。对地主来说，如果土地的剩余产品一定要在这块土地上消费掉的话，他就宁可把其中的一部分放到离家相对远的地方，让那些像家奴一样依附着他的人去消费掉。这样，地主就不会有宾客或家庭成员过多的麻烦，反倒更加方便。虽然地主可以随意地要求佃户退租，但是佃户付出至多相当于一份免役租的价格，承租的土地就足够养活全家。所以，和其他仆从一样，佃户对地主的依附是无条件的。这样一来，地主好像是在自己家里养活他的仆从，又在佃农的家里去养活佃农的一家。既然两者的生活资料都是他赐予的，那么这种赏赐是否继续自然就要看他高兴与否了。

所以，古代贵族权力的基础，就在于上述情况下大地主对于自己的佃农和仆从所必然拥有的某种权威。他们平时一定是境内居民的法官，战时则是这些人的统帅。在他们各自的领地内，只有他们能够征调所有的居民，率领他们去镇压不法者的行为，维持秩序和执行法律。大地主有这种权力，国王却没有。古时的国王实际上是王国境内最大的一个地主。其他的大地主尊重他，是因为想与他携手防御共同的敌人。国王要是到一个大地主的土地上运用自己的权威，强行要求某人偿还一小笔债务，那么他花费的力气几乎可以平息一场内战。这是因为当地居民既有武装，又习惯相互援助。因此，国王只得将王国境内大部分地区的司法权交给善于执法的大地主代为行使；同样地，他也不得不把民兵的指挥权交给懂得指挥军队的大地主。

但是，把这种地方性司法权的起源归于封建法律是不对的。早在欧洲有了"封建法律"这个名称之前的几个世纪，大地主们就在自己的土地上拥有最高的民事和刑事司法权，此外，他们还有征兵、铸币，甚至立法以治理自己的人民的权力。英格兰被征服以前的撒克逊贵族的权威和司法权，就并不比此后的诺曼贵族的权力弱。但是，直到诺曼征服以后，封建法律才成为英格兰的习惯法。毫无疑问，早在封建法律被引进法国以前，法国大领主无处不在的权威和司法权就已经在那里存在了。这些权威和司法权一定都是上文讲到的财产状况和风俗习惯的产物。即便不问英法两国遥远的古代，晚近的时代也可以为我们提供大量证据，证明两者之间确凿的因果联系。距今不足三十年以前，在苏格兰的洛哈伯有一位卡梅伦先生，既不是拥有类似国王的权力的领主，也算不上是大佃农，不过是阿盖尔公爵的一名家臣。他没有正式的委任状，本人又非治安官，却在他的人民中间行使着最高的刑事司法权。他执法虽然看起来不够正式，倒是公正的。存在这种现象，极有可能是因为当时地方上需要有人主持公共治安。此人一年的地租收入只有 500 镑，却在 1745 年率领 800 人参加了查尔斯·爱德华·斯图亚特发动的叛乱。

推行封建法律的本意是要缩减大领主的权力，而绝不是要将其扩大。这种法律在上自国王，下至最低级领主的贵族阶层中，确立了形式上的隶属关系，同时附带一系列的责任和义务。未成年领主的地租和管理权都掌握在他的直属上级手中。于是，作为上级的国王变成了所有未成年领主的监护人，代替他们掌管地租，行使管理权。国王有责任去维持这些年轻人的生活，负担其教育，并且以门当户对的标准为其择偶。可是，这种制度只是增强了王权，削弱了大领主的力量，并没有能够在境内居民中建立秩序和良好的政府。这是因为，它没有彻底改变造成这种混乱状态的财产状况和风俗习惯。政府的权威一仍其旧，上轻下重，而正是下重导致了上轻。虽然有了封建制度，国王仍然像从前那样无力约束横行的领主。领主们不断地任意开战，甚至向国王发出挑战。农村地区充斥着暴力、掠夺和混乱。

但是，对外贸易和制造业无声的运作，却慢慢地做到了封建制度所有强制力量都做不到的事情。它们一天天地兴盛起来，为大地主提供了某些东西，使他们渐渐可以用自己土地上的剩余产品去交换，换来的东西供自己消费，而不是与佃农或宾客分享。一切都归自己，什么也不留给别人——人类中的主子们的这句可耻的格言流行于一切时代。所以，他们一旦发现一种方法，可以让自己独自消费地租的全部价值，以后就再也不愿意与人分享了。他们会把一千个人一年的生活资料或其对应的价格花在一对钻石纽扣或是别的没有什么用处的物品上面。他花费掉的是这些生活资料能赋予他的所有势力和权威。然而，纽扣毕竟属于他一个人，别人谁也没有份，而若是在从前，他是要和一千个人分享的。这两种花费方式的区别显而易见，很容易做出取舍。这样，他们便将全部的权力和权威投入交易，而这只是为了满足他们最幼稚、最没有价值和最无耻的虚荣心。

一个国家要是既没有对外贸易，也没有较为精良的制造业，一个人要消费掉一万镑的年收入，只有把它们用来养活一千个对他恭顺如奴仆的家庭。而在今天的欧洲，一个人要消费掉一万镑的年收入，连养活二十个人或者雇上十个奴仆，对他们发号施令都不需要（他们也不值得他那样做）。和古老的消费方式相比，他间接维持的人数至少同样多，很可能更多。他花费全部的财产换来的贵重物品，尽管数量不多，但在采集原料和加工制造的过程中使用的人数却一定不会少。它高昂的价格由这些工人的劳动工资和他们雇主的利润构成。他支付了这项价格，也就间接维持了这些工人和他们雇主的生计。不过，对于其中的每一个人，他只支付了他们一年生活费中很小的一部分，对极少数人也许是十分之一，对多数人是百分之一，对其他的人则不到千分之一，甚至只是万分之一。所以，虽然他为每一个人都支付了生活费用，但是这些人并不完全依赖他，因为他们的生活并非靠他一人的支持。

从前大地主们把地租收入用来维持佃农和仆从，他维持的是自己所有的佃农和所有的仆从的生计。现在他们用这地租来维持商人和工匠的生计，他们可以维持的总人数应该与以前相同，但是考虑到先前在农村款待客人时的浪费，那么他们可以维持的总人数很可能更多。然而，个别地看，每一个地主对每一个商人或工匠的生活费做出的贡献，只占很小的比例。每一个商人或工匠的生活资料，不是某一个人所赐，而是千万顾客集体的眷顾。因此，商人或工匠虽然多少受惠于每一个大地主，却对其中的任何一个没有多少依赖。

大地主的个人支出一天天增加，仆从的人数就会一天天减少，直到最后，所有的仆从都被遣散。出于相同的原因，他也遣散了多余的佃农。于是，每个佃农的农场面积增加了，农村租种土地的人数减少到了当时尚未完善的耕作技术和改良状态所必需的数目。遣散了多余的人口，从农民身上榨干了土地的全部价值，地主因而获得了比较多的剩余产品，或者说比较大的剩余产品价格（两者是一回事）。不久，商人和制造业主又想出办法，让他能够像先前对待别的产品那样，把所有的剩余产品都用在自己的身上。同样的原因继续作用着。地主越来越希望把地租提高到超过当时土地实际的改良状态能够提供的水平。对此，他的佃农表示同意，条件是必须保证他们拥有足够长的租地年限，以便投在改良土地上的资本能够收回并且获得利润。领主为满足自己的虚荣心，乐于接受这样的条件。长期租约就是在这样的情况下产生的。

地主固然可以随意要求佃农退佃，然而一个付足了地租的佃农，却并不完全地依附于地主。他们是相互平等的，双方都从对方身上获得自己的利益。在这种情形下，佃农自然不会不顾自己的生命和财产，舍命为地主服务。但是，一旦他有了一个期限很长的租约，他就完全独立了。他只需遵守租约中的条款和国家的成文法和不成文法的规定，而不必再为地主出一点点力。

佃农独立了，仆从遣散了，大地主也不再能够干预地方上的司法程序，国家的治安便也不再受到影响。以扫在饥饿困乏之中，为了求生，卖掉了自己与生俱来的权利，来换取一碗粥。大地主们出卖了自己与生俱来的权利，换来一堆不值一钱的儿童玩具般的东西。他们自己在这种挥霍中，沦落为城市中的殷实居民或商人一流，成为一个无足轻重的人。于是，农村也有了正式的政府机构，谁也没有实力去扰乱农村政府的工作，就和在城市里面一样。

下面讲的这件事情，也许有些离题，但我还是要说一下。在商业发达的国家，将大宗的地产父子相承，延续了好几代的古老家族是很少见的。相反，在威尔士和苏格兰高地这种商业不发达的地区，这样的家族却很常见。阿拉伯的史籍中到处可见贵族的世系。一位鞑靼首领写过一部历史，被译成多种文字，书中除去古老家族的世系表，好像也见不到什么别的东西。这可以证明，这样的古老家族在这些国家是普遍存在的。在一个国家中，如果富人的收入只能用来维持尽可能多的奴仆，那么他的仁慈之心再是炽烈，也不会去养活自己的财力不能负担的外人，陷自己于入不敷出的境地。然而，在富人有办法将自己的主要收入用在他自己的身上的国家，他的支出就会像他的虚荣心和对自己的爱心那样没有限度。这就是为什么在商业盛行的国家，虽然法律在防范财富的流散方面做出了严格的规定，财富世代相承、留在同一个家族手上的情形却不多见的原因。而对鞑靼人和阿拉伯人这类游牧民族来说，财富原本就少有消费的机会，防止奢侈的法律更是无从谈起。所以，在商业构成简单的国家，即使法律没有限制，财富长期保留在同一个家族手上的情形反而常见。

就这样，两个不同的阶级虽然没有为公众服务的本意，却携起手来，一同实现了这一次与公共福利关系重大的变革。在这过程中，满足自己最幼稚的虚荣心是大地主仅有的动机。商人和工匠却并不可笑，他们只是看着自己利益的所在而行动。他们追求一种小贩原则，哪里有一个便士，他们就去那里将它挣来。对于这种重大的变革，他们既没有认识也无法预见。地主愚昧，商人和工匠勤奋，这一场巨大的变革就由这两者实现了。

所以，我们可以说，在欧洲多数的地区，城市里的商业和制造业是农村地区的改良和开发的起因而非结果。

问题在于，这样的发展顺序是违背自然的，所以其进展必然缓慢和不确定。只需把那些财富极度依赖商业和制造业的欧洲国家进步的缓慢，和财富完全基于农业的英属北美殖民地发展的迅速进行比较，就可以明白这一点。欧洲大部分地方的人口，在近500年间增加不足一倍；而英属北美殖民地的人口翻倍只用了20～25年。在欧洲，小地主的人数无法增加，因为有长子继承法和其他永久不得转让的限制，防止对大土地进行分割。然而，小地主对于他那块面积不大的土地极为熟悉。这份小小的产业在他的心中激起的感情使他对其呵护备至，不但努力耕种，而且怀着快乐的心情装点它。一般地说，小地主是最勤奋、最聪明和最成功的土地改良者。另外，这些规定又限制了土地的买卖，结果是用于购买土地的资本多，而可供销售的土地数量少，一旦有土地上市，总是以垄断价格出售。购地者所得的地租连用购地款去放贷得到的利息都抵不上。此外，还有维修的费用和其他可能出现的偶然开支。所以，在欧洲将小笔的资本用来购置土地，最是无利可图。确实也有中等生活水平的人，在结束经营后将小额的资本投在土地上面的情况，图的就是它优越的安全性。另外，有人本身从事专门的行业，收入另有来源，也喜欢把自己的节余用同样的方式储蓄起来。但如果是一个年轻人，既不经商，也不从事专门的行业，也把两三千镑的资本用来购置小块土地，自己耕种，那么他固然可以舒舒服服地过日子，不需要依赖他人，然而今后却将和巨额的财富和显赫的声望无缘。他若把这一笔资本投在别的用途，就完全可以和别人一样，有机会获得财富和声望。这样的人虽然不想成为地主，却又常常不屑去做农民。这样一来，市场上待售的土地数量很少而价格极高，使得大量本可流向土地的资本无法被用来耕种和改良。北美的情况正相反，五六十镑的资本就足以使人涉足种植业。购买荒地加以开垦，不论对大资本还是小资本来说，同样是最有利可图的事情。要在那里获得财富和名望，这是最直接的途径。的确，在北美，这样的土地等于白送，即便标价出售，其价格也大大低于其自然产物的价值。然而，这样的事情在欧洲，或者在任何土地私有化已久的国家，都是不可能发生的。但是，如果地主死后，其地产在他众多的子女中平均分配，那么土地在这个时候就可能出售。大量的土地进入市场，垄断的售价就再不能够维持。出租这些购入的土地所取得的自由地租，就大致接近购地款的利息，这时用小笔资本购置土地也就和用它购置别的东西一样的有利。

英格兰土地肥沃，相对全国的面积而言，海滨地区占比很高，适航的河道遍布其中，某些内陆地区因此也沾了水运之利。在这一方面，英格兰也许和其他的欧洲大国一样，得到了大自然的赐予，适合作为对外贸易的中心，发展为远方销售而建立的制造业，以及由此出现的所有形式的土地改良。从伊丽莎白统治之初算起，英格兰的立法就向商业和制造业的利益倾斜。实际上，在所有的欧洲国家之中，英格兰的法律在总体上是最有利于这种产业的，即使荷兰也不能与之相比。在这一整个时期，英格兰的商业和制造业不断发展。农村进行着的土地耕种和改良无疑也在进步，但和商业及制造业的情况相比，似乎步伐缓慢，而且落后很多。农村土地中的大部分应该是在伊丽莎白时代以前就已经得到垦殖了，但未经开垦的荒地仍然很多，而且即使是已经开垦的土地，其耕作的状况也远远没有达到应有的水平。不过，英格兰的法律倾向优待农业，不仅借助了保护商业以使之有利于农业这种间接的方式，还制定了几种直接针对农业的奖励。谷物可以自由出口，并且还有奖金，只要不是在农业歉收的时候。如果当年的收成还好，便对外国谷物的进口课以重税，这实际上具有禁止其进口的效力。任何时候都禁止从任何国家进口活畜的这条禁令，直到最近才为爱尔兰开了一个特例。这样一来，耕种土地的人实际上在面包和肉类这两种最重要的土地产品上拥有了垄断的权利，他人无从染指。这些鼓励农业的政策至少体现了立法者重视农业的美好愿望，虽然在下文，我会努力说明这实际上是纯粹的空想。不过，最为重要的一点是，法律尽其所能，将安全、独立和他人给予的尊敬赋予了英格兰的自耕农。所以，某个国家只要仍然容忍长子继承法、向教会缴纳的什一税、永久不得转让的这些违背法律精神的规则，它能够给予农业的鼓励就不会比英格兰更多。尽管如此，英格兰的耕地仍然处在这样的状况。可是，如果在商业的进步对农业发展的间接刺激之外，法律没有给予农业更为直接的鼓励，任由自耕农处在像其他欧洲国家的农民那种遭受歧视的状态下，农业的状况又会怎样？自从伊丽莎白登基，时间已经过去了两百多年，这已经是人类文明的繁荣期一般能够持续的最长时间了。

在英格兰以贸易而出名前的大约一个世纪，法国在对外贸易中占据很大的份额。查理八世远征那不勒斯以前的法国航海业的规模，在当时看来已经很大了。不过，从整体上看，法国土地耕种和改良的状况不如英格兰。和英格兰不同，法国的法律始终没有给予农业直接的鼓励。

西班牙和葡萄牙借助外国船只对其他欧洲国家进行贸易，其规模极为可观。这两国使用本国的船只对各自的殖民地进行贸易。由于这些殖民地资源丰富、面积广阔，因此这方面的贸易规模更大。可是，这两个国家都没有建立制造业为远方的销售供货，国内的大部分土地也没有得到开垦。除意大利外，葡萄牙的对外贸易在欧洲大国当中已经是历史最久的了。

在欧洲大国中，由于对外贸易和为此建立的制造业的推动，每一寸国土都得到开垦和改良的，只有意大利一国。奎恰迪尼说，在查理八世入侵以前，意大利贫瘠的山岭坡地也都像平原地区的沃土一样得到了开发垦殖。该国所处的有利地理位置，加上国内林立的各个独立城邦，可能对这种普遍的垦殖有所助益。不过，即使有这位明智而谨慎的现代历史学家的话，当时的意大利在垦殖方面的成就未必就胜过今日的英格兰。

任何国家从商业和制造业中取得的资本，都是十分不可靠和不稳定的财富，除非将其中的一部分固定到土地的耕种和改良中去，并且体现在这一过程中。常言道，商人不一定要固定成为某一国的国民。他经商的根据地，对他来说，基本无关紧要。小小的不愉快就可以使他撤走资本，将这资本支持下的全部产业从一国转移到另一国。在资本落地（变成建筑物或者用到永久的土地改良中）之前，资本中没有一个部分可以说是属于哪一国。据说，汉萨同盟的成员城市拥有巨大的财富，但是只有在十三和十四世纪晦涩的历史记载中才能见到它们的痕迹。甚至某些城市究竟在什么地方，它们的拉丁文名字究竟指着现在欧洲哪些城市，都无法确定。十五世纪末和十六世纪初的意大利遭遇灾祸，伦巴第和托斯卡纳一带各座城市的商业和制造业因此凋敝。即使如此，这一带仍然是全欧洲人口最多而土地耕种得最好的地方。佛兰德的内战和此后西班牙的统治，使安特卫普、根特和布鲁日的大型商业迁往别处，然而佛兰德仍是欧洲财富最多、土地开垦程度最好、人口最稠密的地方。商业财富的源泉经常因为战争和政治的因素枯竭，而比较坚实的农业土地改良所创造的财富，除非遭到来自蛮族敌人一两百年间不中断的蹂躏——就像在罗马帝国晚期西欧发生的大动乱那样，否则它不可能被毁灭。